Roswitha Söchtig

BB = VOM BROCKEN NACH BEIJING
Ich bin nur eine Radfahrerin

D1701031

Roswitha Söchtig

BB = VOM BROCKEN NACH BEIJING

Ich bin nur eine Radfahrerin

Bibliografische Information der Deutschen Nationalbibliothek
Die Deutsche Nationalbibliothek verzeichnet diese Publikation in der Deutschen
Nationalbibliografie; detaillierte bibliografische Daten sind im Internet über http://dnb.dnb.de
abrufbar.

© 2014 Roswitha Söchtig
Satz, Umschlaggestaltung, Herstellung und Verlag: BoD – Books on Demand
ISBN 978-3-7357-0981-3

Inhalt

B B

BB ist nicht Brigitte Bardot, ein Star meiner Jugend, sondern BB ist Symbol für meine zweite Radreise vom Brocken nach Beijing.

War meine erste Radreise allein von Deutschland nach China südlich des Schwarzen Meeres und über die Seidenstraße zur Olympiade nach Peking das Highlight meines Lebens, so wollte ich bei meiner zweiten Velofahrt allein vom Brocken nach Beijing nördlich des Schwarzen Meeres zur Buchmesse die gleichen schönen Erlebnis haben. 2008 ging es von Deutschland allein in vier Etappen durch Deutschland, Tschechien, Österreich, Slowakei, Ungarn, Serbien, Bulgarien, Türkei, Georgien, Aserbaidschan, Turkmenistan, Usbekistan, Kirgistan, Kasachstan nach China (s.a.: Mit den Augen einer Frau; Halle 2009).

 Natürlich sagten Leute: »Aber Roswitha, Du warst doch schon einmal mit dem Fahrrad in China, warum willst Du das denn wieder machen?« In unserer Familie hatten alle das Entdeckungsgen, bei mir ist es wohl am stärksten ausgeprägt. Mein Großvater war von 1902-1904 in China und Japan. Damals hatte man in China noch sehr viele Kinder, die keine Schuhe trugen. Manchmal hatte die Kinder nur eine Schüssel Reis. Auf meine Frage 2008, was man vom Präsidenten hält, sagte mir ein Mann in meinem Alter: »Als Kind habe ich Gras gegessen, und wenn ich Glück hatte, einmal pro Woche Reis. Heute habe ich jeden Tag Reis und mindestens einmal pro Woche Fleisch oder Fisch.« Das war ein Argument für das Leben. China hat sich erheblich verändert. Auch in den Dörfern, habe ich solche Bilder nicht gesehen. Der Standard ist westlich orientiert. Vermutlich hat mein Großvater damals die Verpflegung besorgt.

Ich habe nur festgestellt, dass die wirtschaftliche Entwicklung in China rasend schnell ist. Man ist vom Fahrrad zum Moped und Auto umgestiegen. In Peking propagiert man für den Stadtverkehr heute wieder das Fahrrad, um die Luftverschmutzung zu mindern. Die Stadt Peking kauft 50.000 hochqualifizierte Räder, die man ausleihen kann, nur ein Tropfen auf dem heißen Stein – aber es ist ein Tropfen.

Auch wollte ich Neues entdecken, so ging meine Reise diesmal über Polen, Ukraine, Russland, Kasachstan nach China. Diese Reise war die Härte – trotz schöner Erlebnisse. Zurück in Braunschweig wurde ich, wenn ich über die Reise berichtete, sogleich auf mein Alter angesprochen. »Roswitha, du bist nicht mehr die Jüngste und fünf Jahre älter geworden!« Das stimmt zwar, aber die Straßen bei dieser Velofahrt waren so schlecht, dass ich streckenweise nicht radeln konnte.

Vergnügt auf Reisen habe ich mich als Single beim Radeln mit dem Singen von Liedern: Ich bin *durch Deutschland gefahren, vom Meer bis zum Alpenschnee* ist ein Volkslied aus dem 19. Jahrhundert. *Singen bringt Freude ins Herz.* Bei meinen Reisen habe ich Land und Leute kennengelernt, meine Psyche ausgelotet und körperliche, seelische und geistige Kräfte getankt für ein Weiterleben überall auf diesem Planeten.

Schon als 10jährige habe ich kleine Radtouren unternommen – einmal um die Asse. Das war eine riesige Leistung, es ging auf und ab. Später habe ich die Gegend Richtung Elm oder Harz erkundet. 1978 radelte ich erstmals zum Bergsteigen in das Ortlergebiet über Österreich nach Italien, danach zum Dom in der Schweiz und weiter nach Konstanz am Bodensee. Inzwischen war ich mehr als zehnmal zum Bergsteigen in den Alpen mit dem Rad, Gepäck auf dem Träger, und sehe auch viele Touren im

Rückblick.

Es war auf dem Gimpelhaus in den Tannheimer Bergen. Das Wetter war schlecht. Wir (eine Gruppe des Deutschen Alpenvereins) gammelten im Lager herum und sprachen über Wolperdinger und andere Gestalten, die so in den Bergen herumlaufen.

Einer der Bergführer berichtete von einer Frau, die nach Zermatt von Nord-Deutschland zum Bergsteigen mit dem Velo gekommen sei. Ein Kollege hätte ihm das berichtet. Geschichten um diese Frau wurden gesponnen. »Ach, die Frau habe ich schon öfters getroffen.« Ich berichtete von einem Erlebnis auf dem Weg von Domodossola nach Iselle: »Ein Mann fuhr in seiner blauen Ente an der Radfahrerin vorbei. Die Radfahrerin überholte die Ente. Der Mann fuhr wieder vorbei und bog in einen Feldweg ab, stieg aus und hielt der Frau einen 20-Franken-Schein entgegen. Die Radfahrerin radelte weiter bis Iselle, der Autofahrer bog irgendwo ab. In Iselle kippte das Rad mit 3-Gang-Schaltung um. Ein Pfarrer, der gerade von einem Begräbnis gekommen war, half beim Aufstellen des Velos und lud zum Leichenschmaus. Es wurde über Reiseerlebnisse gesprochen. Der Pfarrer fragte irgendwann: ›Haben Sie keine negativen Erfahrungen auf dieser Reise gemacht?‹ – ›Eigentlich nicht, nur heute Vormittag gab es ein komisches Erlebnis. Ein Autofahrer fuhr in seiner blauen Ente …‹ Nachdem der Pfarrer die Geschichte gehört hatte, sagte er süffisant: ›So, so!‹ – Ich süffisant zurück: ›Ja finden Sie nicht, das 20 Franken etwas zu wenig für mich sind?‹« Alle Anwesenden der Klettergruppe haben gelacht.
   Nach dem Besteigen von Dom, Weißhorn und Zinalrothorn bin ich bis Konstanz geradelt und in einen Zug nach Braunschweig gestiegen. Vorher musste ich kurz vor Zug um Unterkunft auf einem Bauernhof bitten; denn ich hatte kein Geld mehr – nur meine Fahrkarte von Konstanz nach Braunschweig. Auf diesem Bauernhof war gerade ein kleiner Stier geboren, der Sohn des Hauses radelte zu Trainingszwecken oft zum Zürichsee. Die Töchter gingen noch zur Schule. Stunde um Stunde unterhielten wir uns über Bergsteigen, Radfahren und Joggen.
   Ich erzählte, dass ich vom Ortlergebiet ins Wallis geradelt war und am

Comer See in einer Bar um Unterkunft gebeten habe. Nichts. Vielleicht eine Fienile (= Heustadl). Nichts. Irgendwann sagte der Mann in der Bar. »Ich hole meinen Bruder.«Der Bruder kam und gab mir zu verstehen, dass ich ihm folgen möge. Wohl war mir nicht. Meine Großmutter sagte immer: »Wenn dich die bösen Buben locken mit Zuckerflocken, so musst du hinterherkasocken.«Wir kamen an einen großen VeGe-Laden. Der Bruder schloss den Laden auf, schob mein Rad hinein, zeigte mir ein kleines Kabüffchen, gab mir den Schlüssel vom Laden mit der Bemerkung, dass ich um 7.00 h am nächsten Morgen gehen müsse, dann kämen das Personal und kurze Zeit später die Kunden. Das war Vertrauen, ich hätte den Laden ausräumen können an Ferragosto.

Doch am meisten sprachen wir über unseren schönen Planeten, den es zu schonen gilt.

Während meiner Radreise 1978 zum Bergsteigen hatte ich sehr viele schöne Erlebnisse, schlechte auch – so etwa in Garmisch-Partenkirchen. Schon vor dem Start in Braunschweig – Radfahren war noch ›out‹ sagten Bekannte: »Wenn die in die Kasseler Berge kommt, gibt die auf.«Und ich hatte meine Ängste und vom Schlauchflicken so viel Ahnung wie ein Kind vom Kinderkriegen. In Eichsfeld-West, es gab noch die Grenze zwischen Ost und West, hatte ich einen Platten. Mir fiel mein Bruder ein, wie er sein Motorrad samstags in der Wohnküche auseinandergebaut hat und sonntags zusammen. Er legte jeweils alle Schrauben systematisch aufgereiht rechts und links neben seine Maschine. Ich machte es ähnlich. Und nach vier Stunden war das Velo repariert mit dem Ergebnis, dass die 3-Gangschaltung nicht mehr funktionierte. Nur im schwersten Gang konnte ich radeln. Aber schon bald war ich durch die Rhön und in Würzburg. Es regnete, ich war pitschnass, ging in das Hotel Franziskaner. Ein Zimmer wurde mir geboten: »Ach, Sie kommen aus Braunschweig und sind mit dem Fahrrad hier. Sie sind unser Gast: Ich bin in Braunschweig aufgewachsen und freue mich, Sie bewirten zu dürfen.«

Dagegen stand das Verhalten in Garmisch-Partenkirchen. Es war später Nachmittag. Ich fragte von Hotel zu Hotel: »Wir haben noch ein Zimmer frei, aber nicht für Sie.«Schließlich war ich nicht schön angezogen und staubig von der Straße. In einem Hotel bot man mir nach langem Suchen und Bitten ein Zimmer an: »Aber Sie müssen für drei Personen bezahlen.« – »Bekomme ich morgen auch dreimal Frühstück?« Das Problem war für mich erledigt. Ich meide seither Garmisch-Partenkirchen wie der Teufel das Weihwasser. Die Sterne leuchteten auf dem Weg nach Österreich. Nur noch einen Biwakplatz. Angst vor der ersten Nacht im Freien. Der deutsche Zoll schickte mich fort, aber dann in Österreich. Aus dicken Mänteln machten mir die Zöllner in einem Hinterzimmerchen ein Lager. Sehr gut habe ich geschlafen – ohne Angst.

So berichtete ich eine Story nach der anderen. Plötzlich sagte einer der Bergführer: »Du weißt so viel von der Radlerin. Bist Du das etwa?« – »Na klar!« – »Bist Du mit dem Fahrrad hier?« – »Na klar!« Und ich erzählte von meinen Radreisen, auch von dieser Reise von Deutschland nach Österreich, wie ich bei weiteren Fahrten unter Autobahnbrücken biwakiert habe. Gerade wurde die A7 gebaut von Bibelried nach Kempten, und ich war die erste Person, die ein Stückchen dieser Teilstrecke mit dem Fahrrad befuhr – vor allen Autos. Natürlich bin ich öfters mit meinem Rad auf einer Autobahn gelandet. Aber inzwischen hat man die Straßen so beschildert, dass ich nicht mehr mit guter Begründung auf Autostraßen radeln kann, was ich sehr bedauere; denn meistens sind Autostraßen gut gepflegt und so ein Standstreifen hat etwas. Außerdem ist dieser Streifen sicherer als ein Radweg; denn meistens ist in der Stadt zwischen der Fahrstraße für Autos und dem Radweg ein Parkstreifen (sprich: Ruhezone für Autos) und danach ein Fußweg. Verkehrspsychologisch wird der Radweg nicht als Fahrstraße wahrgenommen, sondern als Ruhezone. Außerhalb von Orten gibt es keine Markierung, manchmal kann man den Radweg im Dunkeln nur erahnen.

Eine Ruhezone suchte ich mal in Kloster Lechfeld. Die Hotels waren ausgebucht. Folglich klingelte ich im Kloster in Erwartung eines alten Mönches. Eine Klappe wurde geöffnet. Ein junger Mönch schaute mich freundlich an. »Oh!« Ich bat darum, im Kloster übernachten zu dürfen, da ich keine Unterkunft bekam. Kurz ging er weg und bot mir ein Lager in der Klosterkirche an. Auf dem Weg dorthin, kam eine junge Frau entgegen. Der Mönch sprach mit der Frau, und ich habe bei jener Frau übernachtet, die ein kleines Töchterchen hatte.

Bei meiner Rückfahrt vom Tannheimer Tal war ich unterwegs im Jagsttal. Es gab noch die Bader-Meinhof-Gruppe, viele Menschen hatten Angst vor Anschlägen. Das Wetter wurde schlecht. Gewitter. So fragte ich auf einem Bauernhof nach. Das Ehepaar hatte gerade 70. Geburtstag und Hochzeitstag, der Sohn war etwa 35 Jahre. Die Angst vor einem terroristischen Anschlag war sehr groß. »Sie sind doch keine Terroristin. Bei einer Terroristin müssen wir uns aber fürchten.«Ich beteuerte den ganzen Abend, dass ich nur eine Radfahrerin bin. Man ließ mich im Haus übernachten. Doch am nächsten Morgen war die erste Frage: »Sie sind doch keine Terroristin.«Was muss das alte Ehepaar für Ängste gehabt haben, trotzdem durfte ich die Gastfreundschaft genießen.

Seit 1978 habe ich viele Radreisen gemacht – meistens zum Bergsteigen, doch auch an die See. 1991 bin ich durch Tasmanien und 1996 von Darwin nach Adelaide auf dem australischen Festland geradelt
Die Radreise südlich des Schwarzen Meeres von Deutschland nach China war das Highlight meines Lebens (s.a.: Mit den Augen einer Frau; Halle 2009). So ein Erlebnis wollte ich wieder haben. Folglich beschäftigte ich mich mit den Ländern, durch die ich radeln wollte, zuerst mit

DEUTSCHLAND.

Deutschland hat 357.104 qkm und 82,2 Millionen Menschen, ca. 229 Personen pro Quadratkilometer (aus: Wikipedia. Die Ausdehnung ist (lt. »wer weiss was«) von West nach Ost 632 km und von Nord nach Süd 876 km.

Es war der 1. 4. 2011. Meine alte Tante mit ihren gefühlten 40 Jahren fuhr mich zum Ehrenfriedhof zwischen Torfhaus und Oderbrück. Die »gefühlten 40«rühren vom Ortlergebiet, wo ich als Bergsteig-Rosi mit Tante wohlbekannt bin (s.a.: Den Ortler im Blick; Halle 2010). Wenn wir auf dem Madritsch Ski fuhren im gleichen Rhythmus, sprach man meine Tante regelmäßig auf ihr Alter an. »Na wie alt sind Sie denn?«– »Rosi, komm mal her! Da fragt schon wieder jemand nach meinem Alter.«– »Meine Tante, meine Tante ist die Hoffnung des Deutschen Skiverbandes.«Staunen, Mund auf. »Jeder hofft in dem Alter meiner Tante noch so gut Ski fahren zu können, wie sie es kann.«Klappe zu. »Und wie alt sind Sie wirklich?«– »Gefühlte 40!«Allgemeines Verstummen. Also meine junge Tante fuhr mich in den Harz, und ich wandere gemütlich zum

Brocken.

Er ist der Deutscheste von den Deutschen. Der Rundblick, wenn das Wetter klar ist, ist fantastisch, man kann die vier Schornsteine Wolfsburgs sehen oder Florian Stinker von Braunschweig, die Zuckerfabriken in Schladen und Wanzleben oder die Verbrennungsanlage Buschhaus. Am meisten jedoch schaue ich mir die Höhenzüge an: Elm und Asse; denn zwischen beiden lebt eine besondere Rasse. Man schaut zum Weserbergland, zum Hohen Meißner und erinnert sich an die Kitzkammer und sieht zum Thüringer Wald. Es macht einfach Freude, auf den Brocken zu gehen – wegen der Geographie und wegen der Gespräche mit den Brocken-Leuten. Gäbe es den Brocken nicht, man müsste ihn erfinden; denn er ist der Berg der Berge in einer wunderschönen Umgebung. Es gibt keine Lawinen und Muren, keine Sandstürme und Überschwemmungen, keine Erdbeben und

Vulkanausbrüche. Um den Brocken herum lebt man richtig gut – mit Ausnahme von Tasmanien.

Alle berühmten Personen waren auf dem Brocken: »Die Hexen zu dem Brocken ziehn«sagte schon Johann Wolfgang von Goethe im »Faust«. Heine schrieb die »Harzreise«und Eichendorff war am 13./14.9.1805. Er schrieb in: Das Hallesche Tagebuch. Das Studentenleben in Halle Anfang des 19. Jahrhunderts, Halle 2007: » … und genoss das Fürchterlich-Schöne einige Minuten, die mir ewig unvergesslich bleiben werden. Staunend und nicht ohne inneres Leben fühlte ich in diesem Augenblick die Abgeschiedenheit von aller Welt, die furchtbare Nähe des Himmels, und erst jetzt verstand ichs, warum gerade hier auf dem Blocksberg die Hexen tanzen wollen.«Auch Südtiroler Bergsteigen (z. B. Reinhold Messner und Hans Kammerlander) waren oben. Doch am meisten war Brocken-Benno oben, weit über 7000mal. Er ist eine Institution auf dem Brocken und im Harz. Und weil man mich im Mittelalter auf Grund meiner anderen Verhaltensweisen als Hexe verbrannt hätte, mich auch heute noch gern einige Menschen verbrennen würden, war es der passende Ort für meinen Start nach China; denn »der Brocken hat›s FAUSTdick«. Außerdem habe ich den Brocken als Kind vom Meescheberg aus sehen können. Der Brocken ist seit Grenzöffnung der am meisten bestiegene Berg Deutschlands. Folglich musste ich einfach am Brocken starten; denn er ist weltbekannt. Man trifft dort Menschen von allen Kontinenten. Jeden Tag wandern Menschen auf den Brocken oder fahren mit der Bahn.

Auch meine Großmutter und meine Mutter waren mit dem Dampfzug jeweils bei der Eröffnung der Strecke oben (meine Großmutter bei der Ersteröffnung, meine Mutter bei der Zweiteröffnung), meine Tante und mein Bruder per pedes. Ich laufe regelmäßig hoch. Manchmal begleiten mich Bekannte, so auch Trevor Short aus Australien.

Vor meinem Start frühstückte ich. Inzwischen waren auch Menschen zu meiner Verabschiedung angekommen. Es hatte sich herumgesprochen, dass ich startete. Ursel Steinhoff hatte ein kleines Päckchen gemacht mit Brocken-Splitter (die passende Verpflegung für Unterwegs) und T-Shirts, Brocken-Benno hatte mit meiner Frau ein Plakat gestaltet. Gute Wünsche von Brocken-Begeisterten aus Bad Harzburg, Berlin, Braunschweig, Halberstadt, Magdeburg, Schierke und Wernigerode begleiteten mich. Alle trugen sich noch in mein Reisetagebuch ein.

Im Radio MDR und SAW wurde über meine Tour berichtet, zuvor schon in Radio Okerwelle und Radio ffn, TV 38, RAI und Radio Vinschgau. Das ZDF (Frau Eichhorn) hatte sich angemeldet, jedoch kurz vorher abgesagt, ebenso der NDR, starke Frauen sind in Deutschland beim Fernsehen nicht gewünscht. Meine Radreise nach China war wohl für beide Sender nicht spektakulär genug. Viele regionale Zeitungen in Niedersachsen und Sachsen-Anhalt haben über meine Pläne berichtet.

Der Start am Brocken hatte schon etwas, zumal ich nur mit leichtem Gepäck startete. Um ½ 12 Uhr radelte ich los, zuerst hat mich per pedes noch Irmgard Eggert über eine weite Strecke begleitet. Wir sprachen über die innewohnende Kraft der Menschen, und dass man sie einfach nutzen muss. Wenn man mit über 60 Jahren nur im Sessel hockt und »Rote Rosen«schaut, dann sind sie schon verblüht und der »Sturm der Liebe«kommt auch nicht, man wird sessig Gemeinsames Lachen. Kreatives Tun bringt die Menschen weiter. Die Nesthockerei nützt nichts. Eine kurze Umarmung. Ich radelte allein in Richtung Klein Vahlberg. Beschäftigte vom »Naturpark Harz«haben in Schierke gewinkt und weg war ich.

Gegen 13.00 Uhr schob ich durch Wernigerode. Dann ging es durch das schöne Harzer Vorland bergauf-bergab zuerst bis Hessen. Mein Sattel wackelte dahin, die Stütze war gebrochen. Ich hatte zwar Werkzeug mit, um die Einstellung meines Sattels zu reparieren, aber keinen Nerv. Darum: Wer ein Auto reparieren kann, kann auch ein Fahrrad reparieren. Der Eigner der Autowerkstatt hatte etwas über mich im Radio gehört und in der Zeitung gelesen, er half gern beim Richten meiner Sattelstütze. Ich bedankte mich und radelte bei blauem Himmel noch einige Kilometer. In Klein Vahlberg stellte ich mein Fahrrad gegen 16.00 Uhr ab, packte die Satteltaschen auf meinen Gepäckträger und fuhr mit dem Auto meiner Tante zur Hausversammlung nach Wolfenbüttel, danach war Pizza-Essen in Braunschweig angesagt und schlaaaafen.

Am nächsten Morgen brachte mich meine Tante mit ihrem Auto nach

Klein Vahlberg, ich ging eingedenk meiner Großmutter und meiner Mutter zum Friedhof, holte mein Fahrrad und startete mit Verspätung am Dorfgemeinschaftshaus. Die Chorgemeinschaft Klein Vahlberg-Weferlingen sang: *Wenn die Menschen Brüder wären* …Doch leider ist es politisch nicht überall so. Aber auf meinen Reisen bin ich weit weg. Jürgen Ahrens, der Bürgermeister von Klein Vahlberg, überreichte mir noch Notverpflegung und ein kleines Schlummerkissen von seiner Frau Elena. Zum Schlummern hatte ich keine Zeit. Ein gutes Gewissen ist ein wichtiges Ruhekissen. Der Gesangverein schenkte mir ein Liederbuch. Ich musste radeln mit 28 kg Gepäck und 11,6 kg Fahrrad plus Verpflegung und Getränken zu meinem Eigengewicht. Folglich musste ich die Kraft für ca. 100 kg haben, gar nicht so einfach. Zum Aufsteigen benötige ich bei dem Gepäck anfangs eine Aufstiegshilfe, um über die Stange meines Fahrrades zu kommen. Zuvor habe ich selbstverständlich alle Schriften abgeklebt, da ich keinen Sponsor gefunden habe. Dafür habe ich eine Hexe am Rahmen.

Neben anderen Geschenken habe ich eine kleine Krankenschwester geschenkt bekommen als Glücksbringer. Mit dem Liederbuch habe ich Unterhaltung und kann Volksgut schmettern. In der Ukraine habe ich alle Glückbringer gebraucht und auch die anderen, die ich noch von meiner ersten Radreise nach China im Gepäck hatte, so einen Schutzengel von einer ehemaligen Schülerin.

Eine letzte Zigarette und einen Mini-Schluck Unterthurner Himbeergeist, den ich auch im Gepäck hatte zur Not, falls ich mal Nahrung esse, die nicht so gut ist.

Weg war ich mit einer halben Stunde Verspätung. Aber was ist eine halbe Stunde in einem Leben oder auf dem Weg nach China. Eulenspiegel lebt immer noch, wenn auch in anderer Form. Meine Reise mit dem Velo vom Brocken nach Beijing ist schon eine Eulenspiegelei, bei der man verschiedene Gesichter zeigt. Die Idee, wieder nach China zu radeln, hat schon etwas Teuflisches. Nicht jeder Mensch mag in das Land der Fantasie schauen, denn das bedeutet, sich mit seinen Ängsten und Fremdheit auseinanderzusetzen. Mit dem Ausleben der Fantasien hapert es vielfach. Nicht jeder Mensch mag sich den Wind um die Nase wehen lassen. Meistens reicht schon das Schauen auf Windräder.

Das Fahrrad war so schwer beladen. Zum Absteigen brauchte ich einen Leitpfahl oder eine Leitplanke, sonst hätte ich das Rad am ersten Tag kaum halten können. Mit der Zeit gewöhnt man sich an die Last. Relativ schnell ging es nach Magdeburg, obwohl ich unterwegs noch ein sehr langes Gespräch mit einem Rennradler nach Eichenbarleben hatte, dessen Bruder über mich in der ›Volksstimme‹ gelesen hatte und auch etwas über mich im Radio gehört hatte. Ich fand das schön. Menschen im Auto haben mir zugewinkt, ich fühlte mich ganz stark, als ich den Lärm von der A2 hörte. Jscht, Jscht, Jscht. Der Lärm der Fahrzeuge übertönte das Drehen der Windräder. Was taten mir die Menschen Leid in den Dörfern an der Autobahn, Tag und Nacht Fahrzeuglärm – trotz Schallschutzwänden. Ich sang *Nach dieser Erde wäre da keine …* Einen Mann sprach ich auf der Suche nach Übernachtungsmöglichkeiten in Magdeburg an, der zwar einen elaborierten Sprachcode hatte, aber wohl nicht mit beiden Beinen auf der Erde stand. Die Wegbeschreibung war umständlich und kompliziert wie die höhere Mathematik, gepaart mit höherer Physik. Ich fragte danach eine alte Dame und siehe da, es klappte perfekt. Die Pension Birkenhof in Rothensee war mein kleines Nachtasyl, abends gab es noch einen Grillabend und Gespräche über die Abwicklung der DDR und Leiharbeit. »Mein Sohn arbeitet für ca. 900 € netto.«– »Aber damit kann man doch nicht leben. Man muss Miete bezahlen, Nahrung braucht man auch.«– »Es ist alles sehr schwer.«– »Ja, man sollte doch mal unseren Politikern einen derartigen Betrag zum Leben geben, aber bitte die Vorratskammern räumen. Ich habe nach mehr als 48 Anrechnungsjahren nur eine Rente von netto knapp 1.200 €, damit kann man keine großen Sprünge machen, incl. 2,4 % Abzug, Unverschämtheit. Allerdings habe ich eine klitzekleine Eigentumswohnung, so dass ich durchkomme. Zum Glück bin ich etwas abgesichert, sonst könnte ich mich an Holzmanns Ecke setzen. Meine Großmutter sagte immer: ›Wer Geld hat, kann ins Theater gehen, wer keines hat, bleibt draußen stehen!‹ Ich stehe oft draußen vor der Tür und lebe in Armut: privilegiert, weil ich mir aufgrund meiner Sparsamkeit Vieles leisten kann; Armut, mit der Höhe der Rente ist man einfach arm. Die Rente ist zum Leben zu wenig und zum Sterben zu viel.«Wir führten danach noch seichtes Geplänkel, tranken gemeinsam einen kleinen Schluck, am nächsten Morgen war ich irgendwann auf der B1 Richtung Berlin.

Siehe da: Lothar wartete auf mich mit seinem Fahrrad. Lothar ist auch ein Brockengänger und hatte im Radio gehört, dass ich über Magdeburg radele. Wir radelten gemeinsam bis kurz vor Burg und unterhielten uns über Geldverdienen. Lothar arbeitet bei einer Leiharbeitsfirma auch für wenig Geld. Am Wochenende kann er futtern bei Muttern. Mit ihr habe ich noch einige Wörter telefonisch gesprochen, sie hat mir viel Glück für meine Unternehmung gewünscht. Als wir uns am 3.4.2011 verabschieden wollten mit einer kurzen Umarmung und einen Dank für die Begleitung rief gerade ein Kuckuck. »Hoffentlich habe ich Geld bei mir?«Ich wusste, dass ich Geld in der Tasche hatte. Schließlich erzählt man, dass man beim ersten Kuckucksruf Geld bei sich haben muss, dann hat man das ganze Jahr Geld im Portemonnaie.

Es war noch nicht die Zeit des Kuckucks, trotzdem rief er den ganzen Tag im Jerichoer Land. In einer kleinen Pension in Brandenburg fand ich Unterschlupf. Ein Gespräch mit der Märkischen Zeitung wurde organisiert, doch leider sagte mir die Lokalredakteurin am nächsten Tag ab, nicht spektakulär genug. Mein Warten beim Pförtner war reine Zeitverschwendung. Ich radelte bis an den

Wannsee.

Ein kurzer Tag, nur 4 ½ Stunden Arbeit. *Pack die Badehose ein, nimm dein kleines Schwesterlein und dann geht es auf zum Wannsee …*Natürlich wollte auch ich zum Wannsee und spazierte dorthin. Doch was für eine Enttäuschung – alles in Privatbesitz. Dabei hätte ich mich sehr gefreut, am Wasser zu spazieren und mal mit meinen Händen die Temperatur zu erfühlen. Jedoch ich schaute durch Absperrungen, auch zu dem Haus der Wannseekonferenz. In diesem Gebäude wurde am 20. Januar 1942 unter Leitung von SS-Obergruppenführer Reinhard Heydrich die Endlösung der Judenfrage organisiert. Mit dabei waren acht Staatssekretäre verschiedener Ministerien, sechs leitende Beamte von Polizei, Gestapo und SS, ein Ministerialdirektor. Protokollant war SS-Obersturmbannführer Adolf Eichmann. Neun Personen hatten einen Doktortitel einer juristischen Fakultät. Also es waren Menschen bei der Judenfrage involviert, von denen man eigentlich etwas Geist und Moral hätte erwarten dürfen – stattdessen Hass auf Menschen mit eigener Identität wie Juden, Roma und Sinti und Menschen mit Behinderungen, ihre Endlösung wurde legitimiert. Liebe zum eigenen Volk können Hitler und seine Macher nicht gehabt haben, sonst hätten sie sie nicht in den Krieg befohlen, bei dem viele Zivilpersonen getötet wurden. Soldatsein bedeutet im Extremfall Tod. Verherrlichung des legitimen Tötens empfinde ich als Schlag in die Magenkuhle. Doch das, was Hitler und seine Schergen gemacht haben, war Mord. Noch immer singt man am Volkstrauertag *Ich hat einen Kameraden* … Niemand besingt die vielen zivilen Opfer der beiden Weltkriege.

Zurück im Hotel gegen 18.30 Uhr: Donner und Blitz, dazu Starkregen.

Ich aß eine Fischspeise und dachte an Heinrich von Kleist, der zuerst am Kleinen Wannsee Henriette Vogel und dann sich tötete. Gemeinsam mit Henriette Vogel wurde Kleist an Ort und Stelle begraben. Ein Begräbnis auf einem Friedhof war zur damaligen Zeit gesellschaftlich und kirchlich nicht gestattet. Menschen, die einen Suizid machten, wurden geächtet. »Michael Kohlhaas« von Kleist war das erste Buch, das ich auf dem Abendgymnasium gelesen habe. Der Widerstand faszinierte mich. Schließlich lebe auch ich im ständigen Widerstand. Ich kann strampeln und strampeln und komme trotzdem nur in kleinsten Schritten zu einer höheren Stufe des Seins. Arm und innerlich einsam sah Kleist nur einen Ausweg im politischen Suizid. Sein Umfeld war ihm fremd geworden, mein Umfeld ist mir auch oft fremd – außer allein auf Reisen.

Nach dem Abendessen beim Bier hatte ich ein anregendes Gespräch mit einem 63jährigen über meine blaue und rote Kinderuhr. »Warum haben Sie denn drei Uhren?«– »Einmal habe ich MESZ und eine Uhr stelle ich weiter, wenn ich bei meiner Radreise in eine andere Zeitzone komme. So muss ich nicht überlegen, wie eigentlich die Zeitverschiebung ist. Bei etwa vier Monaten wird es schwierig, weil man nach einer Zeit ganz weg ist von der Normalität. Ich lebe dann nur noch mich. Die dritte Zeit gehört meinem Bruder in Australien.«– »Wohin wollen Sie?«– »Mit dem Rad nach China.«– »Fahren Sie nach dem GPS?«– »Nein nach der Sonne und nach der Karte. Die Reise geht nach Osten. Morgens habe ich die Sonne im Gesicht, mittags am rechten Arm und, wenn mich mein Schatten überholt, muss ich mir sehr schnell ein Nachlager suchen. Auf meinen Reisen lebe ich jenseits von Gut und Böse. Gelegentlich habe ich mir bei meiner ersten Radreise nach China in Deutschen Botschaften alte Zeitungen »Die Zeit«oder »Das Parlament«geholt, um mal wieder Kommentare über politisches Geschehen zu lesen. Bei den Nachrichten im Fernsehen kriegt man etwas mit aufgrund der Bilder, obwohl man nicht jede Sprache spricht.«– »Mir geht es bei meinen Reisen ähnlich. Doch ich radele nicht, sondern fliege, wofür ich ca. 14.000 € pro Jahr ausgebe. Mich interessiert Technik und in dem Bereich habe ich auch studiert. Momentan lese ich Ernst Jünger, Band 6.«– »Ich suche einen Doktorvater. Nach meiner Reise möchte ich gern über Grenzsituationen beim Bergsteigen promovieren. Doch ich bin wenig angepasst, da wird es schwer eine geeignete Person zu finden. Ich kann mich so schlecht verbiegen und Kofferträgerin bin ich schon gar nicht. Ich habe nämlich keinen Koffer.«– »Bei Ihrer Art zu reisen kann ich mir das ganz gut vorstellen. Ich bin auch nicht so angepasst. Ich bin im katholischen Bayern aufgewachsen und hatte einen Vater, der bei der Wehrmacht Soldat war. Er hatte nichts Anderes gelernt. Nach dem Krieg musste ich für das Soldatsein meines Vaters büßen.«– »Ich für meine illegitime Geburt. Zu meiner Zeit gab es ja noch die drei Ks: Kinder, Küche, Kirche. Zugeknöpft bis zum Stehkragen, aber gefickt wurde trotzdem vor der Ehe. Eine Nichte meiner Großmutter sollte nicht getauft werden, weil sie nichtehelich war. Nur auf Grund von Beziehungen wurde sie getauft. Meinen Großvater hat man erst getauft, als seine Eltern geheiratet hatten.

In was für einer verlogenen Welt bin ich aufgewachsen. Ich bin immer froh, wenn ich auf Reisen bin und weit weg.«– »Ich auch.«Gemeinsames Lachen über die verfremdete Gesellschaft. Verabschiedung, morgen ist auch noch ein Tag.

Ganz Berlin hat einen Radweg. Das Radeln in Berlin habe ich als angenehm empfunden bis auf eine Stelle. Ich war mal wieder auf einer Autobahn gelandet auf der B1. Natürlich war die Strecke nach Frankfurt (Oder) ausgeschildert. Doch die Beschilderung wies mich nicht auf die Straße für Velos, sondern für Autos. Hup, Hup, Hup! Sogleich kamen zwei Polizisten in ihrem Zivilfahrzeug, geleiteten mich als Geisterfahrerin zurück und wiesen mir den alten Weg über den Potsdamer Platz, wo ich ein Visum für China beantragen musste.

Wenn eine eine Reise tut, dann kann sie was erleben. Das Erlangen der verschiedenen Visa war diesmal schwierig, 2008 war alles ganz leicht. Ich übergab meine Daten einem Visa-Service und schwupp die wupp waren alle Visa nach kürzester Zeit in meiner Tasche mit Ausnahme für Turkmenistan. Zwar musste ich einige Male telefonieren. Doch es funktionierte. Die Einladung für Turkmenistan erhielt ich in der Deutschen Botschaft in Baku, der Hauptstadt von Aserbaidschan. Doch diesmal waren die politischen Verflechtungen andere. Ich musste selbst zur Botschaft Kasachstans. Es klappte, innerhalb von einer Woche hatte ich das Visum. »Warum ist es diesmal so schwierig, ein Visum für Kasachstan zu bekommen?«– »Alle Kasachen müssen seit einiger Zeit die jeweiligen deutschen Auslandsvertretungen aufsuchen. Folglich gilt für uns das gleiche System, alle Deutschen müssen die entsprechenden kasachischen Vertretungen aufsuchen.«– »Ich finde das ganze doch sehr beschwerlich.«– »Ja, Deutschland ist nicht gesprächsbereit.«– »Schade! *Wenn die Menschen Brüder wären ...*«Schwieriger war es, ein Visum für Russland zu bekommen. Russische Krankenversicherung. Übersendung meines Rentenbescheides und des Kaufvertrages meiner Wohnung. Nach einigem Hin-und-Her hatte ich auch das Visum für Russland in der Tasche. Ein China-Visum konnte ich noch nicht beantragen, weil meine Radreise länger in Anspruch nahm. Folglich brauchte ich einen zweiten Pass. Den Pass brachte ich zum Visa-Service, der ein

Visum für China entsprechend meinen Wünschen beantragen und zur Deutschen Botschaft nach Almaty senden sollte. Aufregung pur. Wird das alles so klappen? Vorsichtshalber legte ich meine Reisedaten bei meiner Tante nieder, die in Deutschland das Management für mich machte. Einen Zeitablauf und entsprechende Karten von »Reise know how«hatte sie auch, so konnte sie mich auf meiner Reise kontrollieren.

Nach einigem Suchen fand ich den Visa-Service für China, doch wo sollte ich mit meinem Rad hin. Der Service befand sich in der ersten Etage. Folglich suchte ich einen Laden, wo ich mein Fahrrad abstellen konnte mit meinem ganzen Gepäck. Nach etlichen Bitten fand ich einen türkischen Frisör, der mir Hilfe gegen ein Entgelt von 10 € bot. Beim Visa-Service hatte ich alles erledigt, doch ein Passbild vergessen. Mein Fahrrad schob ich vom Frisör in den Flur, schnappte zwei Passbilder, rannte die Treppe hinauf und hinunter. Alles war gut.

Schon radelte ich die letzten Kilometer durch Berlin, aß noch in einem chinesischen Restaurant eine Suppe und bin bis Müncheberg, der Ort wurde von Zisterziensermönchen im 13. Jahrhundert gegründet. Diese kleine Stadt liegt auf halben Wege nach Frankfurt (Oder) und wurde regelmäßig verwüstet, mal durch den 30jährigen Krieg, mal durch die Pest, mal durch SA-Männer und durch die Rote Armee auf ihrem Durchmarsch auf Berlin.

Übernachtung fand ich in einem kleinen Hotel für 70 €, sehr überteuert. Natürlich unterhielten wir uns über die wirtschaftliche Situation nach der Wende. »Wir haben ein kleines Hotel. Auch als Akademiker habe ich nach der Wende keinen Job mehr bekommen, meine Frau auch nicht, als die Firmen hier abgewickelt wurden. Zum Glück ist aus unseren Söhnen etwas Anständiges geworden. Ein Sohn hat in Russland Mathematik studiert, der andere ist Buchhändler. Da können wir sehr glücklich sein.«– »Ich komme vom Balaton.«– »In einer Entfernung von ca. 50 km bin ich am Balaton vorbeigeradelt. Gereist bin ich nur mit dem Fahrrad durch Ungarn auf meiner ersten Radreise nach China, sonst habe ich nichts von Ungarn gesehen.«– »Wir machen selbstverständlich Urlaub in meiner Heimat. Sonst wursteln wir uns hier durch.«

Noch wenige Stunden in Deutschland. Nach dem Frühstück bin ich mit einem kleinen Gastgeschenk (ein Büchlein) gegen 9.00 Uhr abgefahren. Es war bewölkt, der Wind von West. Folglich radelte ich recht zügig, manchmal vorbei an Autos kontrollierende Polizisten. »Na, warten Sie auf mich. Ich bin nur eine Radfahrerin, aber wirtschaftlich hat mir das noch nichts genützt. Es gibt zu viele Zebrastreifen, so dass immer die Fußgänger vor mir da sind.«– »Wo wollen Sie mit Ihrem vielen Gepäck hin?«– »Nach China. Hab ich schon mal gemacht.«– »Na dann gute Reise, Sie haben Mut.«

Weiter ging der Weg zur Grenze. Ich wollte mein Rad an einem Leitpfahl abstellen, der Leitpfahl bog sich, das Rad kippte um. Ein Mann und eine Frau haben geholfen das Rad aufzubocken. Wir haben uns sehr lange über meine erste Velofahrt von Deutschland nach China unterhalten. »Dass Sie nicht in jeder Zeitung stehen?! Das ist doch eine Sensation, vom Brocken nach Beijing zu radeln. Sonst bringen sie jeden Schitt, aber ihre Reise ist doch interessant.«– »Starke Frauen hat man nicht so gern. Außerdem ist meine Reise für das Fernsehen nicht spektakulär genug. Ich packe auf dem Platz des Himmlischen Friedens keine Tibetflagge aus.«

Gemütlich bin ich später durch Frankfurt (Oder) geschoben, um 12.30 Uhr am 6. 4. 2011 habe ich die Grenze zwischen Deutschland und Polen überschritten, einige Aufnahmen gemacht und nach dem Weg nach Osno gefragt. Ein kleines Stückchen schob ich durch Frankfurt, ich war schließlich zum ersten Male in

POLEN.

Polen ist etwa 0,878mal so groß und hat etwa 0,462mal so viel Menschen wie Deutschland. Polen hat 312.679 qkm und 38 Millionen Menschen, 122 Personen pro Quadratkilometer (aus: Wikipedia).

Die Ausdehnung von West nach Ost ist 689 km und von Nord nach Süd 649 km (lt. »wer weiss was«).

Oh, wie klein ist diese Erde. Zufällig habe ich Brigitte getroffen, wir hatten uns seit unserem Studium vor 25 Jahre nicht gesehen. Beide hatten wir Erziehungswissenschaften mit den Schwerpunkten Sozialpädagogik und Psychologie studiert und waren Studentinnen bei den Professoren RÖSSNER und BOTTENBERG. Natürlich sprachen wir über unsere gemeinsame Zeit und Angepasstheit. »Was machst Du jetzt?«Ich erzählte Brigitte, dass ich mit 62 Jahren meinen Job als Lehrerin aus gesundheitlichen Gründen hingeschmissen habe, weil die Schulleitung und die Landesschulbehörde in Braunschweig meiner Radreise nach China entgegenstanden. »Ich habe dann das Handtuch geschmissen, ich muss mich nicht mobben und kaputtmachen lassen.«– »Ich habe meine Arbeitsstelle zum 1.4.2011 verloren auch auf Grund von Unangepasstheit. Wer stellt einen mit 54 Jahren noch ein?«– »Bist Du immer noch in Braunschweig?«– »Ja.«– »Ich bin nach dem Studium gleich nach Berlin gegangen.«Wir haben noch auf einem Rondell gesessen und eine Zigarette geraucht. Dann trennten sich unsere Wege mit »viel Glück und Gesundheit«. »Vielleicht sehe ich Dich ja mal im Fernsehen.«– »Schick mir doch mal ›ne email!«

Schon gegen 15.30 Uhr war ich im Ayurvedahotel in Osno. Zwei Lehrerinnen aus Berlin hielten sich hier auf, die sich im Alter von 65 Jahren noch einmal richtig aufpeppen lassen wollten. Selbstverständlich sprachen wir auch über Unterrichten in der DDR und in Deutschland. »Wir mussten nach der Wende noch einmal eine Prüfung machen, dann ging alles recht schnell. Das Beste war, wir bekamen sofort mehr Geld für unseren Unterricht, allerdings hatten wir auch mehr Kinder je Klasse.«

Abends unterhielten wir uns bei vegetarischem Essen und Rotwein über Gesundheit und Arthrose. »Ich könnte überhaupt keine so lange Radreise machen. Ich bin froh, wenn ich Treppen hinaufgehen kann. Stufen sind Gift für die Knie.«– »Ich habe auch große Probleme mit meinen Knien. Aber beim Start auf dem Brocken habe ich eine Schmerzpille genommen und in Braunschweig auch noch einmal. Allerdings schlucke ich jeden Tag eine Ration »arthro plus«, das Beste, wo gibt. Mit »arthro plus«komme ich ganz gut durch. Die Firma Hübner hat mir eine Ration für meine Reise geschenkt.«– »Werden Sie sonst gesponsert«– »Nicht die Bohne. Ich habe kleine Geschenke von vielen Personen bekommen. Aber Sponsoring für eine Extremsportlerin ist nicht das Ding von Firmen. Ich habe noch nicht einmal Schläuche bekommen oder Cremes gegen Verspannungen. Auch bei meiner letzten Radreise wurde ich nicht gesponsert. Doch langfristig wird man nicht an mir vorbeikommen. Träume muss man leben.«

So gut das Abendessen war, so schlecht war das Frühstück am nächsten Morgen. Die Eier in den Tomaten waren fast roh. So habe ich nur Käse gegessen und Körnerbrötchen, aber es gab Kaffee. Der Preis war überaus reisefreundlich 33 € Halbpension.

Bald ritt ich wieder meinen Drahtesel, es war bullig warm. Die Schweißperlen liefen die Wirbelsäule lang oder tropften von der Stirn. Alle Nase lang musste etwas zum Trinken kaufen. Die bergigen Straßen hoch blies mich der

Wind.

Nach und nach wurde es kälter, gelegentlich tröpfelte es. Wäre der Wind nicht so stark, würde es pladdern. Der Himmel verdunkelte sich, ich fand in Trzciel/Tirschtiegel eine Unterkunft für 20 €. Zum Essen fand ich nichts. Folglich kaufte ich in einem kleinen Laden Chips, Tomatensaft, Bananen und Wasser. Gespräche gab es nicht. Hier war ich eine Unperson.

Am nächsten Morgen war es so kalt. Ich wusste nicht, ob ich so schnell friere oder so schnell zittere. Lausig. Folglich zog ich alles an, was ich griffbereit hatte (mit Ausnahme meiner Daunenjacke). Über das Land blies der Wind. Die Erdkrumen kräuselten sich über dem Boden. Dann Sandsturm, wie ich ihn 2008 in Turkmenistan erlebt hatte. Da die Autos in Polen übermäßig schnell fahren, hatte ich Angst, dass jemand in mich hineindonnert. Die Sicht war sporadisch nicht mehr als 10 m. Unfallgefahr sehr hoch! Ich fürchtete mich. Abends sah ich in den Nachrichten, dass in Mecklenburg-Vorpommern 40 Fahrzeuge auf Grund von Sandstürmen in Unfällen verwickelt waren. Viele Tote und ungefähr 60 Verletzte. Ich war froh, heil in Poznan/Posen angekommen zu sein.

Ca. 30 km vor Poznan hatte mich Rainer Peter aus Worpswede mit seinem rot-grünen Wohnwagen mit großem »AKW nein danke«-Aufkleber und seinem Fahrrad am Heck überholt. Er lud mich zum Kaffee ein, ich konnte mich mal aufwärmen. Gespräche über Fukushima. »Bei allem Mitleid für die Menschen in Japan, aber Tschernobyl und Fukushima können überall sein, ich hoffe, unsere Regierung wird regieren. Ich bin am Ostzipfel der Asse aufgewachsen. Mein Großvater war Meister im Schacht. In Schacht III war er die letzte Person, die ausgefahren ist. Die Pferde sind unten geblieben und ersoffen. Ebenso war mein Großvater die letzte Person, die in Schacht I ausgefahren ist. Auch hier blieben die Pferde unten. Schacht II wurde aus verschiedenen Gründen stillgelegt, einmal hätte sich ein weiterer Kaliabbau nicht gelohnt, zum anderen gab es damals schon Wasserzuläufe auf der 700m-Sohle, von denen man nicht wusste, woher sie kommen. Und die Asse ist ein sich bewegendes Deckengebirge, bei dem sich Schacht II schon 6 cm nach Süden verschoben hat. Ich habe während meiner pädagogischen Studien gerufen ›AKW – Nee‹ und an Demonstrationen teilgenommen. Jetzt deckt man alles mit dem Mantel der Liebe zu, damit man die Schweinereien unter der Decke nicht sieht. Aber Wasser fließt in der Asse und auch radioaktiv-verseuchtes Wasser. *›Nach dieser Erde wäre da keine, die eines Menschen Wohnung wär ...‹.* Bei meiner ersten Radreise nach China habe ich festgestellt, Deutschland ist ein schönes Fleckchen Erde.«– »Ich bin gern in Polen. Jetzt reise ich entlang der russischen Grenze. Polen ist preisgünstig. Mit meinem kleinen Wohnwagen kann ich mich hinstellen, wo ich will.«– »Als Sie mich überholt haben, ist mir Ihr Wagen in den Farben Rot-Grün sogleich aufgefallen.«–

»Das war ein Zufall. Ich habe den Wagen mit den Restfarben preisgünstig streichen lassen. Und es kam Rot-Grün heraus und das AKW-Zeichen. Das ist auch meine Einstellung, obwohl ich Mitglied der SPD bin.«– »Oh, in jungen Jahren wollte ich ebenfalls Mitglied der SPD werden, aber ich war nicht angepasst genug, Seminare in der Süd-Heide mit Dr. Fritz Gautier habe ich mitgemacht. Klaus Kühbacher, der Inspektorenanwärter war, und seine Frau Käte, die als Stenotypistin arbeitete, habe ich in seinen jungen Jahren mal im Landesjugendamt kennengelernt. 1970 habe ich, als ich bei der Post arbeitete, Gerhard Glogowski Pakete gebracht, er hat das Abendgymnasium nicht durchgehalten, mit Dr. Ulrich Markurth habe ich studiert. Doch ich wollte als Frau die Hälfte des Kuchens – egal wer ihn backt, als Kofferträgerin eigne ich mich nicht. Das habe ich ausgedrückt. Folglich habe ich kein Parteibuch bekommen, ebenso lief es bei anderen Demokraten ab. Jetzt bin ich froh, keiner Partei anzugehören. Mein Herz schlägt links.«– »Ich habe früher in Hamburg gelebt. Gegenspieler war oft Helmut Schmidt. Auch ich bin kein Kofferträger. Was hat Ihnen an China gefallen?«– »An den Chinesen gefällt mir die Arbeitsamkeit und Zielstrebigkeit; es ist nicht alles so, wie man hier erzählt. Vier autonome Provinzen, davon Uigur und Gansu mit muslimischer Bevölkerung, dazu die Innere Mongolei und Tibet. Wie es in Tibet mit der freien Religionsausübung ist, weiß ich nicht. Aber wenn ich in China nachts durch den Muezzin geweckt werde und in meiner permanenten Überanstrengung denke ›Oh, du bist noch in der Türkei‹ und schlaftrunken zum Fenster stürze und chinesische Schriftzeichen sehe, dann weiß ich zumindest, dass ich freie Religionsausübung bei Sonnenaufgang gehört habe. In Uigur sind die Ortsbezeichnungen in chinesischen und ›uigurischen‹ Schriftzeichen, ebenso die Speisekarten. Außerdem war ich zufällig in Lanzhou in die Falungong-Sekte geraten. Ich war froh, als ich wieder draußen war, dort sollte ich glatt meine Identität abgeben. Ich sollte mich duschen, was ich auch nötig hatte. Danach sollte ich Einheitskleidung tragen in Form eines Judo-Anzugs und alle anderen Gegenstände abgeben. Aber niemals ohne meinen roten Hut.«Ich erzählte ihm die ganze Geschichte und, dass ich in allen Staaten gefragt habe ›Do you like your president?‹ – »Sprechen Sie chinesisch?«– »Nein. Aber die Verständigung in China ist kein Problem. In den Dörfern fand ich immer jemanden mit englischen Sprachkenntnissen, oder es ging mein Wörterbuch hin und her. Doch mit einem Polizisten in der Inneren Mongolei hatte ich an einer Toll-Gate ein Gespräch, wo die Verständigung in Englisch nicht so gut stimmte. Er sprach immer von ›Makel‹. Ich fragte mich schon, wer einen Makel hätte. Doch dann zeigte mir der Polizist das Wort ›Staatspräsident‹. Und ich wusste ›Makel‹ ist Bundeskanzlerin Dr. Angela Merkel. Seither gibt es für mich nur ›Makel‹. Bei den heutigen politischen Wirren finde ich den Ausdruck gut.«Wir haben beide sehr gelacht, dann plänkelten wir leicht, ich radelte die letzten Kilometer nach Poznan/Posen.

Die Straße war stark befahren. LKW-Fahrer haben Rücksicht walten lassen und zum Randstreifen viel Abstand gehalten, eine Superlösung. Der Radweg in Form eines gut ausgebauten Randstreifens ist so gepflegt und schnell zu radeln. Im Hotel Mercure habe ich ausgiebig geduscht, meine Haare gewaschen und Körperpflege gehalten. Ich fühlte mich wie eine Katze und schnurrte vor Wohlbehagen. Danach bummelte ich durch Poznan/Posen, aß Nudeln und Knoblauchbrot, 2 Bier, damit ich keine Krämpfe wegen Flüssigkeitsmangels in den Beinen bekomme, und zurück ins Hotel.

Meine Fazialislähmung, die ich in Klein Vahlberg beim Kuss der Schlangenfrau bekommen habe, war für mich immer noch erkennbar. Eine Fazialislähmung bekomme ich immer, wenn ich mich vor einem Kuss im Nachhinein ekele, so war es erstmals nach dem Kuss des Schlangenmannes auf der Punta Margherita im Monte Rosa-Gebiet, oder später während meiner ersten Radreise nach China in Georgien. Manche Menschen ekeln mich einfach mit der Wirkung eines schiefen Mundes.

Nach Gesprächen mit den Rezeptionisten über meine Radreise schob ich am nächsten Morgen durch Poznan/Posen und war gegen 10.00 h auf der B5, einer vierspurigen Straße mit einem Randstreifen. Obwohl Autos und LKW an mir vorbeibrausten, fühlte ich mich auf dem Randstreifen sehr sicher. Allerdings konnte ich keine Pausen machen; denn es gab weder stabile Leitpfähle noch Leitplanken. Bergauf-bergab bis 12.30 h kurz vor Gniezno/Gnesen. Ich stand an einer Gabelung. Ein Mann hielt mit seinem Auto, sprach mich an, gab mir ein Getränk und freute sich, mir behilflich sein zu dürfen. Meine Freude über das kurze Gespräch war sehr groß. Weiter ging es dann über die B62 in Richtung Strzelno. Ein LKW-Fahrer blies mich von der

Straße.

Er hatte keinen Abstand gehalten und touchierte meine Satteltaschen. Ich ging langsam zu Boden, der LKW-Fahrer bremste, schaute sich um und fuhr weiter. Sofort war Schluss mit der Raserei der Fahrzeuge. Alle standen. Ich benötigte Hilfe beim Aufbocken meines Velos. Großes Gehupe, ich wartete. Die Fahrzeuge konnten nicht an mir vorbei, weil es eine Mittelausbuchtung gab. Schluss mit lustig. Ich wartete. Eine Autoschlange baute sich auf, ich wartete. Nach einer erheblich langen Zeit kam jemand, lächelte mich an und half mir beim Aufbocken des Fahrrades. Ich schob bis zu einer Bushaltestelle, richtete mein Fahrrad und fuhr auf der Straße ohne Randstreifen weiter. Dazu kam der Seitenwind. Wenn ein 40-Tonner vorbeidonnerte, war es ganz schön anstrengend. Streckenweise gab es Windböen der Stärke 6-8. Volle Konzentration, dazu die Straße. Die Straßen in Polen waren streckenweise die schlechtesten, die ich seit meiner ersten Radreise nach Peking geradelt bin. Schon bei meiner vorherigen Radreise nach China stellte ich die Frage: ›Was ist das? Loch an Loch und hält noch! – Das waren die Straßen von Bulgarien.‹ Doch die Straßen von Polen waren keinen Vergleich wert, sie waren noch schlechter. Ich durfte keinen Blick von der Straße werfen, sondern ich musste bergauf-bergab konzentriert auf den Weg schauen. Um 17.30 h war ich in einem netten kleinen Hotel, aß eine Rote-Beete-Suppe, Fisch und Salat und trank ein Bier. In diesem Hotel wurde gerade eine Hochzeit in einem Nebenraum gefeiert. Alle Menschen waren lustig und fein gekleidet. Ich kam mir in meiner Leggings deplatziert vor. Und aus dem Nebenraum hörte ich Lachen und Trinksprüche. Gern hätte ich auch gefeiert. Aber ich saß allein am Tisch und schrieb in meinem Reisetagebuch. Danach ging ich ins Bett und flippte durch die Fernsehprogramme.

Eigentlich gab es nichts Gescheites im Fernsehen, also flippte ich noch einmal durch. Stopp! Ich sah eine Sendung über den hässlichen Deutschen. In einer Klasse mit ca. 10jährigen wurde ein Bild der Deutschen dargestellt, was mich sehr erschütterte. Die Kinder wurden befragt, was sie über Deutschland wissen. Geantwortet wurde, dass alle Deutschen wie Hitler seien. Ich war geschockt und nicht mehr müde. Und das 66 Jahre nach dem zweiten Weltkrieg. Natürlich weiß ich, dass das Hitler-Reich Schrecken verbreitet hat und Menschen gelitten haben, sei es durch den Einfall der Deutschen in Polen, sei es durch das Warschauer Ghetto, sei es durch Morde der Hitler-Schergen, sei es durch die Flucht von Ost nach West. Ich erinnerte mich auch der immerwährenden Kriege zwischen Ost und West seit der Staatsgründung Polens im 10. Jahrhundert. Doch 66 Jahre nach dem Zweiten Weltkrieg muss ich mir nicht von einem Jungen, der mein Urenkel hätte sein können, im polnischen Fernsehen sagen lassen, dass alle Deutschen wie Hitler seien. Auf meinen Radreisen werde ich oft als Nazi von jungen Männern beschimpft, da kann ich mich wehren. Aber auch das Bild von den heutigen Deutschen, die gegen den Neo-Nationalsozialismus kämpfen, muss vermittelt werden. Mein ½-Erzeuger, eine Legitimation wurde nicht anerkannt, kommt auch aus dem Osten. Meine Mutter hat während des Hitler-Reiches, als alle riefen ›Heil Hitler‹, gerufen ›Heil Moskau‹. Und ich lebe mit der ›Gnade der späten Geburt‹. Folglich gilt für mich *Wenn die Menschen Brüder wären ...* Als Maßeinheit für Deutsche kann doch heute nicht das Hitler-Reich stehen. Das, was ich im Fernsehen gesehen habe, ist Aufruf zum Hass gegenüber Deutschen. In einer meiner Klassen hatte ich für einige Wochen Gastschüler aus Polen und aus der Schweiz. Beide fühlten sich sehr glücklich in meiner Klasse, und ich hatte nette Schüler mehr.

An einer Straßengabelung fragte ich Polizisten, welchen Weg ich zur Ukraine nehmen müsste, geantwortet wurde: »Es ist nicht unsere Aufgabe, Ihnen darauf zu antworten!«Schwups, da stand ich mit meinem Glück. Zufällig bin ich in die rechte Richtung gefahren.

Feindlichkeiten gegenüber Menschen mit andersartiger Identität habe ich an meiner letzten Schule festgestellt. Kinder kamen in meine Klasse gerannt: »Da hat jemand draußen an der Wand Hakenkreuze gemalt!«Ich war entsetzt. Ein metallener Streifen an der Außenwand war beschmiert mit Hakenkreuzen und ›Heil Hitler‹, was ich sofort dem Rektor meldete. Und das hätte ich nicht tun dürfen; denn die einzige Reaktion des Rektors, der auch mal bei der Polizei gearbeitet hatte, war: Er beauftragte den Hausmeister, die Schmierereien (Material: Kreide) mit Wasser abzuwischen.

Ähnliche Reaktionen im Umgang mit Aggressionen gegen Ausländer habe ich an einigen Schulen erlebt. Der Mantel der Liebe ist sehr groß. Es darf nichts nach außen dringen, weil es den Ruf der Schule schädigen könnte. Und später hat niemand etwas gesehen. Gutmenschen sind mir suspekt.

Man muss doch in allen Ländern für den Frieden in der Welt kämpfen – nicht mit Waffen, sondern mit dem Aufbau von Schulen (femininer und maskuliner Prägung), die von allen besucht werden dürfen. Dazu kommen Krankenhäuser und Straßen, aber nicht das Überstülpen unserer Demokratie des Kapitalismus, wo Ackermänner das Sagen haben. Auf dem Acker macht man sich nur die Hände schmutzig.

Das Frühstück war gut, ich war den 10. Tag unterwegs. Zum Glück war nicht viel los. Der Wind kam wieder aus nördlicher Richtung. Der Sand kräuselte sich, der Sturm fegte über das Land. Ich radelte einen Schlaglochslalom auf der B62 bis Wloclawek/Leslau und noch ein Stückchen weiter bis 8 km vor Strzelno/Strelno. Es war sehr kalt, eigentlich roch die Luft nach Schnee. Der Boden war trocken. In den Wäldern, überwiegend Birken und Nadelhölzern, hätte man nur ein Streichholz werfen müssen, und der Wald stünde in Flammen. Am Straßenrand lagen viele tote Tiere – Füchse, Hasen, Rehe, auch ein Dompfaff. Ich habe einen Fasan gesehen, die Möwen kreischen. Die Weichsel kann nicht weit sein. *Noch ist Polen nicht verloren ... Wir überqueren die Weichsel ... Marsch, marsch, Dabrowski ...* Mein kleines Hotel lag direkt an der Weichsel, kurz vor Strzelno/Strelno. Nettes Zimmer, Abendessen und Frühstück für ca. 30 €, das hatte schon etwas. Der Gastraum war im Innern an den Wänden mit Holzscheiten gekachelt, was sehr schön und wohlig warm aussah. Der Sohn des Hauses spricht fließend die englische Sprache, der Eigner fährt Motorrad und die Eignerin macht für das Haus das Management. Das

Haus kann man empfehlen. Es war ein netter Abend. Das Wasser der Weichsel kräuselte sich und strahlte in Blau.

Regen am nächsten Morgen. Marsch, Marsch. Noch 25 km bis Plock. Marsch, Marsch. Bis Plock und weiter nach Sochaczew. Es war ein Scheißtag. Regen, Regen. Die Straße war schlecht. Der Fahrradweg war noch schlechter. Am besten sind die Straßen mit Randstreifen, weil dort die Fahrzeuge nicht so stören. Im Gegensatz zu Autos besteht zum LKW wenigstens etwas Abstand. Autos musste ich manchmal ausbremsen. Zu Fuß geht in Polen wohl niemand, mit dem Velo fährt man allenfalls zum Einkaufen um die Ecke.

Mein Bild von der Armut in Polen musste ich vollständig revidieren. Wenn ich mir die Häuser anschaute, wusste ich, dass so arm wie meine Tante, mein Bruder und ich wohl kaum jemand lebt. Die Bauernhöfe stehen vereinzelt mitten im Acker oder sie sind mit der Schmalseite an der Straße aufgereiht. Häuser wurden gebaut.

Es war Sonntag. Kirchenglocken läuteten in jedem Ort. Bevor ich in Sochaczew war, glaubte ich, in der Türkei zu sein. Gesang und Beten von einem Kirchturm mit Verstärker in alle Windrichtungen. Ich vergewisserte mich und sah auf dem Kirchturm ein Kreuz. Es war, glaube ich, in Gabin. Mir kamen noch zwei Pfarrer entgegen. Menschen kamen aus allen Himmelsrichtungen geströmt, um in die Kirche zu gehen. In manchen Orten standen Personen vor der Kirchentür und lauschten den Stimmen aus den Verstärkern vom Kirchturm. Jeder Ort hat mindestens eine Heiligenstatue und geschmückte Kreuze überall.

Gleichzeitig sah ich auf meinem Weg nach Poznan/Posen im Wald viele Bordsteinschwalben stehen, die frierend und zitternd in ihren kurzen Röckchen am Straßenrand sich prostituierten. Was für eine Diskrepanz? Auf der einen Seite wird an allen Ecken und Enden die ›Jungfrau Maria‹ verehrt, auf der anderen Seite müssen sich Frauen zum Gelderwerb an den Straßenstrich stellen. Ich hasse Doppelmoral und liebe es, zu Taten zu stehen. Mein Bild von Polen wurde auf meiner Reise stark ins Negative revidiert. Aber die Prostituierten waren freundlich, sie haben gewinkt bzw. mit mir kurze Gespräche geführt in ihrer weißen oder roten Lederbekleidung. Diese Frauen haben bei der Kälte sicherlich genauso gefroren wie ich. Wie man dann noch Sex machen kann? Es war sicherlich ein Stück sehr harter Arbeit für ein paar Cents.

Im Hotel Chopin war ich gegen 17.30 h. Ich hatte einfach keine Lust mehr zum Radeln bei dieser Kälte und Nässe. Das Hotel wurde gerade umgebaut. Mein Fahrrad schob ich in eine bewachte Garage, die nach Außen offen war. Hoffentlich ist das Rad am nächsten Morgen noch dort. Duschen. Käsesalat mit Himbeersoße und Spinatnudeln, dazu eine Flasche alkoholfreies Bier.

Am nächsten Morgen ein reichhaltiges Frühstück mit Spiegelei und Rührei und Paprika und Käse und hinterher zwei Stück Kuchen. Bei diesem köstlichen Frühstück hatte ich tagsüber überhaupt keinen Hunger nur Durst. Es gab kaum eine Möglichkeit zum Anhalten, kein Leitpfahl, kein Baum, ich musste Pippi machen. Kein Standplatz für mein Fahrrad. Ich schob die Straße in Richtung des Geburtshauses von Chopin. Ich hätte es gern gesehen, aber die Menschen sagten mir: ›Chopin, kennen wir nicht!‹ Immerzu haben mich die Gefragten in eine andere Richtung geschickt. Nach Stunden des Suchens gab ich es auf, dabei mag ich die Musik von Chopin. Schade.

Ziemlich bald war ich auf der B2. Diese Straße ist nicht für Personen per pedes und per Velo zugelassen. Der Radweg war so schlecht. Zweimal bin ich auf dem Acker oder in einer Baustelle geradelt, zurück. Danach entschloss ich mich trotz Verbots etwa 40 km auf der B2 zu radeln. Die Straßen haben schon sehr viele Schlaglöcher und Unebenheiten, aber Radwege sind nicht befahrbar. Manchmal sind die Radwege nur zwei Radmäntel breit, daneben die Grabenkante, dazu ebenfalls Schlagloch an Schlagloch. Absolut nicht mein Ding. Mein Gesäß bevorzugt glatte Straßen, denn es sitzt Tag für Tag auf dem Sattel, geschützt nur mittels eines Papierunterhöschens und einer Leggings. Einen Platten direkt vor einer Autowerkstatt. Schlauchwechsel und Luftaufpumpen in einer Autowerkstatt, Preis: 20 Sloty. Sie brauchten für diese Arbeit etwa zwei Stunden. In dieser Zeit hätte ich mein Fahrrad bequem repariert und Geld gespart. Ich wollte nur meine Fingerchen nicht dreckig machen.

Nach vier Stunden war ich in Warschau, auch diese Stadt war nur für

Autos angelegt, dazu Schlagloch an Schlagloch, Baustelle an Baustelle. Also entschloss ich mich, durch die Stadt zu schieben. Der Fußweg war bevölkert wie auf dem Bund in Shanghai am Nationalfeiertag. Ich hatte meine Mühen. Ein Vater kam mit seiner kleinen Tochter entgegenspaziert. Ich schob mein Rad nahe an die Hauswand. Crash. Das kleine Mädchen stieß mit dem Kopf gegen meine Lenkstange und klappte auf den Boden. Es tat mir sehr leid. Ich entschuldigte mich. Der Vater stellte das Mädchen auf die Beine und ging schnurstracks weiter. Gern hätte ich dem Mädchen Schokolade gegeben, um den Schmerz etwas herabzumindern.

Zwei Stunden schieben und ich sah den Kulturpalast. Sieht man irgendetwas in den Nachrichten über Warschau, das Bild des Kulturpalastes ist aktuell. Daneben stehen Hochhäuser, eine Glasfassade an der anderen. Der Kulturpalast sieht sehr schön aus. Leider hatte ich keine Gelegenheit in Warschau zu bummeln, denn ich bekam keine Unterkunft. Ich ging in der Innenstadt von Hotel zu Hotel. ›Wir haben kein Zimmer frei.‹ Verzweiflung machte sich bei mir breit. Die Zeit schritt voran. Draußen schauten mich die Menschen an wie ein Weltwunder. Im Innern von Polen war ich das vermutlich auch mit meinen schweren Satteltaschen abgedeckt mit der deutschen und polnischen Flagge. Nach Stunden des Suchens vermittelte mir eine sehr freundliche Rezeptionistin eine Unterkunft im Sporthotel Revita.

In Warschau überquerte ich die Weichsel. Auf der Straße war so viel Verkehr, dass ich noch nicht einmal eine Aufnahme machen konnte. Ich radelte und radelte. Das Sporthotel sollte ausgeschildert sein. Ich könnte es nicht verfehlen, aber ich radelte und radelte. Mal auf dem Deich, mal auf der Straße. Glückliche Hühner liefen auf einem Grundstück und scharrten im Sand. Doch diese glücklichen Hühner wollten sich nicht fotografieren lassen. Dafür rasten auf der Straße Autos an mir vorbei und Autotransporter. Plötzlich tauchte ein Fahrradladen auf, sofort stoppte ich und kaufte mir zwei neue Schläuche, um meine Reserven aufzufüllen. Die würde ich noch brauchen bei den polnischen Straßen. Polen ist ein Autoland. Für Individualisten ist kein Platz, für eine deutsche Radfahrerin erst recht nicht. Trampeln, trampeln. Irgendwann tauchte ein schönes kleines Sporthotel auf mit freundlichem Personal, leckeren Speisen. Leider weit außerhalb von Warschau. Sehr freundlich wurde ich aufgenommen, mein Fahrrad ruhte in meinem Zimmer.

Das Sporthotel Revita kann ich sehr empfehlen. Hier fühlte ich mich wohlig aufgenommen. Leckeres Essen und viele Gespräche über Sport und Reisen. Es ist sehr einfach, sich auf ein Fahrrad zu setzen und zu radeln. Aber um so eine Reise machen, muss man jeden Tag trainieren. Ich jogge zwei- bis dreimal auf den Brocken im Sommer und im Winter gehe ich regelmäßig in die Muckibude und laufe einmal auf den Brocken. Manchmal fällt es mir nicht leicht, mich aufzuraffen. Aber wenn ich erst unterwegs bin, fühle ich mich ganz stark.

Am nächsten Morgen wünschte man eine glückliche Reise. Das Hotel war bisher das Beste, welches ich auf meiner Reise hatte.

Es ist nicht mehr weit bis Kiew, nur noch drei Tage bis zur Ukraine.

Regen, Sonne, Regen, Sonne … Eine Tschechin, die jetzt in Polen lebt, begleitete mich einige Zeit mit ihrem Fahrrad. Wir sprachen über meine vorherige Reise und meine jetzige Reise nach China. »Oh, mein Gott. Oh, mein Gott.«, waren die Worte nach jedem Satz. Nachdem ich auch noch erklärte, was meine Reise kostet, und ich dafür keinen Sponsor habe, sondern am Essen und an der Bekleidung spare, verabschiedete sich die Tschechin mit den Worten: »Oh, mein Gott. Glückliche Reise.« Wir haben uns noch einmal zugewinkt und schon ging die Fahrt weiter. Inzwischen begann der Regen. Kurz vor Deblin bin ich in einem kleinen Hotel angekommen. Eigentlich war es noch nicht meine Zeit, aber Schlaglöcher und

Regen haben mich ausgebremst, so dass ich vor der Zeit keine Lust hatte. 24 € Halbpension, da kann man nicht meckern.

Der Hoteleigner ist ein junger Mann, der vor seinem Hotel eine riesige Limousine stehen hat. Es hat so stark geregnet, dass ich das Auto noch nicht einmal fotografiert habe. Das Auto hatte bequem Platz für 8 – 10 Personen und war mit allen Schikanen ausgestattet. »Sie müssen ja sehr reich sein, wenn Sie so ein großes Auto und ein Hotel haben.«– »Ja, ich machen in Auto.«Und ich fragte mich, was macht er in Auto. Sex mit seiner schönen Frau oder schlägt er Autos um und verdient damit Geld oder verdient er sein Geld mit An- und Verkauf und repariert Fahrzeuge. Eine Werkstatt gab es auch. Das Rätsel blieb ungelöst 6 km vor Deblin.

Und abends habe ich Bernd eine Mail gesandt:

Hi Bernd,
willst Du etwas erleben,
fahr mit dem Rad durch Polen eben.
Fahrzeuge donnern mit Gebrumm
um Dich herum.
Das Radfahren in Polen ist nicht schön,
Du müsstest mich beim Schlaglochslalom sehen.
Aufpassen muss ich immerzu,
sonst fällt mir das Essen aus dem Gesicht im Nu.

Kurz vor Putawy ist eine riesige Müllkippe, gleich daneben der Friedhof. Die Ambulanz kam ohne Tatütata angerast. Nur mein schnelles Ausweichen auf den Grabenrand hatte einen Unfall vermieden. Dabei bin ich mit meiner orangen Taschenabdeckung doch sehr gut zu sehen. Auch passen eine Müllkippe und ein Friedhof in meinem jungen Alter von bald 70 Jahren nicht so gut zu mir. Die Ambulanz zögerte mit der Weiterfahrt, das war es. Schon nach einigen Sekunden rasten sie weiter. Ich bin weiter nach Putawy und Kurow geradelt, wo ich mir endlich Postkarten, Briefmarken und einen großen Umschlag gekauft habe, um schon einmal Sachen nach Deutschland zurückzusenden (Autokarten usw.).

Schon bald war ich in Lublin. Durch Lublin bin ich geschoben, weil es immer hoch und runter geht. Ein junger Mann hat mich beobachtet und sprach mich auf Englisch an, ob ich ein Hotel suche. Ich war glücklich, einige Wörter mit jemanden zu sprechen, der mich auch freundlich zu einem Hotel wies.

Am nächsten Morgen, als ich mein Fahrrad aus der Garage holen wollte, hatte ich einen Platten. Luftaufpumpen, Aufsatteln und langsam in Richtung Madjanek. Doch nach einer Zeit – wieder einen Platten. Vor einer Kirche habe ich einen neuen Schlauch eingezogen und bin zügig weiter geradelt. Ich hätte mir gern das Lager Madjanek angesehen, aber ebenso wie beim Geburtshaus von Chopin, ich erhielt keine Hilfe. Man schickte mich von einer in die andere Ecke, ich fuhr vor und zurück und irgendwann habe ich aufgegeben und bin weiter in Richtung Zamosc. Doch schon bald vor Zolkiewka hatte ich schon wieder einen Platten. Bei einem Schlagloch hat es mir den Mantel und den Schlauch durchgeschlagen. Feine Drähte aus dem Mantel hatten sich in den Schlauch gebohrt. Bei den Straßen hier ist das kein Wunder. Folglich schob ich mein Rad in eine Bushaltestelle und begann, einen neuen Mantel und einen neuen Schlauch aufzuziehen, Luft aufpumpen. Bis hierher hatte ich schon drei Schläuche und einen Mantel gebraucht. Bei meiner ersten Radreise nach China waren es ein Mantel und vier oder fünf Schläuche. Dies war der Horror. Würden meine Ersatzteile reichen?

Die Lust zum Radfahren war mir komplett vergangen. Ich wollte irgendwo ruhen. In einem kleinen Hotel fragte ich, doch nichts. Die Hunde kamen sogleich kläffend an mich heran, umkreisten mich und kläfften. Hätte ich nicht um eine Unterkunft bitten müssen, mit einem Fußwischer hätte ich die Hunde weggefegt. Aber so musste ich einige Zeit das Gebell ertragen, bis ich von der Eignerin weggeschickt wurde. Ich radelte weiter bis zu einer Tankstelle, in einem der Häuser in der Nähe wollte ich unter dem Dach biwakieren. Das wurde mir nicht gestattet. Zum Glück kam Maria, eine Deutschlehrerin, mit ihrem Freund. Sie hat mir ihre Wohnung zur Verfügung gestellt und hätte ich Maria nicht getroffen, mein Bild von der polnischen Bevölkerung wäre noch viel schlechter ausgefallen. Doch Maria hat die erlebten Unfreundlichkeiten um ein Vielfaches revidiert. Beim

Schreiben über Polen habe ich immer an Maria gedacht. So habe ich viel Negatives weggelassen und fast nur Positives geschrieben.

Maria war mit ihrem Freund bis zum nächsten Morgen bei ihren Eltern. Es war

Schlachtfest.

Wir haben uns sehr lange unterhalten über Reisen, gesunde Ernährung und Atomkraft. Ich berichtete ihr, dass ich fast überhaupt kein Fleisch esse, sondern ich mich von Käse, Salat und Gemüse und Brot oder Müsli ernähre. Im Garten werden Erdbeeren, Tomaten, Zwiebeln und Bohnen angepflanzt, dazu ernte ich Kirschen, Renekloden, Mirabellen, Johannisbeeren, Stachelbeeren, Pflaumen, Äpfel und Birnen. Obst kaufe ich selten. Während meiner Kindheit haben wir auch geschlachtet. Die Wurst und das Fleisch waren viel besser als heute. Das Fleisch ist in der Pfanne nicht eingelaufen, wie heute. Aus diesem Grunde mag ich kein Fleisch. Aber selbst aufgezogen ist ein Schwein ein glückliches Schwein.

»Sie leben hier dicht an der Grenze zur Ukraine. Wie haben Sie Tschernobyl erlebt?«– »Wir haben zuerst überhaupt keine Nachrichten über den Super-GAU erhalten. Allerdings haben wir uns gewundert, dass wir plötzlich Salat und Gemüse kaufen konnten und Obst in Hülle und Fülle hatten. Natürlich haben wir alles gekauft und gegessen. Später gab es viele Fälle von Krebs.«– »Wir haben in jener Zeit nicht geerntet. Aber jetzt leben wir ganz normal. Obwohl ich wohne auch in einem Dorf an der Asse, in der radioaktive Abfälle jeglicher Couleur eingelagert sind. Ich habe während meiner Studienzeiten oft demonstriert: AKW, nee!«– »In Polen haben wir von Atomkraft nicht viel gehört.«

Am nächsten Morgen kam Maria mit einer Riesentüte Verpflegung. Wir haben uns noch über Studieren unterhalten. »In Polen studiert man nur ein Fach und das unterrichtet man auch.«– »Sie sprechen aber auch sehr gut Deutsch. Wir müssen zwei Fächer studieren, ich musste für das Lehramt noch drei Fächer studieren und habe Mathematik, Sport und Geographie gewählt.«Gegen 9.30 Uhr bin ich mit gegenseitigen Wünschen für ein langes glückliches Leben abgefahren.

Nach der Verabschiedung ging es Richtung Zamosc. Schlagloch an Schlagloch. In einer Tankstelle habe ich mir einen Kaffee und ein Brötchen gekauft, dann bin ich weiter nach Hrubieszow. 20 km vor der Grenze. Ich habe einen Briefkasten gesucht, um meine Post für mich abzusenden. Doch in die Briefkästen in Polen kann man mit Mühe eine Postkarte werfen. Ich habe viele Menschen, die neben der Poststelle wohnen, gebeten, mir zu helfen, so auch zwei Polizisten. Vergeblich. Sie haben mich kalt abfahren lassen. Dabei war die Polizeistelle gleich neben der Poststelle. Zum Essen gab es Chips und Energiedrinks, keine Gaststätte.

Auf dem Weg von Lublin nach Zolkiewka waren die Bauern auf den Äckern und pflanzten Kartoffeln. Die Ackerkrume war trocken. Wenn der Wind kam, zog eine Staubwolke über das Feld.

Heute ist Palmsonntag, und ich radele. Die Leute sind in die Kirche geeilt. Der Gottesdienst wurde mit Lautsprechern nach Draußen übertragen. Viele Menschen standen noch vor den Kirchen. Kreuze und Friedhöfe waren mit Blumen und Schleifen geschmückt.

Frühstück hatte ich nicht, nur eine Flasche Wasser und eine Flasche Energiedrink. An einer Gabelung habe ich Polizisten nach der Grenze gefragt. Keine Reaktion. Ich bin dorthin geradelt, wo die meisten Fahrzeuge fuhren. Desto näher ich der Grenze kam, desto mehr stockte der Verkehr und irgendwann ging überhaupt nichts. Ich radelte an der zweispurigen Schlange vorbei. Noch nie habe ich von einem Land so wenig Aufnahmen gemacht wie von Polen. Es gab so wenig Freundliches, mit Ausnahme weniger hilfsbereiter Menschen und die habe ich auch benannt.

Ich kann das Verhalten mir gegenüber in Polen überhaupt nicht verstehen, es gibt doch in Deutschland so viele freundliche polnische Leute. Am 17. 4. 2011 habe ich um 11.00 Uhr Polen verlassen, auf Grund der Zeitverschiebung bin ich um 12.00 Uhr in der Ukraine angekommen. Die Schlange war sehr lang. Polen fahren zum Einkaufen und Tanken in die

UKRAINE.

Die Ukraine ist 1,691mal so groß und hat 0,559mal so viel Menschen wie Deutschland. Die Ukraine hat ca. 46 Millionen Menschen auf 603.700 qkm und 78 Personen pro Quadratkilometer (s. Wikipedia). Die Ausdehnung von West nach Ost ist 1.300 km und von Nord nach Süd 900 km (lt »wer weiss was«). Die Ukraine ist nach Russland das zweitgrößte Land in Europa.

Der Sprit in der Ukraine ist um 0,7 Sloty je Liter preisgünstiger als in Polen. Jeder Platz in einem Auto war besetzt, um mehr einkaufen zu können. Auch Zigaretten und andere Luxusartikel sind preiswerter. Aus diesem Grunde gab es Autoschlangen.

Ich schob mein Fahrrad zu einem Grenzer. Er betrachtete meinen Pass, ging mit meinem Pass zu einem anderen Grenzer. Der nächste kam. Alle polnischen Grenzer waren erstaunt, gaben mir den Pass wortlos zurück und ließen mich schieben.

Die Grenzer in der Ukraine waren verwirrt. Es wurde telefoniert. Mein Pass wurde kopiert. Ich wurde von allen betrachtet. Plötzlich kam Leben. Alle englisch sprechenden Grenzbeamten wurden auf mich losgelassen

Wir unterhielten uns über Reisen und meine erste Radreise nach China, über Politik in Europa, über die mir gezeigten Unfreundlichkeiten in Polen, mein Leben usw. Natürlich habe ich auch daran gedacht, dass man mich aushorchen wollte über Länder, in die ich gereist war. »Auf dem amerikanischen Kontinent war ich noch nicht, aber in Afrika und Australien.«– »Auch mit dem Rad?«– »Ich war 1996 mit dem Fahrrad von Darwin nach Adelaide geradelt: 3302 km.«Es war eine

Traumzeit.

Diese Traumzeit begann an der Timor Sea in Darwin. Hunderte von winzigen Einsiedlerkrebsen schleppten ihre Häuschen in Windeseile aus der sengenden Sonne unter schützende Steine, während leichte Wellen sich kräuselten. Ein Goanna spazierte mit lang gestecktem Hals über den weißen Sand. Die Sonne gab ein Gefühl der Wärme und der Herausforderung; ein faszinierender Start in Darwin, dem ›Top End‹. Darwin zeigte sich als hyper-moderne, perfekte und wunderschöne Reißbrettstadt, die um 1970 nach einem verheerenden Zyklon vollkommen neu aufgebaut wurde. Das tropische Klima bestimmt einen entspannten Lebensstil unter Mangroven am Strand und Palmen in der City, dazu viele gepflegte Radstraßen. Die Tagesetappen von ca. 150 km hatte ich entsprechend der in diesem Abstand liegenden Orte gewählt. Dazwischen war unendlicher australischer Busch und der Stuart-Highway, der sich wie eine rote Schlange durch das Land zieht. Einst setzte die südaustralische Regierung eine Belohnung von 2000 Pfund für die Durchquerung des Kontinents von Süd nach Nord aus. John McDonall Stuart, 1815 in Schottland geboren, wagte dieses riskante Unternehmen. 1859 gelang ihm bei seinem dritten Versuch mit zwei Kameraden diese Pioniertat, die ihm allerdings seine körperliche und geistige Gesundheit raubte. Völlig verarmt starb Stuart 1866 in London.

Die Stunde der Zuversicht bei meiner Radreise durch Australien begann noch in der Dunkelheit. Mit der im Osten aufgehenden feurigroten Sonne war ich auf dem Stuart-Highway von Nord nach Süd. 50 m lange Roadtrains donnerten an mir vorbei. Und ich, ich strampelte die Hügel hinauf, die sich wie Riesenwellen durch das ganze Land ziehen. Glühende Sonne von Norden, 30 °C im australischen Winter. Durst. Literweises Trinken. Unerwartet starker Gegenwind; denn als Mensch der nördlichen Halbkugel hatte ich die Windrichtung falsch eingeschätzt, sonst wäre ich von Süd nach Nord geradelt. Endlose Straße. Ich allein, Einsamkeit, totale, nie zuvor erlebte Einsamkeit. Überwältigende Stille, nur die Stimme des Windes, das übermäßig laute Rauschen der über den groben Asphalt rollenden Räder und mein Herzschlag. Ausgesetzt in dieser fremden Landschaft kreisten über mir auf meinen Tod lauernde Adler, meine täglichen Weggefährten. Trotzig zeigte ich jeden Morgen meine Faust. ›Ihr Aasgeier, seid ihr schon wieder da, ich falle nicht vom Rad!‹ Doch auch war ich glücklich – weit dem Alltagstrott entrückt – über den schweren Weg in der unendlichen Weite unter dem grenzenlosen farbenprächtigen Himmel. Der Weg führte über Katherine ins Never-Never Country. Am Roper River angelten Menschen Baramundi und schwammen trotz Warnungen vor Krokodilen munter im Fluss.

Von Mataranka in Richtung Tennant Creek. Unterwegs Gespräche mit Australiern über den Lebensstil in Nordaustralien mit seinen 1.346.200 qkm bei 560.000 Menschen und Niedersachsen mit 47.349 qkm bei 7,28 Mio Menschen. FREUD-voll fragte einer, wie so viele Menschen auf so engem Raum miteinander auskämen. Mit weniger Freundlichkeiten! Tennant Creek ist das ›Goldene Herz‹ Nordaustraliens mit seinen ausgedehnten Goldminen. Und später interessierten mich die Devil Marbels, riesige aufeinander getürmte Granit-Teufelsmurmeln. Aber mit diesen hatte ich kein Spielglück. Trotzdem blieb mir das Glück hold auf einem kleinen Hügel hinter der 1872 gegründeten Telegrafenstation von Barrow Creek. Ich wollte über das Land schauen und bestieg den kleinen Berg. Die Mühe wurde belohnt. Träumend und tief berührt stand ich auf versteinerten Wellen des Urmeeres.

Weiter ging es Hügel auf, Hügel ab, am Mt. Stuart vorbei durch Ureinwohnerland. Unterwegs hielten Aboriginals an und fragten, warum ich bush-biking machte. ›Oh sie hatten mindestens 50.000 Jahre Zeit, das Land kennenzulernen. Ich habe nicht so viel Zeit, darum radele ich.‹ Mit dem Velo hat man viel Zeit, ein Land zu riechen, zu hören und zu sehen. Die Ureinwohner erklärten mir, was ich essen kann, wie ich Spuren zu Wasserstellen im australischen Busch finde. Abends im ersten Haus am Platze – es gab kein anderes – small talk mit Weißen, die mich beobachtet hatten. Man bewunderte meine Stärke und meinen Mut. ›You are pritty strong? You must be very fit!‹ Ich habe viele Aborigines kennengelernt. Nach 3 Tagen haben mich zuerst die Männer angesprochen, nach 5 Tagen kamen die Aboriginesfrauen. Schon nach wenigen Tagen hatte sich herumgesprochen, dass eine Radlerin von Darwin nach Adelaide unterwegs ist. Hilfe habe ich von vielen Menschen erhalten, so auch von Paul, einem Ureinwohner. Es war fünf Kilometer vor Alice Springs auf einem Parkplatz. Er hielt mir etwas zum Trinken entgegen, wir sprachen über Land und Leute. Er drehte sich eine Zigarette und fragte, ob ich auch eine haben wollte. ›Das ist unsere Droge von Blättern, die hier auf Bäumen wachsen. Das tut gut. Meine Großmutter ist 93 Jahre und raucht diese Zigaretten auch, am Wochenende gehe ich mit ihr auf traditionelle Art in den Busch. Unsere Zigaretten sind gut für die Knochen. Mein Großvater war Ire. Aber ich lebe semitraditionell. In der Woche arbeite ich als Elektriker für Aborigines. Am Wochenende gehe ich in den Busch. Ich habe eine große Farm in der Nähe von Erldunda am Mt. Connor.‹ – ›Wenn die Drugs Ihrer Großmutter gut tun, dann möchte ich sie auch probieren.‹ Es war meine einzige Droge, ich spürte nichts; denn auf Grund meiner Radreise durch Australien war ich eh immer high. Mein Körper produziert auf langen Radreisen genügend Endorphine, körpereigenes Haschhasch.

Nach 11 Tagen erreichte ich Alice Springs, die Stadt der Flying Doctors. Reverent John Flynn gründete 1928 diesen ausschließlich mit Spenden finanzierten medizinischen Service, um auch im unwegsamen, riesigen Busch eine schnelle ärztliche Notversorgung zu gewährleisten. Dies war jedoch nur möglich, weil John Flynn in Zusammenarbeit mit Alf Traeger ein Radio mit Powerstation erfand, wo der Operator in ständig radelnder Weise mit Fahrradpedalen die Energie für die Datenübermittlung erzeugte. Das gleiche System wurde früher für die Outback-Schulen, the Schools of the Air, benutzt. Zappelphilippe konnten dort handlungsorientiert dem Unterricht folgen. Heute werden Kinder mittels moderner Telekommunikation von einer Lehrerin vom Bild- und Tonstudio aus in ihrer oftmals 1000 km entfernten häuslichen Umgebung unterrichtet.

Bei einer kurzen Kamelsafarie in Stuarts Well entdeckte ich die Eigenheit australischer Wüstenschiffe, wie sie durch den Busch schaukelten. Ein kurzer Abstecher in den Uluru National Park, Zentrum des Aborigines-Landes. Nach acht Monaten der erste Regen. Er begeisterte die Ureinwohner und wurde als gutes Zeichen der Regenbogenschlange gewertet. Andächtig planschten kleine Kinder in Pfützen. Man konnte das Gras wachsen sehen und innerhalb kurzer Zeit war die Halbwüste grün. Silbern glänzten für wenige Sekunden die sonst roten Wände der Olgas, riesige Sandsteinfelsen. In der Abendsonne bestieg ich Ayers Rock, den größten Sandsteinmonolithen der Erde, mit einer Höhe von 318 m und einem Umfang von ca. 8 km.

In Coober Pedy, der Untergrundstadt der Opale, traf ich in seiner riesigen Wohnhöhle Crocodile Harry, einem lettischen Grafen und berühmten Krokodiljäger, dessen abenteuerliches Leben in dem Film ›Crocodile Dundee I‹ dargestellt wird. Wer etwas auf sich hält in Coober Pedy lebt im Untergrund in alten Opalminen, um der sengenden Sommerhitze von ca. 50 °C zu entgehen. Selbst die Kirche ist unterirdisch. In dieser Stadt scheint man dem Opalrausch verfallen zu sein. Jede Person kann eine Schürflizenz erwerben und nach Herzenslust buddeln. Mit riesigen Maschinen wird die Erde bis zu 30 m tief senkrecht ausgehoben, nach Opalen durchsucht und neben dem Bohrloch hingeschüttet. Nur es ist niemand da, der die Bohrlöcher wieder zuschüttet: Mami fehlt. Kleine Erdhügel reihen sich wie eine Mondlandschaft aneinander und sind aus der Ferne sichtbar. Vor dem Betreten der riesigen Opalfelder warnen Hinweisschilder, weil manchmal auf mysteriöse Weise Menschen in den Bohrlöchern verschwinden.

Port Augusta war die letzte Station des Stuart-Highways. Die Hafenstadt wurde 1854 zur Versorgung der Outback-Regionen mit Getreide und Industrieerzeugnissen gegründet. Heute ist diese Stadt Ausgangspunkt für Trips nach Flinders Ranges, einem 400 km langen Gebirgsstock, der ein erloschener Vulkan ist. Nach 21 Tagen der Stille, der Einsamkeit, der Besinnung, eingebunden in einer vielfältigen Natur, kam die Realität mit Lärm und hektischer Betriebsamkeit. Fahrzeuge an Fahrzeugen donnerten eilig vorbei, wo hingegen auf dem Stuart-Highway mich ca. 50 Fahrzeuge täglich überholten. Die Ruhe, das Meditieren waren dahin, ebenso die Wärme. Es war kalt, ca. 8 °C, und regnete. Noch 334 km bis Adelaide, deren Name gewählt wurde zu Ehren von Queen Adelaide, der Ehefrau von King William IV. von England, die eine gebürtige Prinzessin von Sachsen-Meiningen war. Die schnelllebige moderne Zeit holte mich ein mit den Geschäftszentren, den Musikfestspielen und dem Badestrand, wo die Wellen mit Macht an den Strand schäumen. Vor einem langen Steg in das Wasser kann man lesen: ›Angeln von Haifischen unter Strafe verboten!‹

Doch jetzt stand ich in der Ukraine an der

Grenze.

Nach einigen weiteren Stories über meine Unternehmungen wünschten mir alle eine gute Reise und good luck. Ein junger Grenzsoldat sagte mir: »You are my hero! I will never forget you.«Ich fühlte mich schon sehr geschmeichelt und ganz stark. Endlich wurde ich nach langer Zeit (mit Ausnahme von Maria und einigen anderen Personen) mal wieder freundlich empfangen. Bis zur Tankstelle radelte ich: 1 Pizzabaguette und 1 Espresso. Bald war ich in Novovolyns‹k. Ich bin dann durch die Stadt gebummelt. Es war warm, Kinder spielten auf dem Spielplatz, Frauen und Männer saßen um den Spielplatz herum, unterhielten sich und wachten über die Kinder. Es war idyllisch.

Auf dem Markt kaufte ich eine Orange (hat nicht geschmeckt) und eine Tüte doppelte Zwiebäcke. Seit Bäcker Kortegast seine Backstube in Berklingen geschlossen hat, habe ich solche Zwiebäcke nicht mehr gegessen. Ich fühlte mich so wohlig an meine Kindheit erinnert. Meine Großmutter hat jene Zwiebäcke gegessen, meine Mutter, meine Tante, mein Bruder und ich. Am liebsten habe ich die Unter gegessen. Aber Ober schmecken auch. Diese Zwiebäcke trafen meine Geschmackserinnerungen sehr gut. Für mich war das eine Freude, und es war Sonntag und ein halber Ruhetag.

Bei Sonnenschein bin ich nach Luts‹k geradelt, aber ich hatte nicht genug zum Trinken. Alle Menschen sind sehr freundlich. Die Bauern haben mir zugewinkt, die Autofahrer haben freundlich gehupt, die Straßen sind etwas besser als in Polen. Unterwegs habe ich eine Post gefunden. Endlich konnte ich meine Post, die ich in Polen schon mit Briefmarken versehen hatte, in einen anderen Briefumschlag stecken und absenden. Alle Zwiebäcke habe ich aufgegessen. Ich fand eine nette kleine Kneipe, wo ich Rührei und Salat bekommen habe. Abends schaute ich im Hotel die Deutsche Welle. Es war in der Ukraine heimelig, auch das Frühstück mit Käse, Spiegeleiern, Kuchen und Kaffee.

Das Wetter am 19. 4. 2011 war kalt. Ich bin geradelt und geradelt bis etwa 20 km vor Rivne. Bauern pflanzten Kartoffeln. Ein Pferd, ein Pflug, ein Mann. So wird nichts aus der ehemaligen Kornkammer Russlands. Viele Menschen legten Kartoffeln in die Reihen und traten die Kartoffeln fest in den Boden. Die Leute auf den Äckern sprachen mich an. Man gut, dass ich ein russisches Wörterbuch hatte, so klappte die Verständigung prima. Ich erzählte den Menschen, dass ich als Kind auch immer auf den Acker musste: Kartoffeln in die Löcher werfen und im Herbst aufsammeln. Doch bald musste ich bergauf und bergab radeln, es war nicht mehr so eben. Manchmal musste ich die Berge hinaufschieben. Ich schob gerade mal wieder einen Berg hinauf, als direkt neben mir bei einem LKW der Schlauch platzte. Es gab einen fürchterlichen Knall. Mich hat es am linken Oberschenkel und an der linken Arschbacke mit einem Stück des Mantels erwischt. Schief hätte das ausgehen können, am Abend sah man nicht mehr viel. Frauen haben unterwegs an einer Schule den Zaun gestrichen, damit zu Ostern alles schön aussieht. Es ist Frühjahrsputz. Manchmal fragte auch jemand, ob man mir helfen kann.

In Rivne fand ich ein kleines Hotel, aber in der Nähe fand ich keine Gaststätte, so aß ich 2 Tüten Chips, trank Tomatensaft und grünen Tee. Zum Frühstück gab es wieder Zwiebäcke. Das war eine Nacht. Zuerst trampelte ein Kind eine Etage über mir. Ab 5.00 Uhr war nur noch Trubel von zwei Männern auf dem Flur, die offensichtlich ein Zimmer suchten und erst einmal bei mir landeten. Ich habe geflucht und irgendwann war Ruhe. Jedoch am Morgen war ich wie gerädert. Es nützte nichts. Von Rivne musste ich schieben und fahren, schieben und fahren. Unterwegs quakten die Frösche. Aber die Straße war super zu fahren. In einer Tankstelle habe ich sehr gut gefrühstückt. Gegen 8.00 Uhr war ich abgefahren und gegen 17.00 Uhr war ich in Nowohrad-Volynskyi. Wieder Gespräche mit Bauern. Blauer Himmel, die Sonne schien, trotzdem war es sehr kalt. Ich hatte den ganzen Tag gefütterte Lederhandschuhe an. Der nächste Tag ging schnell vorbei. Bald war ich in Zhytomyr trotz vieler Pausen. Polizisten unterhielten sich mit mir, ebenso Bauern. Hin und wieder zeigte mir ein LKW-Fahrer seine Sympathie, hat mich freudig angehupt und ist in großem Abstand an mir vorbeigefahren.

Die Straße war super. Aber es war heute so kalt, dass ich am liebsten eine Zeitung unter den Pulli getan hätte. Ich hatte einen Kribbel in den Fingern. Im Laufe des Tages Wolken, Wind von Südost. Abends einkaufen: Zwieback, Bananen und etwas zum Trinken. Danach habe ich auf dem Zimmer in den Programmen gezippt. Die Programme sind genauso wie in Deutschland, zumindest an diesem Abend. Aber es gab den Sender N = Nature. Ich habe einen Film über Pferdezucht in Uigurien gesehen und über Ameisen. Sogleich erinnerte ich mich an die Projekte der Wiederansiedelung von Wildpferden und Wildkamelen in der Taklamakan. Sonst Koch- und Ratesendungen, Modells und Reklame, allerdings in einer anderen Sprache. Der Natursender gefiel mir, und ich habe ihn, wenn möglich, jeden Abend gesehen nach der Körperpflege.

An den Straßen standen Menschen, die alle möglichen Nahrungsmittel verkauften. Pilze am Band getrocknet baumelten an langen Schnüren und schaukelten im Wind. Ich fragte mich, wie kontaminiert sind die Pilze im Großraum von Kiew noch. Auch in der Ukraine habe ich an manchen Häusern das gelbe A gesehen, allerdings ohne den Asse-typischen Schriftzug »aufpASSEn«. Autofahrer hielten an und kauften jene getrockneten oder eingelegten Pilze. Selbstverständlich fragte ich, ob ich den Verkaufsstand fotografieren dürfte, was mir gestattet wurde. Hart erworbener Verdienst.

Der Tag nach Kiew war lang. 12 Stunden radeln incl. kurzer Pausen. Meine Kraft für den Tag habe ich mir geholt mit Zwieback und gezuckertem Ingwer und etwas Wasser. Kurz vor Kiew überholte mich ein Motorradfahrer, der sofort sein Bike wendete und mich ansprach. Er war begeistert von meiner Radreise und fand das toll. Allerdings wollte er wohl anbandeln, aber ich hatte nicht das passende Seil mit. Kurze Zeit später hielt mich die Polizei an, beglückwünschte mich zu meiner Reise, machte ein Foto von mir und versorgte mich mit Essen und Trinken. Noch lang war der Weg bis zu einem Hotel. Kiew ist eine große Stadt. Ich radelte und radelte und hatte das Gefühl, ich radele auf der Stelle. Immer wieder fragte ich nach einem Hotel in der Innenstadt. »Immer geradeaus!« war jeweils die Antwort. Es wurde langsam dunkel, und ich suche nicht gern in der Dunkelheit ein Hotel. Nach langer Zeit des Radelns durch Kiew bin ich im Novotel untergekommen. Zuerst hat man mich irritiert angesehen, weil ich mit gelumperten Gepäck und dreckig angekommen bin. Aber letztendlich hat sich das Personal sehr gefreut, mich aufnehmen zu dürfen. Es war Karfreitag.

Als erste Aktion habe ich am nächsten Morgen gesucht nach einem

Fahrradladen. 4 Schläuche und einen neuen Mantel brauchte ich als Ersatz für die in Polen durchgefahrene Bereifung. Da ich nicht wusste, wo ich solche Sachen kaufen kann, habe ich ein Taxi genommen. Der Taxifahrer war sehr freundlich und fuhr mich von Geschäft zu Geschäft bis wir einen Laden fanden, in dem es die passenden Sachen gab. Es war ein kleiner exklusiver Laden, der alles hatte, was eine Radlerin begehrt hinsichtlich der Ersatzteile. Mir fiel ein Stein vom Herzen. (Bei meiner ersten Radreise nach China habe ich insgesamt die gleiche Menge an Ersatzmaterialien gekauft – allerdings für mehr Kilometer.) Versehentlich wurde mir ein falscher Mantel ausgehändigt, also wieder ins Taxi und zurück zum Fahrradladen. Umtausch, alles war okay.

Endlich um 13.00 Uhr bin ich in die Stadt marschiert. Die Innenstadt war gesperrt für den Fahrverkehr. Sehr viele Menschen bummelten durch die Straßen. Natürlich fragte ich einen Polizisten, was denn das für ein Spektakel sei – Tanz in den Mai. Mai, Mai, Mai, die Katze legt ein Ei. Der Polizist erklärte mir das Spektakel. »Alle begabten Schülerinnen aus der Ukraine tanzen in Gruppen in den Mai.«– »Aber es ist doch erst April.«– »Das macht nichts! Es ist bei uns Tradition, am Ostersamstag in den Mai zu tanzen.«Ach, hatte ich einen schönen Tag vor der Freiheitsstatue. Alle möglichen sehr großen Gruppen führten moderne Tänze vor, zwischendurch auch erwachsene Einzeltänzerinnen. Die Kinder und Jugendlichen waren in einheitlicher Kleidung mit Aufschriften ihres Ortsbereichs. Sie kamen von Odessa, Kiew usw. Die Kinder und Jugendlichen waren diszipliniert und voller Freude. Dazu die vielen klatschenden Leute. Nie zuvor hatte ich so viele tanzende Kinder gesehen, wie an diesem Tag. Das wäre ein Event für das Braunschweiger Land, dann lacht der Löwe. Ich spazierte auf der Straße der Unabhängigkeit und fühlte mich sehr frei. Neue Eindrücke über das Leben in einem mir unbekannten Land. Was wusste ich bisher von der Ukraine? Nicht viel: Die Klitschko‹s, Julia Timoschenko, Wiktor Janukowytsch, atomar verseuchte Landschaft, langsames Sterben der Menschen von Tschernobyl und den Kriegen auf der Halbinsel Krim, dazu dass die Ukraine einst die Kornkammer Russlands war. Heute ein Pferd, ein Flug, ein Mann, da ist nichts mit Kornkammer. Jetzt das Tanzen in den Mai am Samstag vor Ostern im Jahre 2011.

Nach diesem Ereignis bin ich zur orthodoxen Kirche spaziert. Viele Menschen standen mit Ostereiern in kleinen Körben dicht gedrängt im Kreis um die Kirche herum. Ich ging die Reihe der wartenden Personen in ihrer hübschen Bekleidung ab und war recht irritiert. Was sollte das werden? Irgendwann kam ein Pfarrer aus der Kirche und trug einen silberfarbenen Eimer, daneben ging ein recht junger Priester, ebenfalls mit Eimer. Plötzlich nahm der Pfarrer aus dem Eimer einen riesigen Pinsel und besprenkelte die Körbe und die Menschen. Bei jeder Wasserdusche freute sich der Pfarrer, er lachte. Der Eimer wurde von dem jungen Priester ausgetauscht, als nicht mehr genügend Wasser im Eimer war. Der Pfarrer setzte seine Arbeit fort, die bespritzten Gläubigen guckten freundlich, dass sie einen richtigen Schwung des kühlen Nass abbekamen. Manche hatten auch noch Osterkuchen in den Körben, der schön gewässert wurde. So eine Prozedur hatte ich noch nicht erlebt. Kiew hat etwas. Gleichzeitig mit mir sahen ein Franzose, eine Argentinierin, eine Spanierin und eine Ukrainerin die Osterprozession. Gemeinsam fotografierten wir und kamen ins Gespräch über Reisen und über meine Reise nach China. Ich erzählte, dass ich schon einmal nach China geradelt war. »Bitte suchen Sie den französischen Botschafter in Almaty auf. Er wird sehr erfreut sein, einer derartig interessanten Frau zu begegnen.« Ich versprach, in Almaty mit dem Botschafter Kontakt aufzunehmen. »Morgen radele ich weiter Richtung Donets‹k und weiter nach Wolgograd, Oral, Almaty. Mit der deutschen Botschaft in Almaty und Beijing habe ich schon Kontakt aufgenommen.«– »Wir wünschen Ihnen viel Erfolg.«

Abends habe ich jene Tanzaufführungen im Fernsehen gesehen. Irgendwann bin ich eingeschlafen, aber nachts wieder aufgewacht, weil plötzlich das Fernsehen so laut war, ebenso der Straßenlärm. Kiew ist Leben am Tag und in der Nacht. Beim Frühstück habe ich mich mit einem Rentner aus Japan unterhalten. Er lebt in der Nähe von Fukushima. Gleich nach dem Super-GAU in Japan ist er abgereist nach Europa. Er wollte sich Tschernobyl ansehen und schauen, wie man in der Ukraine lebt nach dem

Super-GAU.

»Ich selbst komme von der klassischen Musik und habe Herbert von Karajan kennengelernt, ein herausragender Dirigent und eine große Persönlichkeit. Er war zweimal in Japan. Außerdem habe ich in Japan noch Herbert Böhme getroffen, den Musiker und Produzenten. Ich will ihn auch noch irgendwann aufsuchen. Außerdem möchte ich auf den Brocken. FAUST interessiert mich.«Natürlich erzählte ich, dass die Rockoper FAUST auf dem Brocken, Teil I und Teil II, gespielt wird, und auf dem Brocken meine Reise begann. Durch die Rockoper habe ich Goethes FAUST verstanden, auf dem Abendgymnasium nicht. »Ich will jetzt erst einmal einige Monate herumreisen und abwarten, was weiter in Fukushima passiert.«– »Japan tut mir sehr leid, hoffentlich ändert sich etwas durch den Super-GAU in Fukushima hinsichtlich der Nutzung von Kernenergie. Tschernobyl war noch nicht genug. Der Glaube an die Technik und die Wahrscheinlichkeiten faszinieren mich nicht. Es kann überall passieren.«Ich erzähle ihm, dass ich an der Asse lebe, wo man aus einem angeblichen Forschungsbergwerk ein Endlager für radioaktiven Müll gemacht hat. Allerdings gibt es in dem Kali-Bergwerk Laugenzufluss, der zum Teil radioaktiv verseucht ist. Doch die Politik macht nichts. Allein es zählt das Geld und schöne Worte. Umweltminister kommen, Umweltminister gehen, aber der Atommüll in der Asse bleibt bestehen. Wischi-waschi jeden Tag. Einbalsamieren mit Granitspäne wäre nach meiner Ansicht das Optimum, Deckel zu. Wir plauderten noch gemütlich, sahen an einer Großbildleinwand nebenher Models über den Laufsteg stolzieren: alle in sehr hochhackigen Schuhen. In ähnlichen Schuhen stöckeln die Frauen in der Ukraine ebenfalls herum. Es war mir schon bei der Tanzparade aufgefallen, ebenso dem Japaner, dass die Frauen, egal welchen Alters, in der Ukraine ihren Stakkato auf dünnen hohen Absätzen trommeln. Auf solchen Schuhen könnte ich gar nicht gehen. Beide spachtelten wir die leckeren Speisen und lächelten uns an.

Irgendwo im Hotel fand ich die *KyivPost* vom 22. April 2011 in der die Reporterin Alina Rudya aus Prypyat über das Leben ihrer Eltern berichtete – die am 26. April 1986 nach dem Nukleardesaster evakuiert wurden. 25 Jahre danach stand ein Artikel in der KyivPost, den ich auszugsweise übersetzt habe. Alina Rudya war während des nuklearen Supergaus ein Baby. Zu jener Zeit hatte Prypyat etwa 50.000 Menschen. Jetzt ist es eine Geisterstadt. Und die Reporterin wollte die Wohnung ihrer frühen Kindheit besuchen. Obwohl inzwischen 25 Jahre vergangen sind, beeinflusst der Super-GAU noch heute das Leben aller Evakuierten. Constantine Rudya war als Wissenschaftler tätig im Atomkraftwerk und starb inzwischen an Krebs. Das Leben in der Ukraine ist seither für die vielen evakuierten Menschen ein anderes. »Als ich klein war, wurde ich evakuiert, doch ich kann mich nicht daran erinnern. An was ich mich erinnere, war freie Schulspeisung und Reisen nach Deutschland als Teil des ›Kinder von Tschernobyl Programms‹, kreiert zur Hilfe von Familien, die von der Nuklearkatastrophe betroffen waren. Ich liebte diese Reisen. Ich genoss die Schulspeisung. Ich verstand nicht, was das alles zu bedeuten hatte. Aber jetzt, unglücklicherweise, verstehe ich alles. Mein Vater hatte viele japanische Freunde. Ich bin jetzt gedanklich bei ihnen … nach dem Erdbeben und dem Tsunami. 1986 war mein Vater gerade 28 Jahre alt und arbeitete als Operator in dem 2. Block des Tschernobyl-Kraftwerks. Er arbeitete in jener Nacht des Unfalls und noch 1 ½ Jahre nach der Katastrophe. Ich fand alte Filme von Prypyat aus den Jahre 1983 – 1986 in meines Vaters Archiv. Er und seine Mitarbeiter und Freunde spielten Tennis, amüsierten sich am Prypyat River, feierten einige Geburtstage in der Wohnung. Viele dieser Menschen sind nicht mehr am Leben. All jenes sind Erinnerungen und Fotografien. Die 30-km-Zone wird von vielen Touristen und Reportern jedes Jahr besucht. Ich versuche, mir ein Bild zu Bildern von der Zeit vor dem Unfall zu machen. So versuche ich, mir die Supermärkte, Nachtclubs und Casinos in den Straßen von Prypyat vorzustellen. … Und jetzt stehe ich in der Wohnung in Prypyat … leere Wände, … zerbrochene Möbeln, … alte Tapeten (schreckliches Blumendesign) … und zwei Kopien auf der Fensterbank, die mein Vater 2003 für mich dort ablegte, als er die Wohnung zuletzt besuchte. Diesen Artikel ›A yourney back to Prypyat‹ habe ich für meinen Vater Constantine Rudya (25. März 1958 – 8. Februar 2006) geschrieben.«(aus: KyivPost vom 22. 4. 2011, S. 11).

Zu jener Zeit waren viele Politiker in der Sperrzone, so auch der Generalsekretär der Vereinten Nationen Ban Ki-moon, der am 20. 4. 2011 vor dem

Sarkophag des ehemaligen Kraftwerks posierte. Ban Ki-moon sagte: »Die unglückliche Wahrheit ist, dass wir gern mehr solcher Desaster sehen.«(aus: KyivPost vom 22. 4. 2011, S. 10) Die energiehungrige Welt kalkuliert nicht korrekt die Risiken und Kosten und blendet die Angstfragen aus – auch kurze Zeit nach Fukushima bei der Kiew-Konferenz am 20. 4. 2011. Alles wird ausgeblendet. Kyiv Weekly vom 8. – 14. 4. 2011 schreibt auf S. 13: »Fukushima next door.«Und damit sind die Probleme weit weggeschoben – auch die Asse oder die Marshall-Inseln. Es gibt viele ›next doors‹ auf diesem Erdball. Präsident Wiktor Janukowytsch hat am 25. Jahrestag in Tschernobyl eine Gedenkstatue enthüllt unter den Augen vieler Politiker und Politikerinnen aus aller Welt und für eine saubere Umwelt plädiert, ohne Fracking im Süden und Osten der Ukraine.

Asse nächste Tür.

Gemütlich packte ich meine Sachen auf mein Rad. Eine Schweizerin von 63 Jahren kam hinzu, wir hatten die gleiche

Sprache.

Sie war begeistert von meinem Vorhaben. Wir unterhielten uns in englischer und deutscher Sprache. »Ich bin Abgeordnete im Schweizer Parlament und komme so in viele Länder. Doch ich hätte Angst, mich zu verständigen.«– »Das ist überhaupt kein Problem. Ich habe ein Wörterbuch in russischer und chinesischer Sprache bei mir. Mit Körpersprache und Wörterbuch kommt man ganz gut durch. Nötigenfalls malt man alles auf ein Blatt.«In der Ukraine habe ich mich mit der Landbevölkerung sehr gut unterhalten können, weil ich als Kind auch auf dem Acker arbeiten musste. So konnte ich die Arbeitsvorgänge nachvollziehen. »Was machen Sie, wenn mal irgendetwas kaputt geht.«– »Och, das muss ich dann selbst reparieren. Damit habe ich keine Probleme. Außerdem habe ich die nötigen Ersatzteile dabei. Aber in Polen hatte ich so meine Schwierigkeiten. Meistens haben sich die Menschen dort einfach weggedreht, wenn ich eine Frage hatte. In Polen ist man deutschfeindlich. In der Ukraine ist das ganz anders. Alle Leute sind freundlich und hilfsbereit.«Wir rauchten noch eine letzte Zigarette im Stehen, unsere Wege trennten sich. Sie stieg in ein Taxi, und ich schob mein Fahrrad durch die Innenstadt von Kiew, wo ich noch einmal den Japaner traf. Wir wechselten noch einige Worte, auch die Wege trennten sich. Ein Sicherheitsdienst eines Hotels sagte bei meiner Wegfrage, dass ich zur Independent-Street gehen sollte, die Straße entlang zur Brücke über den Dnjepr, hinüber. Auf der anderen Seite ist der Weg nach Boryspil. Vorerst jedoch stoppte mich in Kiew ein Polizist, sofort kam eine Frau, um mir zu helfen. Doch ich brauchte keine Hilfe. Ich wollte nur auf die andere Seite des Dnjeprs.

Kurz vor der Brücke traf ich eine 61jährige mit ihrem Sohn. Wir unterhielten uns ausgiebig über das schöne Fest auf der Independent Street und über das Alter. »Man muss etwas für seine Fitness tun, sonst schrumpelt man dahin wie eine Kartoffel im Keller. Starke Frauen sind keine Kellerkinder.«Der Sohn bestätigte unsere Unterhaltung. Mit ›Gut Sport‹ verabschiedeten wir uns. Ich schob über den Dnjepr, machte einige Aufnahmen von diesem schönen Fluss, an dem auch Tschernobyl liegt. Und ich fragte mich, wie radioaktiv der Fluss noch heute verseucht ist. Es hat lange gedauert bis ich aus Kiew heraus war. Unterwegs musste ich wieder und wieder fragen. Aber irgendwann war ich endlich auf der Autobahn: Eine Spur für Langsame, eine Spur für 70 km/h, eine Spur für 90 km/h, eine Spur für Schnelle und einen Randstreifen. Ich wählte die Spur für Langsame. Die Autobahn war gepflegt, glatt wie ein Kinderpopo. Auf dieser Straße war schön radeln. Es war die schönste Straße meiner ganzen Laufbahn als Radfahrerin. Ich sang vor mich hin: *Horch, wie der breite Dnjepr brauset …* Zügig war ich unterwegs. Plötzlich war mein Weg versperrt. Ein Auto stand auf meiner Spur, an dem Auto lehnten zwei Frauen und drei Männer und beobachteten mich scharf. Ich stoppte. Sie schossen Fotos von mir, und ich berichtete über meine bisherige Reise durch die Ukraine. »Gefällt es Ihnen hier?«– »Ja sehr gut, alle Menschen sind freundlich und helfen mir. Außerdem kann ich mich hier, obwohl ich nicht die ukrainische und russische Sprache spreche, gut verständigen. Viele Menschen können die englische Sprache und sonst hilft auf dem flachen Land Mimik und Gestik.«Ich fragte, ob sie sich die tanzenden Menschen auf der Straße der Unabhängigkeit angesehen haben. Von den jungen Menschen bekam ich noch geweihten Osterkuchen geschenkt. Zum Glück habe ich Brocken-T-Shirts in meinen Taschen. Viele Rosinen im Kuchen. Der Osterkuchen hatte einen blauen Himmel aus Zucker, auf dem Himmel waren Sterne und ein Kreuz aus Zucker und viele bunte Smarties. Dazu schenkten sie mir noch viele andere Süßigkeiten mit der Bemerkung »Beim Radfahren muss man essen!«Mit guten Wünschen für das Leben verabschiedeten wir uns. Bald war ich in Boryspil.

Das Hotel war Sch …, doch ich hatte keine andere Wahl. Es war das erste Haus am Platze, es gab kein anderes. Außerdem war es teuer. Das Wasser war angeblich abgeschaltet. Doch ganz in der Nähe gab es ein nettes Lokal. Das Lokal war noch ziemlich leer, so dass die Bedienung und der Chef des Hauses viel Zeit hatten, um über meine Reise zu plaudern und über Ashgabat, der Hauptstadt von Turkmenistan. Die Bedienung war während des Sowjetreiches mal dort. »Ashgabat hat mir sehr gut gefallen. Mir kam die Stadt vor mit ihren Marmorpalästen und –häusern wie ein modernes Märchen. Ich habe mich in Ashgabat wohl gefühlt und schwarzen und roten Kaviar auf dem Basar gekauft. Außerdem ist Turkmenistan ein sauberes Land. Unterwegs habe ich nur jeweils eine Flasche mit und ohne Kamelmilch auf der Straße gesehen. Natürlich habe ich auch Kamelmilch getrunken, sie ist wässerig und schmeckt etwa wie Ziegenmilch.«

Am Ostermontag bin ich ca. 45 km geradelt von Boryspil bis Pereiaslav-Khmel‹nyts‹kyi. Am Ortseingang wusste ich nicht, welchen Weg ich nehmen sollte bei der Gabelung. Direkt an der Gabelung standen einige Männer in dunklen Anzügen, und es war Ostermontag. Also nichts wie hin zu den Herren. Ich fragte nach dem Weg und stellte gleichzeitig fest, dass ich direkt vor einem Haus der Miliz stand. Der Weg wurde mir erklärt. Doch dann gab man mir zu verstehen, ich möge warten, bis jemand käme, der der deutschen Sprache mächtig war. Es wurde telefoniert. In der Zwischenzeit ging die Unterhaltung über meine Reise und über die Kosten für meine Reise. Ich hielt die Hand auf und sagte, dass die Reise doch sehr teuer sei. Es wurde gesammelt und schwupp-die-wupp hatte ich umgerechnet etwa 50 € in der Hand und eine Einladung zu einer großen Feier, bei der sich im Freilandmuseum (ähnlich wie in Deutschland die Bauernhausmuseen) alle

Chöre und jungen Talente zu einem traditionellen Gesangsvortrag trafen. Ich singe auch, doch ich habe kein Talent.

Ein schwarzer Wagen fuhr vor. Scheiben verdunkelt. Es war ein schöner 4-W-Drive, blank gewienert. Ein smarter Typ stieg aus und unterhielt sich mit mir über meine Reise nach China und ob ich mich in der Ukraine wohl-fühlte. »Ja, alle Menschen sind freundlich, der Djnepr ist ein schöner Fluss, und ich habe den Tanz in den Mai am Samstag vor Ostern gesehen. In Kiew pulsiert das Leben bei Tag und bei Nacht.«– »Wir laden Sie gern zu unserem Folklorefest im Museum ein. Alle Talente aus dem Großraum Kiew sind hier. Viele sind dann traditionell gekleidet. Das Fest findet in jedem Jahr am 2. Ostertag statt. Nur die Begabtesten nehmen an der Aufführung teil. Die Kinder und Jugendlichen werden von ihren Familien begleitet. Das dürfte ich mir nicht entgehen lassen. Es ist von hier nicht weit, nur etwa 5 km.«Ich radelte dem Fahrzeug nach. Der Weg zu den Festivitäten war doch länger als erwartet. Schließlich wurde mein Fahrrad samt Gepäck in das Auto geladen, ich auch. Nach einigen Kilometern waren wir am Eingang zum Museum. Während der Fahrt unterhielten wir uns über Sport und die deutsche Sprache meines Fahrers. »Ich habe Deutsch in Hannover gelernt. Dort habe ich vier Jahre Football gespielt. So bin ich in Deutschland weit herumgekommen und kenne das Land sehr gut. Noch heute habe ich Kontakte zu meinem ehemaligen Verein und bin auch regelmäßig zu Messen in Hannover.«– »Sie haben ja im nächsten Jahr die Fußball-Europa-Meisterschaft in der Ukraine und in Polen.«– »Wie gefällt Ihnen Polen?«– »Polen hat mir nicht gefallen auf dem flachen Land. In Polen habe ich nur 6 freundliche Menschen getroffen. Man war deutschfeindlich. Und hätte ich am letzten Tag in Polen nicht noch Maria kennengelernt, Polen wäre mir in schlechter Erinnerung geblieben. Obwohl sie mich nicht kannte, hat sie mir nachts die Wohnung zur Verfü-gung gestellt und ist zu ihren Eltern gefahren. Maria war für mich wie ein Engel. Der Kniefall von Warschau am 7. 12. 1970 von Willy Brandt vor der Unterzeichnung des Warschauer Vertrages, einem Abkommen zwischen Polen und der Bundesrepublik Deutschland, am Ehrenmal der Helden des Ghettos, war nur ein Symbol – ohne Wirkung für mich; denn ich wurde in Polen angefeindet, fast 70 Jahre nach Beendigung des Krieges. Anders in der Ukraine.«

Meine Sachen wurden ausgeladen. Es war mir schon etwas peinlich, in meiner zerschlissenen Bekleidung von allen in ihrer feinen Bekleidung begrüßt zu werden: der Museumsdirektor, der Polizeichef und viele andere regional bekannte Personen. »Eine Übernachtung in unserer Eliteschule haben wir organisiert. Jene Schule wird von Hochbegabten vom Lande besucht, die keine Möglichkeiten haben zum Schulbesuch in der Stadt. Begabungen muss man fördern, die Kinder und Jugendlichen sind die Wirtschaftsreserven der Zukunft. Die Schul- und Unterbringungskosten bei den ärmeren Familien trägt der Staat.«– »Die Eliteschulen in Deutschland werden überwiegend von der finanziellen Elite besucht. Kinder aus dem Prekariat haben es in Deutschland schwer. Da benötigt man schon gute Ellenbogen und Fäuste, um sich zu einer höheren Ausbildung durchzuboxen. Aus den Steinen, die in den Weg gelegt werden, muss man sich viele Brücken bauen. Manchmal geht einem dabei vorübergehend die Puste aus. Doch wer aufgibt, hat verloren. Mir hat man viele Steine in den Weg gelegt, aber letztendlich habe ich mir immer eine neue Stufe gebaut. Ich habe gelernt, wie ein Frosch in der Sahne zu strampeln, dann säuft man nicht ab.«

Überall standen Busse. Viele Menschen waren in feiner Tracht oder in feiner Bekleidung bei dem Fest. Ich war dabei in meiner zerschlissenen Bekleidung. Nur Mut und durch. Der Leiter des Museums sprach Deutsch. Er stellte mich vielen Personen und seiner jungen Mitarbeiterin Marina vor, die mich in dem Museumsdorf herumführte, so dass ich alle Häuser ansehen konnte. Danach wurde ich in dem 30.000 Personen großen Ort herumgeführt und habe alle wichtigen Errungenschaften kennengelernt, so auch einen Panzer, der eingesetzt war bei der Befreiung von dem Hitler-Regime. Bald ging es wieder zurück in das Museumsdorf. Gerade sang ein junges Mädchen, ca. 9 oder 10 Jahre alt, so fantastisch. Für mich war dieses Kind mit der schönen Stimme der Superstar. Ausgestellt waren viele Bilder, die die Kinder gefertigt hatten und Häkeldecken der Eltern und größeren Kinder, auch gab es einen Tisch, auf dem hauchdünne Speckscheiben zu einer großen Rosette drapiert waren. Gern hätte ich ein Scheibchen gemopst, aber es wäre aufgefallen. So sammelte sich nur Speichel im Mund – wie beim Pawlowschen Hund. Ein Brötchen mit frischem Speck und etwas Pfeffer wäre in diesem Augenblick das Himmelreich.

Ich besichtigte noch die Kosakenkirche in dem Dorf. Wie in der Ukraine üblich, war die Kirche in Blau, innen waren die Wände mit Teppichen geschmückt. Die Farbe Blau benutzt man in der Ukraine, um damit Maria-Magdalena zu ehren. Ebenfalls sind viele Kreuze auf den Friedhöfen in Blau gehalten. Und ich mag die Farbe Blau, insbesondere ein leuchtendes Blau, das an einen blauen Himmel erinnert. Ich könnte nicht leben, wenn ich den Himmel nicht sehen könnte. Nur auf Mauern zu schauen, empfinde ich als Einengung. Auch beim Besichtigen einer Kirche trägt man in der Ukraine eine Kopfbedeckung. Man geht vorwärts in die Kirche, aber rückwärts mit Verbeugungen hinaus. Ich hatte ja meinen roten Hut und machte auch eine Verbeugung für meine Reise.

Abends nach dem Fest haben wir in einem Haus aus dem 17. Jahrhundert ein traditionelles ukrainisches Essen gehabt: Brot und Speck, Kartoffeln und Schwärchen, dazu natürlich Wodka und Wasser. Vorher gab es eine traditionelle Fischsuppe. Als besonderer Gast bekam ich den Fischkopf, doch das war nicht mein Ding. Natürlich gab es auch geweihten Osterkuchen mit blauem Zuckerhimmel und gelben Sternen. Am besten hat mir der Speck geschmeckt, die Schwärchen hat meine Großmutter besser gekocht. Mal wieder fühlte ich mich bei der Speisung an meine Kindheit erinnert: An unser Schlachtfest und an das Herstellen von Schwärchen.

Gelegentlich stelle ich selbst Schwärchen her. Aber nur für mich Schwärchen zu kochen, macht mir nur manchmal Freude. Fertige Schwärchen schmecken nicht so gut und sämig, wie die meiner Erinnerung.

Nach dem leckeren Abendessen (mit Ausnahme des Fischkopfes) wurde ich zum Elitegymnasium gefahren. Duschen und meine Beine hochlegen. Das Zimmer war spärlich eingerichtet (Bett und Stuhl), aber wesentlich ist das Lernen. Mein Fahrrad wurde im Museumsdorf eingeschlossen. Zum Frühstück gab es Kaffee und Butterbrot. Danach wurde ich von Marina, dem Museumsleiter und einer weiteren Person abgeholt, zu meinem Fahrrad gebracht und nach dem Aufsatteln machte ich mich auf den Weg in Richtung Kremenchuk, doch ich kam nur bis Irkliiv, ca. 95 km. Zum nächsten Ort wäre zu weit gewesen, wenn man sich verplaudert, werden die Strecken kürzer. Ich bin geradelt und geradelt und habe an einer Tankstelle Wasser getankt und bin noch einmal 2 Stunden geradelt. In Skorodystyk, einem Ortsteil von Irkliiv kamen mir zwei Frauen mit ihren Fahrrädern entgegen. Das war meine

Chance.

Ich fragte nach einem Hotel. Doch es gab kein Hotel, das nächste Hotel war in Kremenchuk – viel zu weit. Ljuda telefonierte und telefonierte. Sie gab mir zu verstehen, ich möge ihr folgen – 25 Jahre nach Tschernobyl und 1 Monat + 16 Tage nach Fukushima. Ich war Gast bei Ljuda und ihrer Familie (Ehemann, Tochter + Ehemann + Tochter). Für mich wurde ein Nachtlager in einem kleinen Zimmer bereitet. Zuerst gab es eine Dusche. Ich zog mich um. Viele Menschen kamen, um sich mit mir zu unterhalten bzw. ihre Sprachkenntnisse in deutscher und englischer Sprache an mir zu testen. Ljuda hatte alle im Ort mobilisiert, um mich zu begrüßen.

Als erste Person kam ein Schüler von ca. 18 Jahren mit seinem Schulbuch. Er suchte und wälzte das Buch von einem Arbeitstitel zum anderen und plötzlich kamen die Fragen: Woher ich komme, wie ich heiße, wie alt ich bin usw. Aber schnell kam: »Welcher Religion gehören sie an?«Gleich nach Atheismus kam an letzter Stelle in dem Lehrbuch Evangelisch. Was sollte ich antworten? Ich war in einem echten Zwiespalt bei der Religiosität in der Ukraine, lügen mag ich nicht. Ich musste eine Antwort finden, die niemanden verletzt. Folglich sagte ich: »In meiner Gegend ist es üblich, dass man ev.-luth. getauft wird.«Damit war das Problem erledigt. Es wurden Bilder gemacht und mir sogleich ein Bild von mir geschenkt.

Bald wurde aufgetischt: Brot und Speck, Wurst, eingelegte Gurken, Eier, Obst und jede Menge Wodka und Wasser. Der Garten und der Schweinestall wurden mir gezeigt, auch liefen Hühner in einer Ecke des Grundstücks herum. Alles war gemütlich. Die Bürgermeisterin von Irkliiv kam vorbei und brachte Geschenke mit. Der Hausherr war an der Evakuierung von Tschernobyl beteiligt. Er bekam von der Bürgermeisterin zu Ehren für sein Arbeiten nach dem Reaktorunfall ein Bild und ein Dankesschreiben vom ukrainischen Präsidenten. Denn der Hausherr ist einer der wenigen Überlebenden, die auf einem LKW die Menschen schnell herausgefahren haben. Kurze Zeit später ist seine Tochter geboren, und die Familie zog nach Skorodystyk. Noch heute muss der Mann regelmäßig zur Blutkontrolle. Ich bekam drei Heiligenbilder. Aber ich kann damit nichts anfangen, weil ich schon genug mit dem Glauben an mich zu tun habe. Die Bilder hat ein ukrainischer Pfarrer aus Niedersachsen bekommen.

Aufgewachsen am Ostzipfel der Asse und in Armut, war ich im Herbst 1956 mit meiner Mutter und meiner Großmutter in der Asse zum Holzsammeln. Ein vertrockneter Baum von ca. 20 cm Durchmesser stand abseits des Weges. Der Beschluss, den Baum umzusägen, war zwangsläufig. Folglich fuhren meine Mutter und ich am späten Nachmittag noch einmal mit unseren Fahrrädern in die Asse. Wir sägten den Baum um und in passende Stücke und schoben diese an den Rand der Asse. »Die hole ich am Abend mit Rolf. Das Gazeholz holen wir morgen. Wir nehmen nur etwas mit.«Folglich schoben wir unsere beladenen Räder nach Hause. Es wurde dunkel, der Elm war glutrot, er flackerte. »Mutti, der Elm brennt. Und wenn das Feuer hierher kommt, dann müssen wir verbrennen. Ich habe Angst, wenn das Feuer hierher kommt. Der Lehrer hat heute im Unterricht gesagt: ›Gottes Strafe kommt sofort, wenn man sündigt.‹ Wir haben doch einen Baum umgesägt. Guck, der Elm brennt immer noch!«— »Ich weiß auch nicht, warum der Elm glutrot ist.«Nachts konnte ich nicht schlafen, weil ich Angst hatte, ich müsste verbrennen. Am nächsten Tag in der Schule fragte der Lehrer, wer abends noch draußen gewesen ist. Ich konnte doch nicht sagen, dass meine Mutter und ich einen Baum umgesägt haben. »Da habt ihr aber ein wunderschönes Schauspiel verpasst. Der Elm war feuerrot. Das war das Nordlicht. Man kann es so nur sehr selten sehen.«Und deshalb habe ich eine Nacht nicht geschlafen und mich geängstigt, dass Gottesstrafe sofort kommt. Fortan habe ich nur noch an mich geglaubt. Mit meiner Volljährigkeit bin ich aus der Kirche ausgetreten. Vermissen tue ich nichts. Und wenn, würde ich eher an eine Göttin glauben. First of all, She is black!

Lange unterhielt ich mich mit dem Ehemann von Ljuda über Tschernobyl und Fukushima und die Asse. Schließlich war er mal in der DDR als Soldat. Er war in Neuruppin, Tangermünde und Meißen. Er erzählte mir von seiner Angst, als Soldat nach Deutschland zu gehen und auf Menschen schießen zu müssen, weil er damals doch so jung war und Verweigern gab es nicht. Folglich hatte er wie viele seiner Kameraden auf seinem linken Arm tätowiert »Gott mit uns!«Das hätte ihm in der DDR geholfen und später auch bei der Evakuierung der Menschen von Tschernobyl. Im Mai hat er Silberhochzeit. Ich möge doch einen Trinkspruch machen. Was sollte ich ihm wünschen anlässlich der zukünftigen Silberhochzeit? Natürlich weitere 25 Jahre an der Seite seiner Frau. »Mit der Frau, njet!«Er träumte von einem schönen, jungen Modell, wie man es jeden Tag auf dem Bildschirm sehen kann, lachte, und nahm seine Frau in den Arm. Viele sind nach dem Super-GAU am Schilddrüsenkrebs gestorben. Abends wurde Wodka gesoffen, ich hatte auf Grund des Alkohols mal wieder Kreislaufprobleme. Das Enkelkind konnte gerade laufen, wurde von allen verwöhnt und trug, wie ich es auch in Kasachstan erlebt hatte, keine Papierwindel. Auch dieses kleine Mädchen sagte: »Kacka!«Schon war das Problem erledigt. Morgens habe ich mich um 8.30 Uhr auf den Weg gemacht mit Ljuda und der Englischlehrerin zum Kindergarten.

Inzwischen wurde mein Besuch von Irkliiv mit dem Megaphon verkündet. Menschen haben mir zugewinkt. Ich war in dem Kindergarten (100 Kinder und 20 Beschäftigte). Als ich ankam, wurden Melodien auf dem Schifferklavier gespielt und die Kinder machten gemeinsam Gymnastik nach Musik, dabei hüpften sie im Kreis nach dem Vorturnen einer Kindergärtnerin. Danach gingen alle in ihre Gruppenräume und deckten den Tisch zum Frühstück. Auch die Kleinsten deckten selbsttätig den Tisch. Manche stellten Becher hin, mache Teller für Suppe oder Löffel. Traditionell gab es Suppe mit Brot und ein Getränk. Bunte Stühlchen. Nach dem Tischdecken gingen die 1 – 3jährigen auf das Töpfchen. Da saßen sie in der Reihe und pinkelten. Windeln sind in der Ukraine nicht in. Ich bin für Reinlichkeitserziehung. Bei einem Jungen kam nichts, er weinte und stand unter Erfolgsdruck. Doch sogleich wurde er von einer Kindergärtnerin getröstet. Die Kinder wuschen sich die Hände und frühstückten an den kleinen Tischchen. Ich fühlte mich wie bei den sieben Zwergen.

Die Reinlichkeitserziehung in Osteuropa und in Zentralasien finde ich besser, weil sie das Leben für die kleinsten Kinder schon strukturiert. Es gibt Essens- und Schlafzeiten und Zeiten für die Reinlichkeit. Papierwindeln sind nicht in. In diesem Kindergarten gab es einen Musikraum, einen Bastelraum, einen Schlafraum. Alle Kinderbettchen für die kleinsten Bürgerinnen und Bürger waren an der einen Seite offen, so dass die Kleinkinder 'rein und 'raus konnten. Der Außenbezirk war mit Spielgeräten ausgestattet und als Dekorationen standen Marienkäfer und Schmetterlinge und große Blumen. Der Kindergarten war sehr heimelig.

Nach dem Besuch des Kindergartens wurde ich im Ort herumgeführt. Auch habe ich mir eine Statue eines Tataren angesehen. Die Krimtataren besiedelten das Land bis etwa nach Irkliiv. Und ich habe geglaubt, die Tataren gibt es nur im asiatischen Russland. Reisen bildet. Die Krimtataren sind ein Turkvolk und unterscheiden sich von den Wolgatataren zum Beispiel in ihrer Sprache, die dem Westtürkischen ähnelt. Die Krimtataren waren bekannt für ihren intensiven Menschenhandel. Sie brachten die Sklaven zuerst auf die Krim, von wo aus die Menschen bis nach Galizien verkauft wurden. Eine der bekanntesten Sklavinnen war Roxelane, die Frau des osmanischen Sultans. Im 16. Jahrhundert fürchteten die russischen Kosaken die Tataren sehr, möglichst gingen die Russen nur bis zur ›Verhaulinie‹. Tataren, islamischer Kulturstamm, bereiteten den christlichen Religionen und auch dem Zarenreich erhebliche Menschenverluste. Erst als unter dem Zar Peter der Große Russland erstarkte, wurden die Tataren 1783 zurückgedrängt, das Khanat der Tataren zerschlagen, so dass sie bis ca. 1850 nach Rumänien und Bulgarien auswanderten, beide Staaten gehörten damals noch dem osmanischen Reich an. Das Reiterstandbild hat mich fasziniert, der Tatar hatte einen wilden, mächtigen Ausdruck, und ich konnte mir gut vorstellen, wie er durch die Steppe in einer Horde galoppiert. (vgl.: wikipedia ›Krimtataren in der Ukraine‹).

Die Bürgermeisterin stellte mich dem Ort durch das Megafon vor. Danach wurde ich von der Bürgermeisterin des Ortes verabschiedet. Als Geschenk bekam ich noch Käse aus der ortsansässigen Käsefabrik geschenkt und Speck. Ach hätte ich diesen Speck doch in Deutschland von glücklichen Schweinen. Leider musste ich den Speck unterwegs verschenken, da es warm war, und ich nicht wollte, dass der Speck schlecht wurde. Immer wenn ich Speck sehe, denke ich seither an den leckeren Speck in der Ukraine oder an den Speck vom Ratschöllhof in Sulden am Ortler.

Ich machte mich auf den Weg nach Kremenchuk. Ein LKW-Fahrer beschimpfte mich, weil ich nicht auf dem Straßenrand gefahren bin, sondern weiter auf der wenig befahrenen Straße. Mehrfach musste ich nach einem Hotel fragen. Ein junger Mann suchte mit seinem Handy den Weg im Internet und begleitete mich ein Stückchen. Abends gab es Salat, Nudeln und ein Bier. Danach habe ich gut geschlafen.

Am Morgen habe ich mich erst einmal mit einem Taxi zur Post bringen lassen und zurück zum Hotel, schließlich musste ich einige Andenken nach

Deutschland senden. Danach habe ich meine Sachen gepackt, noch Wasser getankt; denn vom Tag vorher war ich noch schrumpelig wie Dörrobst. Mein Krüppelbein ist geschwollen, es schaute aus wie eine Venenentzündung: Fressen und Saufen ist nichts für mich, auch nicht mit rotem Kaviar zum Frühstück und Spiegelei und Salat.

Eine Brücke über den Dnjepr musste ich überqueren. Das war ein heikles Unterfangen, denn die Brücke war eng. Außerdem war sie nicht mit einem Fahrrad befahrbar. Folglich mussten die Fahrzeuge in meinem Schritttempo hinterherfahren. Aber auf der H08 war gemütliches Fahren. Die Straße war schmal, was nur einen LKW-Fahrer störte, der mich mit »fick dich«beschimpfte, weil ich nicht auf den Grasstreifen auswich. Dafür bot mir ein anderer LKW-Fahrer seine Hilfe bei der Zimmersuche an. Vorher hatte ich noch ein Gespräch mit einigen

Sinti.

Sie kauften sich im Magazin Eis. Natürlich sprachen mich zuerst die beiden Männer aus dem 4WD an, die beiden Frauen staunten mich in ihren weiten Röcken mit passenden Blusen an: »We are gipsies.«– »Oh, I am a gipsy, too. Ich habe Sie sofort als Sinti erkannt. Ich reise auch umher und weiß nicht, wo ich abends nächtige. Aber ich habe einen Biwaksack. Sie haben ein Auto.«Gemeinsames Lachen. »Sie haben ein sehr großes und schönes Auto.«– »Wir reisen nicht sehr viel umher. Unsere Geschäfte machen wir stationär. Man muss nur die passende Beschäftigung haben.«– »In Deutschland sind Zigeuner nicht wohl angesehen. Ich bin mal von Zigeunerlager zu Zigeunerlager geradelt.«– »Bitte erzählen Sie!«Und ich erzählte von der Planung der Fahrt und der Reise.

»Die Zigeuner kommen! Die Zigeuner kommen! Regelmäßig im Sommer zogen sie während meiner Kindheit den Schachtberg hinauf und durch die kleine Asse zur Zigeunerinsel, auf der ein Zigeunerkönig begraben liegt. Frauen und Mädchen mit schönen, weiten, bunten Kleidern. Ich stand am Straßenrand und schaute schüchtern, obwohl der Schlachtruf andere Ortsansässige von den Straßen trieb. In der Schule lernte ich ›Zigeuner klauen

Wäsche von den Leinen und Hühner aus den Ställen. Sie nehmen kleine Mädchen mit und verkaufen sie.‹ Dagegen zu Hause meine Großmutter: ›Mitgehen brauchst du ja nicht. Das sind genauso Menschen wie wir. Die Hebamme des Dorfes, Frau Duwe, hat erzählt, dass Zigeuner sie nach einer Geburt durch die Asse sicher nach Hause geleitet haben. Die Männer waren Kavaliere.‹ Für mich bedeuteten Zigeuner Faszination eines anderen Lebens: Pferde und Wagen. Dunkle Haare und dunkle Augen. Spielende Kinder und Erwachsene, die zum Zigeunergrab pilgerten. Abseits stand ich an der Straße oder an der Zigeunerinsel, schweigend mit Kribbeln im Bauch, und hätte gern mit den Kindern gespielt, sie ausgefragt nach ihrem Leben, das mir so widersprüchlich plastisch geschildert wurde. Später in einem Seminar an der Universität Göttingen wurde berichtet, dass mal wieder Zigeuner vor dem Klinikum campierten, um nahe bei einem kranken Stammesangehörigen zu sein. Man lachte darüber. Ich fand das nicht gut, hatte aber keinen Mut, meine Unbill darüber auszudrücken.

Wo soll man Kontakte bekommen zu Roma und Sinti – außer im Lager in Braunschweig selbst. Also hin. Mein Vorhaben wurde skeptisch betrachtet. ›Was da alles passieren kann?‹ Das, was Deutsche während des Dritten Reiches in den Konzentrationslagern den Roma und Sinti angetan haben, wird man mir unterwegs bestimmt nicht antun. Alles andere ist ersetzbar. Die harte Direktheit der Ausführungen berührte die Roma und Sinti positiv. Sie fühlten sich in ihrer zentralen Lebensweltproblematik verstanden. Sogleich zeigte ein Mann seine auf dem Arm eingravierte Nummer mit einem Z für Zigeuner. Seine nächsten Verwandten sind im KZ umgebracht worden, er ist der einzige Überlebende. Ein anderer erzählte von einer Deutschen, die mit einem Zigeuner verheiratet war und wie eine Zigeunerin bei ihnen lebte. In der NS-Zeit jedoch arbeitete diese Frau aufgrund ihrer detaillierten Kenntnisse über Sippenzusammenhalt und Lebensgewohnheiten als KZ-Expertin bei der Lösung der Zigeunerfrage mit. Derartig krasse Schilderungen hatte ich nicht erwartet. Trotz der vernichtenden Erlebnisse mit Deutschen haben sie mich zum Heiratsmarkt eingeladen. Familien fahren freudig mit ihren heiratsfähigen Kindern dorthin.

Die Offenheit und herzliche Aufnahme im Gesprächskreis ermutigte zu fragen, wie sie angeredet werden wollten. Denn das Wort ›Zigeuner‹

wird als Schimpfwort gebraucht. Auf dem Flohmarkt hört man manchmal ›Feilschen wie Zigeuner‹. – ›Wir sind Deutsche. Wir haben einen deutschen Pass.‹ Es sei das dunkle Aussehen, ihre Lebensweise, die sie an den Rand der Stadt drängten, so wie sie seit Jahrhunderten von der Gesellschaft ausgestoßen waren. Noch heute sind diese Deutschen bei den Magistraten der Gemeinden unbeliebt und werden von den traditionellen Stammplätzen häufig mit der Macht der Rechtsbarkeit vertrieben.

›Die Polizei, deine Freundin und Helferin.‹ Von ihr erhoffte ich Anschriften von Zigeuneransiedlungen. Folglich rief ich die Polizeistationen in ausgewählten Orten an, die Antworten waren verblüffend vielseitig: Wir haben keinen Platz. Die Gemeinden brauchen sie ja nicht aufzunehmen. – Auf Campingplätze dürfen sie sich ja nicht stellen. Wir gehen hin, und dann fahren sie fort. – Wir haben einen neuen markierten Platz in der Nähe des Müllplatzes. Es sind aber selten Gäste da. – In Tirol gibt es keine Zigeuner. – Das heißt nicht Zigeuner, das heißt Landfahrer. – Landfahrer, meinen sie Hausierer oder Landstreicher oder Schausteller? Wenn Sie zu Zigeunern wollen, dann müssen sie das sagen.

Beim Start von Zigeunerlager zu Zigeunerlager regnete es in Strömen. Der Start fiel buchstäblich ins Wasser. Die Füße plastikbehütet, Beine und Arme nackt, den Körper im Müllsack. Bei diesem Wetter interessierte mich keine Sozialproblematik, sondern relevant war ein trockenes, warmes Zimmer und Nahrung. Der nächste Tag sah schon besser aus. In Bamberg fragte ich in abgewetzter Radkluft nach dem Plärrer, wo die Zigeuner sind. Während jüngere Menschen, von der ›Gnade der späten Geburt‹ profitierend, der Bitte misstrauisch begegneten, gaben ältere Trümmerfrauen freundlich und ausführlich Auskunft. Zigeuner gehörten noch zum Weltbild. Und in Bamberg gab es keine Roma und Sinti. Jedoch in Nürnberg gibt es nicht nur Lebkuchen, sondern auch Klein-Chicago.

Pappeln umrahmten die Ansiedlung, die aus kleinen gemütlichen Häusern zu einem Rundlingsdorf angeordnet ist. Dieses Anwesen ist in Dreiecksform unmittelbar umgeben von Hauptverkehrsadern (zwei Intercity-Bahnstrecken und eine Autobahn), die einen unerträglichen permanenten Lärm verursachen. Mit dem Gefühl des Eindringens in eine intime Sphäre, ähnlich einem Privatgrundstück, lud eine Bank vor einer Feuerstelle zum

Verweilen ein. Freudig bellend kam ein Hund gewedelt. Das Dauerkläffen lockte die Menschen aus den Häusern, zuerst die Kinder und danach die Erwachsenen. Ein Bericht über die Sinti in Braunschweig und die Ausführungen der Polizei über Klein-Chicago öffneten die Herzen der Menschen. Ein Mann erzählte, dass seine Verwandten bis auf seine Mutter und seine Schwester im KZ umgekommen sind. ›Meine Mutter ist mit uns aus dem KZ geflüchtet, am Tage versteckten wir uns in den Wäldern. Nachts besorgte sie etwas Essbares. Meine Mutter hat Schuhe aus Stroh geflochten, damit wir im Winter nicht barfuß laufen mussten. Ich war damals 12 Jahre alt. Die Brutalität des NS-Reiches war erschütternd. Es gab in diesem Lager fast keine Menschen im Rentenalter, bis auf eine weißhaarige Zigeunerin, die Alten sind im KZ umgebracht. Abends sitzen wir um das Feuer und lauschen den Erzählungen der Alten, damit wir etwas über unsere Tradition lernen. Unsere Kinder gehen regelmäßig zur Schule. Wenn wir außerhalb der Ferienzeit auf Reisen sind, wird in einem speziellen Heft die Teilnahme am Unterricht in den jeweiligen Gemeinden ordnungsgemäß vermerkt. Keines der Kinder geht zur Sonderschule. Wir hatten sehr viel Unterstützung – auch beim Bau des Rundlingsdorfes – durch einen evangelischen Pastor. Er organisiert die Schularbeitenhilfe und unterstützt uns bei Anliegen in Ämtern. Ein kleines Getränk und weiter ging die Reise gen Süden.

In Weißenburg fragten wir wieder nach einem Lager für Landfahrer: Gleich hinter der Reifenfirma. Es gab nur Hinweise auf Abfallbeseitigungsanlage, Klärwerk, Mülldeponie. Und hier sollten Landfahrer leben? Es war eher ein Nachtasyl. In Eiseskälte ging die Fahrt weiter zu einem letzten geplanten Anfahrplatz der Stadt Kaufbeuren ›Abstellplatz für Landfahrerwagen‹. Es gab zwei Holzplumpsklos und eine einfache Wasserleitung (wie auf Dorffriedhöfen üblich) am Waldrand. Zigeuner dürfen nicht auf einem Campingplatz leben und auch keinen Dauerplatz mieten. Zigeunersein bedeutet, jahrhundertlang erprobte Überlebensstrategien einer Volksgruppe mit kongruenten, aus ihrer Geschichtlichkeit resultierenden Normen und Werten. Es war eine interessante Reise 1986.

Und jetzt fühle ich mich genauso frei wie vor 25 Jahren. Es ist wunderschön durch die Lande zu ziehen und Land und Leute kennenzulernen.«Noch leichtes Geplänkel, es trennten sich unsere Wege.

Ein LKW-Fahrer half bei der Suche nach einem Hotel. »Ich kenne Europa sehr gut, noch zu Sowjetzeiten bin ich auch Radrennen gefahren: den Giro d‹ Italia, die Tour de France, die Spanienrundreise und auch in Deutschland. Selbstverständlich besorge ich Ihnen eine Unterkunft. Ein Freund von mir baut ein Hotel direkt am Djnepr. Sie können dort sicherlich übernachten. Ich rufe ihn an; denn zur Unterkunft müssen Sie durch den Wald. Allein werden Sie den Weg nicht finden.«Wir unterhielten uns noch über meine Reise und welchen Eindruck ich von der Ukraine hätte. »Die Ukraine gefällt mir sehr gut. Alle Menschen sind freundlich.«Gerade kam der Freund mit seinem klapperigen Auto an und fuhr vor. Ich hinterher durch tiefen Sand und dunklen Wald. Ein wenig fürchtete ich mich schon und kam mir eher wie Rotkäppchen und der Wolf vor. Aber nach einem sehr langen Weg war ich am Dnjepr. Das Wasser kräuselte sich leicht am Ufer. Ein freundlicher Empfang von vielen Personen.

Ein junger Mann hatte ein T-Shirt vom Bergsteigen im Himalaja an. Sofort sprach ich ihn auf die Bergsteigerei an. »Das T-Shirt hat mir ein Freund von seiner Expedition mitgebracht. Er war schon auf dem Nanga Parbat. Ich gehe auch zum Bergsteigen, aber so hoch bin ich noch nicht gekommen.«– »Ich auch nicht, aber ich habe auf allen Gipfeln des Ortlergebietes gestanden. Später werde ich Lenin, Jelzin und Putin in Kirgisien besteigen. Wann hat man als Frau sonst schon mal die Gelegenheit, berühmte Russen zu besteigen?«– »Da mache ich glatt mit.«– »Vielleicht treffen wir uns mal in Kirgisien oder sonst wo in den Alpen. Ich habe immer einen roten Hut auf. Erst einmal wünsche ich Ihnen ein glückliches Bergheil und ein langes Leben.«– »Ebenso.«

Nach diesem Gespräch wurde mir auf dieser Dnjepr-Ranch mein Zimmerchen gezeigt. Mein Fahrrad kam in das Bierlager, ich in die Bügelstube. Sogleich fühlte ich mich an Boris Becker erinnert. Angeblich war er ja mal in der Besenkammer, jetzt war ich in der Bügelkammer der Dnjepr-Ranch. Es standen überall kleine Holzhäuschen, Wasser gab es mit Ausnahme eines Springbrunnens noch nicht, aber ein kleines Herzhäuschen mit Plumpsklo. In dem gleichen Holzhausstil, nur etwas größer, war die Gaststätte. Eine Essenseinladung war für die Menschen selbstverständlich. Gesellschaft leistete mir die Bügelfrau. Das Mahl war ausgezeichnet.

Natürlich gab es zuerst wieder Fischsuppe mit Kopf, danach gebratener Rogen (er war paniert) mit Rühreier und Hackbällchen und zum Trinken eine Flasche Bier. Ich fühlte mich wie eine kleine Königin, zumal ich die Speisen meiner Kindheit sehr gern esse. Halbrohes Fleisch ist nicht mein Ding. Der Mensch hat das Feuer erfunden, um Fleisch zu garen. Überspanntes liegt mir fern. Meine Großmutter hatte, wenn es mal Heringe gab, ebenso Rogen gebraten. Nach dem Essen ging ich an den Dnjepr und in die Bügelstube. Nur Boris fehlte. Nachts hörte ich einen Wolf heulen. Bei meinem nächtlichen Gang mit Stirnlampe zum Herzhäuschen, Bier treibt, fürchtete ich mich schon etwas. Alles ging gut. Morgens gab es noch einmal Tee, Eier, Rogen und Brot. Irgendwann trat ich den Rückweg an, nachdem noch in mein Tourenbuch geschrieben wurde: »Vivat!«Der Weg durch den dichten Wald mit seinen vielen Wegen war für mich der reinste Irrweg. Rotkäppchen lässt grüßen. Ich schob durch den tiefen Sand, auch nicht leicht, und schaute nach Spuren im Sand: Schlange, Wolf, Rotwild, kleine Vögel – alle waren auch mal auf meinem Weg. Und überall gab es Abzweigungen. Die Sonne konnte ich auch nicht sehen, so dicht war der Wald. Wenn ich irgendwo verunfallt wäre, mich hätte niemand gefunden. Für einen Kilometer habe ich ungefähr eine Stunde des Suchens und Schiebens durch Sand benötigt. Irgendwann hörte ich das Brummen von LKW. Folglich den Geräuschen nach. Auf dem Weg zur Straße traf ich Waldarbeiter, die mich sehr erstaunt ansahen und mir den kürzesten Weg wiesen. Ich habe einen Vormittag gebraucht bis zur Straße, manchmal konnte ich auf dem Weg durch tiefen Sand schieben, manchmal konnte ich auf einem Grasstreifen radeln. Weiter ging es.

Der Blick zum Dnjepr war mir manchmal durch den dichten Wald versperrt. Dafür gab es außerhalb der Dörfer für mich viel zu sehen. Vieles gab es zum Kaufen: Eier, getrocknete Pilze, eingelegte Gurken, eingemachte Früchte. Aber am meisten hat mich fasziniert, dass ganze Schweineköpfe angeboten wurden. Denn Ostern ist in Polen und der Ukraine Schlachtfest. Auch Beine und Speck lagen auf den großen Verkaufsplatten. Ich durfte auch einen Schweinekopf fotografieren. Sogleich kam ein alter Mann mit seinem Gehstock gehumpelt und sprach mich auf Deutsch an. Er war Soldat in der DDR und auch auf dem Brocken stationiert. »Gott möge Sie schützen!«Dieser alte Mann freute sich sehr, mit mir zu sprechen. Lange hat er mir nachgewinkt.

Doch schon bald danach habe ich eine Unterkunft gesucht und fand ein Hotel 344 km von Kiew auf dem Weg nach Dnipropetrovs‹k. Das Hotel war reizend, mit Saunabereich und Schwimmbecken. Viele Menschen ließen es sich in jenem Bereich gut ergehen. Ich ließ es mir in der Gaststätte gut ergehen 3 km vor Verkhn‹odniprovs‹k, Sascha und Bela versorgten mich mit Essen und Trinken. Die Wirtin des Hauses war sehr, sehr schlank. Lächelnd sagte ich: »Sie müssen sehr arm sein; denn Sie bekommen vermutlich nicht genug zu essen.«In der Ukraine gibt es viele dünne Frauen. Dazu die hochhackigen Schuhe. Spargelstangen lassen grüßen. Dagegen kam ich mir sehr dick vor. Alles ist relativ.

Es war der 30. 4. 2011. Bis Dniprodzerzhyns‹k bin ich sehr gut durchgekommen. Bis Dnipropertrovs‹k ist es nicht mehr weit, nur noch 50 km. Das würde ich schnell schaffen. Pausen am Straßenrand. Hinter dem Bahnhof lang. Ich war schon fast durch die Stadt. Rechts ein Hotel. Nur weiter die Hauptstraße entlang, sie war nicht sehr befahren. Eine Nebenstraße, gut einzusehen, kam. Ich radelte weiter, nur noch wenige Meter, dann kam es zum

Unfall.

Plötzlich kam aus der Straße ein grünes Fahrzeug geschossen, genau in mich hinein, vom Vorderrad bis zum Hinterrad. Ich sah es im letzten Moment und dachte: »Bring die rechte Seite in Sicherheit!«Ich zog mein rechtes Bein schnell von der Pedale weg und hielt mich am Lenker fest. Halten, was es zum Halten gibt. Zum Glück habe ich einen Rennlenker, fest in den Stütz. Mit dem Lenker demolierte ich die Motorhaube und flog in hohem Bogen auf die Straße. »Hospitale! Hospitale! Miliz! Miliz!«Menschen kamen und wollten mich aufrichten. »Njet, njet! Hospitale, Miliz! Spinal! Spinal!«Ich hatte Rückenschmerzen! Beim Sturz habe ich das Geräusch eines brechenden morschen Astes gehört. Folglich rührte ich mich nicht vom Fleck und kontrollierte meine Füße. Ich konnte sie noch bewegen, also ein glatter Bruch. Eigentlich wusste ich, es ist ein Wirbel im Bereich von LWK 2 – 4. Außerdem habe ich Schmerzen im rechten Zeh. Nach gefühlt sehr langer Zeit kamen Polizei und Krankenwagen. Im Krankenhaus wurde ich sofort geröntgt. Die Röntgengeräte muteten an wie zu meiner Kindheit. Mein Vertrauen in diese Geräte war nicht sehr groß. Meine Reflexe wurden überprüft und ebenso mein Blutdruck, er war natürlich hoch (170/90 mm Hg). Dann zog der Unfallarzt an meinem kleinen Zeh. Er war dunkelblau und dick. Ich hatte nicht das Gefühl, dass die Verlängerungsmaßnahme bezüglich meines Zehs gesund war. Ich schrie. Niemand sprach englisch. Gespräche mit den Ärzten mit Händen und Füßen und meinen Lateinkenntnissen. So kamen wir langsam durch. Vorerst bekam ich eine Blutdruckpille.

Als ich in ein Zimmer mit Fernseher gebracht wurde, suchte ich mein Handy, rief den ADAC an und die deutsche Botschaft in Kiew. Der ADAC hat sich schon um mich gekümmert. Doch was sollte ich mit einer deutschsprechenden Ärztin in Russland anfangen. Eigentlich brauchte ich einen Arzt, der am Ort war und mindestens einige Brocken englisch sprach. Aber die größte Hilfe hatte ich von der Deutschen Botschaft. Sogleich kam ein Anruf vom Konsulat in Donetzk. Es war Walpurgisnacht. Und es war 12.30 Uhr ukrainische Sommerzeit, zur gleichen Zeit um 11.30 Uhr MESZ verbrühte sich die Brockenwirtin auf dem Brocken die Arme, ein Suppentopf ergoss sich. Zwei Frauen, gleiche Zeit, ungleicher Ort verletzten sich schwer. Von der Verletzung der Brockenwirtin habe ich erst in Deutschland erfahren, als ich nach meinem Unfall ganz vorsichtig auf den Brocken spaziert bin; denn ich durfte ja nur leichte Spaziergänge machen.

Jetzt lag ich im Krankenhaus, und in der Ukraine war Ferienzeit. Im Krankenhaus eine Notbesetzung. Die Stationsschwester versorgte mich mit Keksen und Kaffee; denn das Essen im Krankenhaus war für mich einfach zu gesund. Es gab Haferbrei, und den mochte ich schon als Kind nicht. Mich gelüstete nach Salat, nichts da. Der Bruder der Stationsschwester arbeitet als Arzt in Nürnberg. Zwei Schmerztabletten halfen mir über die Schmerzen hinweg und ich fühlte mich stark. Meinen Rücken und meine anderen Glieder schmierte ich dick mit entzündungshemmender Creme ein, schöne Kühlung. Dann kam ein Major der Polizei vorbei und die Vernehmung bezüglich des Unfalls nahm seinen Lauf: »Im Laufe der Untersuchung wurde festgestellt, dass Frau Söchtig als Radfahrerin durch den Fahrer des PKWs … auf einer Kreuzung auf der Hauptspur nicht berücksichtigt und aufgefahren wurde. Sie war in Folge des Auffahrens auf die Fahrbahn gefallen und wurde in die Traumatologie des Krankenhauses Nr. 2 von Dniprodzershinsk eingeliefert. Der Fahrer, …, wurde aufgrund des Art. 124 des Kriminalgesetzbuches der Ukraine zur administrativen Verantwortung gezogen wurde.«(aus dem Polizeibericht). Mein Unfallgegner hat seinen Führerschein verloren, aber das ist nicht das Problem, sondern meine Wirbelsäule. Die Röntgenaufnahme ergab nichts. Am nächsten Tag gab man mir zu verstehen, ich könne gehen. Folglich habe ich meine Sachen gepackt. Denn der Arzt sagte, es bestünde kein Verdacht auf einen Wirbelbruch. Vorerst glaubte ich ihm.

Mit einem Taxi fuhr ich zur Polizei, holte mein Fahrrad, drehte mal eine kleine Runde, es fuhr noch. Dann wartete ich auf jemanden, der mich mit dem Taxi zu einem Hotel in Dnipropetrovs‹k brachte. Alles wird gut. Es dauerte bis jemand mit einem großen Auto kam, wo auch mein Fahrrad und mein Gepäck hineinpassten. Ich saß auf einer Mauer vor der Polizeistation. Einige Polizisten kamen vorbei. Einer von jenen war zu früheren Zeiten auch in Bonn. Wir sprachen über meine Reise, und über den Rhein. »Kennen Sie deutsche Lieder?«– »Ja natürlich. Ich bin in einem Gesangverein. Meine Stimme ist nur laut. Aber ich singe gern in Gesellschaft, ich kann die Stimme nicht halten.«– »Kennen Sie ›Ich weiß nicht …‹«Schon begann ich mit der ›Lorelei‹: »*Ich weiß nicht, was soll es bedeuten, dass ich so traurig bin …*«Der Polizist sang sofort mit. Wir freuten uns an unserem Gesang und alle anderen lauschten. Dann wurde ich in die Polizeistelle gebeten und mit Bonbons versorgt. Mein Rücken schmerzte, gern hätte ich mich flach auf den Boden gelegt. Irgendwann kam ein Auto und ich wurde nach Dnipropetrovs‹k gefahren. Sogleich suchte ich einen Supermarkt auf. Leider hatte ich keinen Fotoapparat mit, aber so viele Sorten Wodka hatte ich noch in keinem Magazin gesehen. Ich kaufte für mich Fisch, Käse, Tomatensaft, Brötchen, Chips und Wasser. Mein Rücken schmerzte, ich legte mich bei sehr schönem Wetter ins Bett und erholte mich etwas von dem Sturz. Wird schon gehen.

Morgens habe ich getrödelt. Ich wusste nicht, was ich tun sollte. Aber da angeblich kein Wirbel verletzt sein sollte, entschloss ich mich, weiter zu radeln. An einer Tankstelle am Ortsausgang versuchte ich, den ADAC anzurufen, klappte nicht. Ich habe es mehrfach versucht, aber keinen kompetenten Ansprechpartner bekommen. Egal, weiter geht die Fahrt bis Pawlohrad – nur 86 km. Ich lag noch gut in der Zeit, Donets‹k war für den 5. 5. 2011 geplant. Der stellvertretende Generalkonsul rief mich abends an und fragte nach meinem gesundheitlichen Befinden. Ich bat ihn, mir eine Bescheinigung von der Polizei und vom Krankenhaus zu besorgen. Im Anschluss unterhielten wir uns über Sport und meine Radreise nach China. Er erzählte mir, dass er jeden Tag auf dem Laufband 5 km laufe, um sein Herz zu trainieren, weil er schon einen Herzinfarkt hatte. »Aber das Laufen auf dem Band ist doch kastriertes Laufen. Ich mache Sommersport im Freien und Wintersport in der Muckibude.«– »Wenn Sie so eine weite Strecke radeln, müssen Sie doch sehr viel Gepäck haben.«– »Es hält sich in Grenzen, gerettet hat mich bei dem Unfall mein Airbag in Form von 120 Papierunterhöschen in meiner rechten Satteltasche. Die Höschen haben den Aufprall des Autos abgefedert. Ferner bin ich gut durchtrainiert und habe versucht den Sturz abzufangen. Doch ganz hat es nicht geklappt. Hätte das Auto mein Bein getroffen, wäre es wohl zertrümmert gewesen und meine Hüfte ebenfalls. Vermutlich wäre ich dann eine schöne Leiche.«– »Solch eine Reise nach China kostet doch viel Geld! Haben Sie einen Sponsor?«– »Ich lebe in privilegierter Armut. Finanziell bin ich arm bei ca. 1200 € staatlicher Rente, allerdings schaffe ich es immer, Geld für meine Reisen zu sparen. In Braunschweig lebe ich sehr ärmlich, oft esse ich in der Mensa, Fleisch gibt es nicht. Und einen Sponsor habe ich auch nicht, noch nicht einmal Schläuche habe ich bekommen.«– »Das kann ich nicht verstehen.«– »Ich auch nicht. Privilegiert bin ich, weil ich machen kann, was ich will. Für meine Gelenke nehme ich regelmäßig ›arthro plus‹. Für die Reise habe ich eine Packung von der Firma HÜBNER bekommen.«– »Wenn Sie in Donets‹k sind, kommen Sie doch vorbei.«– »Gern, ich danke Ihnen.«

Der Weg von Pawlohrad nach Kasnoarmiis‹k war lang, etwa 115 km. Es war so schwer mit schmerzendem Rücken zu radeln. Unterwegs hielten mich Verkehrspolizisten an und statteten mich mit Zigaretten aus. Das

Hotel war für mein Portemonnaie zu teuer, aber es blieb mir nichts übrig. Der Weg war von Kasnoarmiis‹k bis Donets‹k auch schwer, die Straße war schlecht, dazu Gegenwind. Mich überholten einige Rennradler. Wir haben uns lange unterhalten über die Ukraine, über Radfahren. Sie meinten, dass ich nicht schieben sollte. Ich berichtete, dass ich einen Unfall gehabt hätte und jetzt keine Kraft zum Radeln habe. Im Hotel habe ich erst einmal geduscht und meinen Körper von allen Seiten in Spiegel fotografiert. Meine linke Seite war blau vom Oberschenkel bis zu den Rippen, die Innenseite des rechten Oberschenkels war blau von der Stange, mein rechter Unterarm war ebenfalls blau vom Lenker und mein kleiner Zeh rechts war blauschwarz. Danach habe ich im Konsulat angerufen: Ich möge doch gleich vorbeikommen. Taxi. Doch niemand wusste, wo die deutsche Vertretung ist. Das Taxi fuhr zum Goethe-Institut. Rückfrage in der Zentrale. Rückfrage im Konsulat nach der Straße. Das Konsulat in Donets‹k ist in der Nähe des wunderschönen Stadions, gebaut für die Fußball-Europa-Meisterschaft. Der stellvertretende Konsul hat etwas übrig für Fußball, also das richtige Flair. Die Sekretärin Victoria trägt wie alle Frauen in der Ukraine ›high-heels‹ und kurze Röcke. Mir wurde ein Getränk geboten. Ich bat noch einmal um eine Bescheinigung von der Polizei und vom Krankenhaus. Victoria machte eine Vollmacht fertig und man versprach, mir die Sachen per Mail zuzusenden. Im Konsulat unterhielten uns über meine erste Reise.

Man bemitleidete mich wegen meiner geringen Rente bei mehr als 48 Beitragsjahren. »Die meiste Zeit meines Lebens habe ich in weiblichen Leichtlohngruppen gearbeitet. Außerdem werden Gesetze so lange verdreht, bis nichts mehr übrig bleibt.«– »Was haben Sie bei Ihrer letzten Reise erlebt?«– »Am meisten haben mich die Menschen interessiert.«– »Welche Länder haben Ihnen am besten gefallen?«– »Sehr gut haben mir Aserbaidschan, die Turkvölker entlang meiner Strecke und auch China gefallen. Nicht alles, was man über China schreibt, wird von Chinesen so gesehen. In jedem Land habe ich die Menschen gefragt: ›Do you like your president?‹ Von den Menschen meiner Altersklasse habe ich in den kleinen Dörfern in China als Antwort erhalten: ›Als Kind habe ich täglich Gras gegessen und höchstens einmal in der Woche Reis. Jetzt habe ich jeden Tag Reis oder

Nudeln und mindestens einmal pro Woche Fleisch oder Fisch.«– »Haben Sie negative Erlebnisse auf Ihrer Reise gehabt?«– »Oh nein, dann säße ich nicht hier. Natürlich hat man auch mal Anmache. Ich bin besonders gut durchgekommen, weil ich als Frau allein unterwegs war. Deshalb habe ich mein Buch auch genannt ›Mit den Augen einer Frau‹. Natürlich habe ich auch Sachen im TV gesehen, die nicht gerade pralle waren. In der Türkei habe ich TeleX geschaut. Bei TeleX werden Pornos gezeigt von Nord nach Süd, von West nach Ost, es fehlte nur der Vatikanstaat. Gewundert hätte ich mich nicht, dort auch Pornos zu sehen. Doch die härtesten Pornos gab es bei TeleX Iran und Saudi-Arabien, wo die Frauen noch nicht einmal allein radeln dürfen. Aber es waren amerikanische Pornos, die harmlosesten gab es in China. Die reißen niemanden vom Hocker.«– »Wissen Sie, dass es in Persien sehr viele AIDS-Kranke gibt? Aber es dringt nichts nach außen.«– »Ja, im Iran werden oftmals sehr junge Frauen aus ärmeren Familien für einen Tag verheiratet, durchgefickt, danach wird die Ehe geschieden. Die Frauen können sich später nur als Prostituierte verdingen. Ebenso gibt es junge Bauchtänzer, die anschließend mit auf das Zimmer genommen werden. Was dann gespielt wird, kann man sich ausrechnen. Für mich ist das ganze Gespiele eine unschöne Doppelmoral. Auf der einen Seite stehen Keuschheit und Unschuld, auf der anderen Seite stehen geistige und seelische Verdorbenheit, die sich auch äußern im Ermorden von Andersdenkenden. Manchmal habe ich davor Angst, aber was gesagt werden muss, muss gesagt werden.«– »Ich war auch im Iran, Afrika hat mir sehr gut gefallen, zuletzt war ich in Vancouver, gerade zur Olympiade. Ich wünsche Ihnen für Ihre Unternehmungen sehr viel Glück. Heute spielen Schalke ./. Manchester united. Braunschweig ist ja auch wieder im Kommen. Fußball interessiert mich sehr.«– »Ich danke Ihnen.«Austausch der Visitenkarten. »Jetzt kommt meine Russischlehrerin.«Ich fand das toll, da gab es noch einen »Verrückten«, der im Alter von 66 Jahren und Vater von zwei erwachsenen Töchtern eine Fremdsprache lernt. Lernen gibt einen hellen Geist und hält den Kopf offen für Neuerungen.

Zwei Tage in Donets‹k, das ist richtig duschen, Körperpflege und den Akku aufladen und essen. Doch die Portionen in der Ukraine in den

Gaststätten sind nicht sehr reichhaltig für eine Radlerin, ich wurde in den Gaststätten nie satt.

Gewitterregen am Nachmittag. Nass bis auf die Haut. Postkarten kaufen, Ersatzmantel für das Fahrrad, durch die Donets‹k City bummeln und all die schönen Sachen anschauen, die ich nicht haben muss. Die Einkaufshalle in Donets‹k ist schon zu vergleichen mit der Dubai Hall. Regen, Regen, Regen! Rückenschmerzen, Rückenschmerzen, Rückenschmerzen. Was sollte ich tun? Kaum konnte ich etwas Schweres tragen. Bücken liegt nicht drin. Ganz langsam bewegen. So habe ich mich entschlossen, die Rückreise anzutreten. Das Fahrrad lief auch nicht mehr rund. Es war Freitag, der 6. April 2011. Jeder Schritt ein Messerstich. Rücken und Fuß sind nicht in Ordnung, durchatmen konnte ich auch nicht. Folglich Rückflug.

Die Reise hatte keinen guten Stern: die Deutschfeindlichkeit in Polen, der Unfall. Jetzt musste ich meinen Körper und mein Rad richten lassen. Also zum Flugplatz. Es war schon Stress mit dem großen Gepäck (Fahrrad, kleiner Rucksack, zwei Satteltaschen, großer Rucksack und eine Plastetasche für Helm, Werkzeug usw.) die Rückreise zu organisieren, letztendlich waren es 28 kg + Rad. Alles die Treppen hoch in die Abfertigungshalle – und mein Rücken. Ganz, ganz langsam macht der Igel seiner Frau die Kinder, damit er sich nicht stachelt. Ganz, ganz langsam hievte ich mein Gepäck hoch. Dazu meine dreckige Bekleidung. Selbst hätte ich mich nur mit der Kneifzange angefasst, so stand ich zwischen all den smarten jungen Männern in ihren Nadelstreifen. Abweisend betrachteten sie mich. Ich schaute da doch sehr stolz um mich herum und dachte für mich: »Wenn ihr wüsstet, würdet ihr euch vor Neid den Weg zur Arbeit buddeln …«Frech griente ich die Nadelstreifenbubis an. Ein Eigner von der VKF Renzel GmbH, der Geschäfte in Donets‹k gemacht hat, beobachtete mich: »Sind Sie Studentin, Sie sehen so exotisch aus hier in der Runde?«– »Oh nein, zwar möchte ich noch promovieren über ›Grenzsituationen beim Bergsteigen‹, aber ich war auf meiner zweiten Radreise nach China, doch in Dniprodzerzhyns‹k hat mich ein Auto angefahren. Mein Fahrrad läuft nicht mehr rund, mein Körper ist lädiert. Ich muss erst alles durchchecken lassen, danach setze ich die Reise irgendwann fort. Ich war ja schon einmal von Deutschland nach China zur Olympiade geradelt. Die Radtour war das Highlight meines Lebens.«Visitenkarten ausgetauscht. »Meine Tochter arbeitet beim ZDF, vielleicht kann sie mal später etwas für sie tun.«– »Das wäre schön. Eine Einladung zu einer Talkshow würde meinen Geldbeutel stärken, schließlich lebe ich in privilegierter Armut, wie man sehen kann.«Lachen beidseits. Ein junger Australier mischte sich in das Gespräch ein. »Das ist ja interessant!«– »Von Darwin nach Adelaide bin ich auch schon geradelt. Ich hatte damals nur den Fehler eines Menschleins von der nördlichen Halbkugel gemacht: Ich bin von Nord nach Süd geradelt und hatte immer Gegenwind. Passiert mir nicht wieder!«Das Einsteigen in den Flieger nach München trennte unsere Wege. Die Stewardess fragte nach meinen Reiseerlebnissen. Ich gab ihr meinen Laufzettel über meinen geplanten Weg mit einem Flyer über meine Bücher. Beim Aussteigen in München hat sich die gesamte Crew von mir verabschiedet und mir viel Glück für meine zukünftigen Reisen gewünscht.

Von München aus habe ich versucht, meine Tante anzurufen. Nichts da. In meiner Not rief ich Hildegard Böhm an, die auch bei der Verabschiedung am Dorfgemeinschaftshaus war: »Hilde, versuch doch mal Liesa anzurufen. Sie soll ein Taxi zum Flughafen nach Hannover schicken, das viel Gepäck mitnehmen kann. Sag bitte Liesa, das Rad ist kaputt. Ich hatte einen Unfall, ein Auto ist in der Ukraine in mich gedonnert. Das brauchst Du ihr nicht zu erzählen. Das mache ich lieber selbst.«Im Flieger von München nach Hannover wusste ich nicht, wie ich sitzen sollte. Zuerst kam mein Fahrrad durch eine Tür. Dann mein Gepäck über das Laufband. Wie sollte ich einen Trolley und ein Fahrrad gleichzeitig in die Flughafenhalle bringen? Ich brauchte unbedingt jemanden, der mir behilflich war. Folglich musste ich auf einen Zollbeamten warten, der mich durch eine breite Tür ließ. Dann wartete ich. Mein Handy bimmelte: »Fritz Backes kommt vorbei und holt dich ab!«Schluss, der Akku war leer. Warten auf Fritz. Er kam mit seinem Utility, lud mein Gepäck auf, ab nach Braunschweig. Unterwegs gab ich ihm einen Unfallbericht und kaute ein Brötchen. »Am Montag gehe ich zum Röntgen. Aber ich stehe noch.«Fritz trug meine Sachen in die Wohnung. Ich rief Liesa an und berichtete.

Am nächsten Tag röntgen: Fraktur LWK 2, Fraktur 5. Zeh rechts. Kernspinntomographie der LWS: Frische Deckplattenimpressionsfraktur

LWK 2 mit Beteiligung der Hinterkante, jedoch ohne Vorwölbung der Hinterkante in den Spinalkanal. Keine Wirbelbogenbeteiligung.

Ich habe einfach nur Glück gehabt bei meinem Unfall auf Grund meiner guten Durchtrainiertheit und auf Grund meines Airbags in Form von 120 Papierunterhöschen in meiner rechten Satteltasche.

»Was kann ich jetzt tun?«– »Radfahren, joggen, Sport treiben …«

Sofort habe ich den Arzt gewechselt, in einem Sportgeschäft einen Protektor gekauft, wie ihn Skirennläuferinnen tragen. Dazu hat mir mein Orthopäde eine stabile Bauchbinde verschrieben. »Sie müssen die Bauchbinde über dem Protektor tragen. Stehen, gehen oder liegen.« Folglich lief ich permanent mit meiner »Ritterrüstung« herum. »Roswitha, dass Du immer mit einem Rucksack herumläufst, wissen wir ja. Aber dass Du jetzt den Rucksack noch unter Deiner Bekleidung trägst?!« Ich sah aus wie Quasimodo in dem ›Glöckner von Notre Dame‹. Was sollte ich tun? Ich war froh, haarscharf an der Querschnittslähmung vorbeigeschrappt zu sein. Man sagt, dass eine Katze sieben Leben habe. Ich habe schon einige Leben gelebt und werde zukünftig den 30. April für mich leben und in den Mai feiern. Nur leichte Spaziergänge konnte ich machen. Die Krankengymnastik war ausgerichtet auf eine untrainierte 80jährige. Nach wenigen Stunden hatte ich die Faxen dicke.

Ich hatte mich auseinanderzusetzen mit

Versicherungen.

Der Unfall war schon schlimm. Aber ebenso schlimm waren die Auseinandersetzungen mit meinen Unfallversicherungen (mit Ausnahme von VISA-Gold und der Öffentlichen). Nachdem sich der ADAC nicht um eine Schadensabwicklung mit der gegnerischen Versicherung gekümmert hat, habe ich mir in der Ukraine eine Rechtsanwältin mit Hilfe der Deutschen Botschaft in Kiew (sie mailten mir eine Liste mit Rechtsanwälten) besorgt und diese beauftragt. Danach habe ich meinen Versicherungen mitgeteilt, wen ich beauftragt habe. Gleichzeitig habe ich dem ADAC einen bösen Brief geschrieben, den man mir zurückgesandt hat samt meiner Unterlagen für den Verkehrsrechtsschutz.

Da ich mein Studium auch bei einem Rechtsanwalt für Verkehrsrechts-fragen finanziert hatte, kannte ich das Procedere. Mit Ausnahme der Rechnungen für das Fahrrad hatte ich alle Originale dem ADAC zugesandt. Ich hatte die Versicherungen gebeten, dass die Öffentliche federführend tätig sein solle. Keine Reaktion. Folglich glaubte ich, alles ist okay. Doch ich hatte die Rechnung ohne den Wirt gemacht.

Am 22. 6. 2011 habe ich dem ADAC alle Unterlagen mit Anlagen zugesandt. … Am 8. 7. 2011 wurde um Übersendung der Originale der Rechnungen mit Ausnahme der Kosten für die Reparatur des Rades gebeten. Gleichzeitig kam die Anfrage, ob ich den Flug von Donetsk vorgebucht hätte. Telefonisch teilte ich mit, dass ich kein Flugticket vorgebucht habe. Hotelrechnungen könnte ich auch nicht vorlegen. Wenn man irgendwo unterwegs für einen Appel und ein Ei übernachtet, bekommt man keine Rechnung. Meine Reisedaten könnte man aus meiner Handyrechnung, Kopien von den Zeitungsausschnitten, meinen stenographischen Tagebuchaufzeichnungen und meinem Reisepass ersehen. Alle Daten hatte ich eingereicht, ebenso Kopien über den Unfallhergang seitens der Polizei und Kopien der jeweiligen Untersuchungen. Ich habe eine Radreise gemacht und kann auch keine Hotelrechnungen vorlegen.

Irgendwann war ich völlig abgenervt von den stetigen Anfragen des ADAC. Folglich schrieb ich, kurz vor meiner Reise zu meinem Bruder:

»Die Frage, ob der Autofahrer schuldig ist, erübrigt sich. Ich hatte am 22. 6. 2011 alle Unterlagen eingereicht, aus denen ging alles hervor. *Das Lesen meiner Unterlagen kann ich dem ADAC nicht abnehmen.* Außerdem sind meine Reisedaten aus den Handy-Rechnungen hervorgegangen. *Lesen und Denken müsste man können.*«

Nach meinem Anruf am 6. 9. erhielt ich von Ihnen wieder eine Mail, ob ich den Rückflug schon vor dem Unfall gebucht hätte. Ich schrieb: »*Diese Frage ist so doooooof. Aus der Kostenaufstellung ist zu ersehen, dass ich eigentlich noch weiter radeln wollte (Visa für Russland und Kasachstan). Ich wollte schließlich nach Peking und musste meine Reise unfallbedingt abbrechen.*

Ich verstehe, dass man sich meine Art zu reisen, nicht vorstellen kann.«

Folglich gab ich einen Hinweis auf meine Bücher, aus denen man meine Art zu reisen erlesen kann:

einst joggte ich von Braunschweig am Nussberg nach Sulden am Ortler; darüber habe ich ein Buch geschrieben: Jogging – Weg zum Selbst; Hannover 1983

einst radelte ich allein von Deutschland nach China, darüber habe ich ein Buch geschrieben: Mit den Augen einer Frau; Halle 2009

einst kraxelte ich im Ortlergebiet, darüber habe ich ein Buch geschrieben: Den Ortler im Blick; Halle 2010

Natürlich schrieb ich dem ADAC noch weitere Zeilen: Sollte ich wieder gesunden, dass ich weiterradeln kann, so setze ich meine Radreise selbstverständlich in Donets‹k fort. Doch momentan bin ich schwer krank, auch wenn ich leichte Spaziergänge machen kann und Schwimmen. … Eine Schadensersatzforderung habe ich bisher nicht gestellt, weil der ADAC nicht in die Pötte gekommen ist. Ich weiß nicht, wo meine Unterlagen bei Ihnen gelandet sind. Außerdem habe ich es satt, irgendwie als Versicherungsbetrügerin behandelt zu werden. Es ist für mich selbstverständlich, dass ich die notwendigen Sachauslagen nur einmal erstattet bekomme – egal von welcher Stelle. … So gut die telefonische Betreuung durch den ADAC in der Ukraine war, so schlecht ist die Betreuung jetzt. … Ihre Herumzickerei und Nichtbetreuung bezüglich des Verkehrsrechtschutzes macht mich mehr als wütend.«

Ich bat, dass man sich dieses Schreiben sorgfältig durchlesen möge und legte ein weiteres Mal Kopien aller Unterlagen bei.

Keine Reaktion durch den ADAC – außer der Rücksendung meines Briefes samt Unterlagen.

Gerade ging der Bandscheibenvorfall von Julia Timoschenko durch die Presse, Radio und Fernsehen. PolitikerInnen setzten sich für sie ein. Und ich dachte mir, dass nicht nur Julia Timoschenko einen Rücken hat, sondern ich auch einen habe. Für mich ist mein Körper das wichtigste Kapital. Also wandte ich mich an Bundeskanzlerin Dr. Angela Merkel und an Bundesaußenminister Dr. Guido Westerwelle, dass man zwar Julia Timoschenko mit ihrem Rücken unterstützt, aber mein Rücken wäre ebenfalls sehr teuer. Jetzt kam Bewegung in die Bude. In kürzester Zeit meldete sich der Verkehrsrechtsschutz des ADAC bei mir und die Abwicklung mit der Ukraine war schnell beendet.

Im Herbst 2011 bin ich in den sonnigen Süden zu meinem Bruder gefahren.

Jetzt warte ich auf die Abwicklung der Angelegenheiten mit den Unfallversicherungen, schließlich musste ich zur Begutachtung. Bücken und Schwertragen fällt mir schwer, der Rücken schmerzt und der Zeh ebenso, der Zeh ist total verkrüppelt. Doch letztendlich komme ich durch.

Fristgemäß war ich zur Begutachtung bei meinem Orthopäden und teilte meinen Versicherungen mit, dass das Gutachten bei der Öffentlichen läge. Seitens der Öffentlichen war die Angelegenheit in wenigen Tagen erledigt. Vom ADAC nichts. Schließlich schaltete ich einen Rechtsanwalt ein: Ging doch! 2013 waren alle Unstimmigkeiten ausgeräumt.

2012 musste ich pausieren, unsere Tante war schwer am Krebs erkrankt. Vorher bin ich, nachdem ich halbwegs sitzen konnte und der Rippenbruch unserer Tante ausgeheilt war, gemeinsam mit ihr zu meinem Bruder gereist, weil »Ich will Rolf noch einmal sehen!«und zu den Aboriginies in der Nähe von Cairns. Mit dem Auto bin ich die Ostküste von Cairns nach Adelaide zum zweiten Male abgefahren. Wieder in Braunschweig wurde bei unserer Tante ein Astrozytom II./III. Grades festgestellt. Inzwischen ist unsere Tante verstorben. Auf niemanden muss ich mehr Rücksicht nehmen. Ich bin ein freier Vogel geworden, der hinfliegen kann, wo er will. Meine Radreise nach China wollte ich unbedingt fortsetzen. Ich begann mit der erneuten

Reiseplanung.

Visa-Beschaffung für Russland, Kasachstan und China, Flüge buchen von Hannover nach Donets‹k und von Peking nach Hamburg, Hotels buchen und stornieren, Impfungen für alle möglichen Erkrankungen. Ausrechnen der zu radelnden Strecken, damit der Zeitplan von Donets‹k nach Peking auch halbwegs passt. Sachen packen für 3 ½ Monate: Werkzeug und Schläuche und Mäntel für das Fahrrad, mehrere T-Shirts und mehrere

Leggings zum Reisen, mehrere Flanellhemden und ein Paar Handschuhe gegen Sonnenbrand, Trainingsanzug zum Feinmachen, 120 Papierunterhöschen, BH und Socken, meinen roten Hut, Kosmetikartikel, Verbandsmaterial und Pillen für alle Gelegenheiten, Daunenjacke, Biwaksack und Iso-Matte, Kleingeld und Visakarte.

Endlich am 15. Mai 2013 brachte mich Fritz Backes von der Werbeagentur Elm Art nach Hannover. Bis zum Einchecken musste ich fünf Stunden warten, nichts mit 24 Stunden vorher. Folglich bummelte ich stundenlang durch die Flughafen. Nach dem Einchecken mit dem Taxi ins Hotel nach Langenhagen, abends habe ich im Hotel Spargel mit leckerer Spinatkäsesoße gegessen und Wein getrunken. Ein Taxifahrer aus Schwarmstedt brachte mich zum Flughafen. »Schwarmstedt kenne ich gut. Bei meinen Radreisen nach der Nordsee bin ich regelmäßig durch Schwarmstedt geradelt. Die mit Reet gedeckten Häuser gefallen mir sehr gut. In der Nähe von Schwarmstedt habe ich mal auf einem Ackerwagen unter einem Scheunendach biwakiert. Ich wusste, da sieht mich niemand und ich kann geruhsam schlafen. Zeitung drunter und Zeitung drüber. Meine benutzten Zeitungen habe ich auf dem Ackerwagen gelassen und mich für das Biwakplätzchen bedankt.« – »Sie haben Mut!« – »Wenn man so reist, wie ich, muss man viele Sachen vorher bedenken.« Der Taxifahrer machte noch ein Foto von mir, und ab zur Passkontrolle. Mein Pass wurde kopiert. »Ich bin nicht zur Fahndung ausgeschrieben.« – »Das wissen Sie doch nicht.« – »Ich kenne mich doch. Ich bin nur eine Radfahrerin!« Ich dachte an Burkhard Fähnrich. Als ich noch als Stenotypistin im Vorzimmer des Kriminaldirektors arbeitete, sagte Burkhard, der auch das Abendgymnasium besuchte, laut bei offener Tür: »Roswitha, Du solltest hier mal Zebrastreifen aufzeichnen, damit nicht nur Radfahrer durchkommen.« Burkhard war ebenso wenig biegsam wie ich. Meine Radfahrtechniken haben mir in meinem Leben nichts genützt. Schon von Kindesbeinen an musste ich meine Ellenbogen benutzen und meine Kraft, damit ich von den Steinen, die mir vor die Füße geworfen wurde, bei passender Gelegenheit eine Brücke bauen konnte. Es ging mein Flug in die Ukraine, zuerst nach München und weiter. Aus dem Flieger sah ich auf die Donau und den Dnjepr. Immer hielt ich Ausschau nach mir bekannten Landschaften und Orte, durch die ich schon geradelt war. In Donets‹k habe ich mich von einem Taxi zum Hotel bringen lassen und damit begann die Fortsetzung meiner Reise in der Ukraine.

Zuerst habe ich meine Sachen sortiert. Danach ging ich zum Generalkonsulat in Donets‹k und habe Victoria, der Sekretärin, eine Hexe vom Brocken gebracht sowie kleine Schokoladentäfelchen mit Schweizer Motiven, die ich in Samnaun gekauft hatte. Ich habe mitgeteilt, dass ich meine Radreise nach China fortsetze und mich nach meiner Reise melden und das neue Buch senden werde. Den neuen Generalkonsul habe ich ebenfalls kennengelernt und mich einige Momente über meine Reise unterhalten. Ich melde mich, wenn ich die Ukraine verlasse. Die Ukraine hat mir sehr gut gefallen, alle Menschen waren freundlich.

Ich bin zur Donbass Arena marschiert, habe einige Aufnahmen gemacht und auf dem Markt noch eine Tasche gekauft, damit ich in China auf meinem Rückflug nur ein Gepäckstück habe, für jedes weitere muss man extra zahlen. Das muss nicht sein. In einem netten kleinen Lokal habe ich gespeist, danach habe ich noch die Skulpturen von den Beatles, die mal einen Auftritt in der Donets‹k hatten, fotografiert. Schließlich bin ich mit Elvis, den Beatles und Rolling Stones groß geworden. Mehr kenne ich auch nicht; denn ich musste arbeiten und studieren. Für Kultur hatte ich keine Zeit, nur für Bewegung mit dem Geist, dem Körper und der Seele.

Frühstück. Trödeln im Hotel. Ich fürchtete mich mal wieder. Schlicht, ich hatte vor einem weiteren Unfall Angst. Schließlich wollte ich nach meinem Unfall zum ersten Male wieder auf das Fahrrad steigen. Geradelt war ich in der Muckibude auf einem Heimtrainer. Mein Rad hatte ich seit meinem Unfall nicht bewegt. Im März hatte ich noch in Langtaufers in der Pension Alpenfrieden mit Freunden und Bekannten 50 Jahre Vinschgau gefeiert. Auch beim Skifahren hatte ich Angst, dass ich meine Wirbelsäule verletzen könnte und querschnittsgelähmt würde. Doch es nützte nichts. Ich wollte meine Reise vom Brocken nach Beijing fortsetzen und war jetzt in Donets‹k.

Im Hotel fragte ich nach dem Weg nach Luhans‹k. Große Städte sind immer ein Problem, weil sich die Menschen in ihrer Umgebung nicht auskennen. Die jungen Leute an der Rezeption kannten sich nicht aus, trotz Karte auf dem PC. Sie nannten mir die falsche Richtung. Meiner Erinnerung nach musste ich an der Donbass Arena vorbei, doch alle sagten ›njet‹. Aber ich hatte Recht mit meiner

Geographie.

Die Richtung nach Peking ist allgemein: Morgens scheint die Sonne ins Gesicht, mittags habe ich sie auf dem rechten Arm und, wenn mich mein eigener Schatten überholt, benötige ich ein Nachtasyl. Also fuhr ich letztendlich an der Donbass Arena vorbei, schob irgendwann auf einer Brücke über den Kalmius-Fluss. Ein Mann und zwei Frauen kamen mir entgegen. Der Mann sah meine Flagge, kam sofort zurück, begrüßte mich: »Ich war in der DDR Soldat. Wie gefällt Ihnen die Ukraine?«– »Die Ukraine und die Menschen in der Ukraine gefallen mir sehr gut. Hier sind alle freundlich. Ich muss mir keine Gedanken machen. Wo waren Sie in Deutschland.«– »Ich war in Leipzig, eine schöne Stadt. Und wo wollen Sie hin mit Ihrem ganzen Gepäck.«– »Ich will nach Peking zur Buchmesse. Ich war schon einmal nach China geradelt. Das war das Highlight meines Lebens. Damals bin ich südlich des Schwarzen Meeres gefahren. Jetzt möchte ich die Gegend nördlich des Schwarzen Meeres kennenlernen. Ich bin gespannt wie ein Flitzebogen.«– »Das ist aber ein weiter Weg.«– »Ja, am 1. September ist mein Rückflug.«– »Viel Glück!«Eine kurze Umarmung, der Mann lief den Frauen nach. Mein Weg führte mich ein Stückchen bis Makiivka, noch 3 Tage bis nach Russland. Waren Kiew und Donets‹k moderne Städte, so ist Makiivka eine Bergarbeiter-Stadt. Hier gibt es die größte Eisen- und Stahlindustrie der Ukraine und Minen. Schon aus der Ferne sieht man den Abraum. Eigentlich fühlte ich mich sehr wohl, doch ich spürte mein Krüppelbeinchen. Immer vor einem Gewitter habe ich Schmerzen vom Zeh bis zur Hüfte. Abends Blitz und Donner.

Das Frühstück in Makiivka war nichts, folglich konnte ich nur etwas gezuckerten Ingwer essen, meine Notration für schlechte Tage. Um 8.00 Uhr saß ich auf meinem Drahtesel. Es war warm. Ich habe getrunken und getrunken und getrunken, nur Pipi musste ich nicht machen. Das Hotel war fein, in der Gaststätte nebenan auch der Fisch mit den Pommes. Die Mahlzeiten in der Ukraine sind klein und mengenmäßig nicht geeignet für eine Radfahrerin. Folglich brauchte ich noch eine Portion Pommes. Am nächsten Morgen bin ich früh gestartet. Doch das war ein Tag: ¾ der Strecke bin ich geschoben bis kurz vor Luhans‹k. Eine Unterkunft habe ich abends nicht bekommen, also weiter in die Stadt und zum Luhans‹k Hotel. Das Restaurant war im 19. Stock, so dass ich abends noch über die Stadt blicken konnte und am nächsten Morgen durch die Stadt bummeln. Wie in der Ukraine üblich, gab es wieder nur eine Kleinigkeit (Salat, Spaghetti Carbonara, alkoholfreies Bier) zum Essen, preislich war es eine Großigkeit. Das Essen kostete ebenso viel wie die Unterkunft, aber satt war ich nicht.

Ich wunderte mich nicht mehr, warum die Frauen in der Ukraine so wohlgeformt waren und in ihren High-Heels ein Stakkato über das Straßenpflaster schlugen. Bei den kleinen Speisen konnte man nicht dick werden. Ich fühlte mich in der Ukraine wie ein Moppel, prall gefüllt. Allerdings hatte ich abends und morgens nach dem Essen immer noch Hunger.

Stakkato in Krasnodon.

Morgens hatte ich noch ein langes Gespräch mit Dave, einem Amerikaner, der regelmäßig seine Freundin in Luhans‹k besucht. Ein Auto wird gemietet, und sie reisen durch die Ukraine und auch in andere Staaten. Europa ist nicht so teuer wie Amerika. Bei der Länge der Reise hätte er den Flug bequem verdient. Finanziell wäre alles sehr preiswert für ihn. Ich erklärte ihm, dass ich noch nicht in Amerika war. Der amerikanische

Kontinent wäre auch noch ein Ziel, aber erst ist meine zweite Radreise nach China aktuell.

In diesem Hotel konnte man mir den Weg nach Russland ebenfalls nicht erklären, aber schließlich fand ich jemanden: »Kein Problem! Immer geradeaus.«Noch 50 km bis Krasnodon, einer kleinen Stadt mit etwa 50.000 Personen. Als ich etwa in der Stadtmitte war, fragte ich nach einer Unterkunft. Natalya und Marina halfen mir bei der Suche und beim Hinaufschleppen meiner Sachen in den 3. Stock. Und am späten Nachmittag gingen wir zusammen in ein Bistro, dass speziell für Kinder eingerichtet war. Der Sonderraum für Kinder war geschmückt in Form eines Strandlebens in Tansania. Eine Animateurin spielte mit den kleinen Gästen einer Geburtstagsparty. Wir, Natalya, ihr Sohn mit einem Freund und ich, aßen, lachten und erfreuten uns des Lebens. Es war einfach schön. Wir bummelten noch etwas durch die Stadt. Natalya schenkte mir zum Abschied eine CD über Krasnodon. Dann ging ich in Richtung Hotel. Ein junges Paar kam mir entgegen. Wir lächelten uns an. Ich bat, die Schuhe fotografieren zu dürfen: High-Heels. Die Menschen in der Ukraine sind immer gut gestylt. Nirgendwo auf meiner Reise habe ich so viele attraktive Menschen gesehen, fast aus einem Modejournal. Manchmal waren sie verwegen gekleidet, manchmal adrett, manchmal modisch, aber immer auffallend attraktiv.

Ich stoppte in einer kleinen Bar und trank ein Glas Rotwein. Mit einer Gruppe junger Männer kam ich ins Gespräch. Wir sprachen über die Ukraine und meine Reise.

»Wie gefällt Ihnen die Ukraine.«– »Alle Menschen in der Ukraine sind sehr freundlich. Krasnodon ist gemütlich und überall sieht man spielende Kinder. Außerdem ist man in der Ukraine gut gekleidet.«– »Ich habe Freunde in Deutschland und besuche sie regelmäßig.«Irgendwann kam meine übliche Frage: »Do you like your president?«Gemeinsames Lachen und die Antwort: »Unser Präsident macht etwas für uns. Leider noch nicht genug.«– »Und Julia Timoschenko?«– »Sie hat in die eigene Tasche gewirtschaftet.«– »Aber alle schwärmen für Julia Timoschenko?«– »Aber nicht in der Ukraine. Sie ist korrupt, sie hat nur in Europa Menschen, die sie unterstützen. Wie hat Ihnen Polen gefallen?«– »Polen hat mir nicht gefallen. Man hat mir zu deutlich gezeigt, dass ich Deutsche bin. Und hätte ich nicht am letzten Tag in Polen Maria kennengelernt, in deren Wohnung ich übernachten durfte, Polen wäre mir in sehr schlechter Erinnerung geblieben. Was hat der Kniefall von Willy Brand 1970 in Warschau genützt für das Zusammenleben von Deutschland und Polen. Der Kniefall war nur ein Symbol – mehr nicht. Ich frage mich, was man in den Schulen über das heutige Deutschland und über die Menschen lernt, wenn man mir so feindlich gegenüber auf dem flachen Lande war. Allerdings war man in den großen Städten, mit Ausnahme von Warschau, immer freundlich zu mir. Jederman hat doch ›Leichen im Keller‹.«– »Woher wusste man, dass Sie Deutsche sind?«– »Ich habe eine deutsche Flagge auf meinen Satteltaschen und die Flagge des jeweiligen Gastlandes. Es kann ruhig jeder wissen, dass eine Deutsche auf dem Weg nach China ist. Irgendwann muss man reflektieren und das heutige Deutschland sehen. Ich habe Deutschland aufgebaut mit meiner Arbeit seit 1960. Vorfahren haben noch nicht einmal das aufgebaut, was sie durch den Krieg zerstört haben. Zahlungen an andere Staaten habe ich durch meine Arbeit ermöglicht.«Noch leichtes Geplänkel, freundliche Verabschiedung. Alles ist gut.

Das Wetter ist schön, noch wenige Kilometer bis zur Grenze. Ich hatte große Schwierigkeiten zu meinem eigenen Gewicht noch einmal das gleiche Gewicht (Fahrrad, Gepäck, Getränke) zu schieben. Bergauf, bergab, die Straße war gut ausgebaut. Und schon war ich in

RUSSLAND.

Russland ist ca. 47,8mal so groß und hat ca. 1,7mal so viel Menschen wie Deutschland. Russland hat ca. 142 Millionen Menschen auf ca. 17.075.400 qkm. Die Bevölkerungsdichte ist etwa 8,35 Personen pro Quadratkilometer. Die Ausdehnung von West nach Ost ist ca. 9000 km und von Nord nach Süd. ca. 4000 km. Russland ist das größte Land der Erde und liegt in Europa und Asien. 1/8 der Landfläche der Erde gehört zu Russland. Ein Viertel der Personen Russlands leben in Asien, der Rest in Europa. Der Ural trennt Europa und Asien (s.a. Wikipedia)-

An der Grenze hatte ich überhaupt keine Probleme. Der Grenzer fragte, ob ich eine Waffe bei mir habe. Ich lachte und machte symbolisch ›Peng-peng‹. Der Grenzer lachte ebenfalls. Schon war ich auf dem Weg nach Donetz'k in Russland. Ein riesiges Plakat über die Anlagen der olympischen Spiele in Sochi. Gern würde ich mir die Spiele ansehen. Doch ich habe kein Geld. Auf jeden Fall habe ich mich bei der Bekanntgabe des Spielortes in Russland gefreut.

Weiter ging es nach Kamensk-Shakhtinskiy. Ich war wieder auf der Suche nach einer Unterkunft. Zufällig kamen dort viele junge Männer von der Armee lang. Natürlich fragte ich nach einer ›Gostinitza‹ in der Nähe. Sie antworteten, dass ich nach Rostow am Don fahren müsse oder nach Wolgograd. Ich erzählte diesen jungen Soldaten, dass ich zwar nach Wolgograd wolle, aber nicht heute. Heute wollte ich nur noch zu einem Hotel oder ich müsste in der Kaserne übernachten, dort wäre sicherlich noch Platz für mich. Sie holten einen höherrangigen Soldaten und fragten ihn nach der nächsten Unterkunft.

Auch dieser Mann kannte sich nicht aus, sondern fragte, wo ich denn hinführe. »Nach China.«Die Soldaten amüsierten sich köstlich, dass eine Radlerin einen so langen Weg radeln wolle, nämlich fast 9000 km über die Direttissima. Ich gab zu verstehen, dass ich das sicherlich schaffen werde, schließlich war ich schon einmal von Deutschland nach China in vier Etappen geradelt. Allseits staunen, aber meine Fragen konnte man nicht beantworten. Also radelte ich erst einmal weiter.

Ein junger Bursche kam stolz mit seiner großen Limousine angefahren, ich stoppte ihn, und er sagte, dass das überhaupt kein Problem sei. Immer die Europastraße 115 in Richtung Rostow, wenn ich über die Schienen gefahren sei, käme sofort an der Autobahn ein Truckerhotel. Das war mal eine Ansage. Das Zimmer war in Ordnung, besser als in der Nacht zuvor. Da hatte ich schlecht geschlafen, das Hotel war dürftig, Dusche und Toilette waren erneuerungsbedürftig, so dass ich mich nur auf das Bett gelegt und mit meiner Regenjacke zugedeckt habe. Ich stellte fest, dass ich in dieser Woche des Radfahrens schon richtig dünn geworden war. Die Europastraße 40 war gut ausgebaut. Allerdings musste ich 300 km vor Wolgograd pausieren, denn der nächste Ort war zu weit entfernt. Also hatte ich einen ruhigen Tag, nur 4 Stunden auf meinem Drahtesel. Dafür ist der Weg morgen sehr lang. Mittags hatte ich eine Gemüsesuppe, Brot und zwei Salate, abends Kartoffelbrei, zwei Spiegeleier und Salat. Ausgegeben hatte ich mein Geld.

Gegen 8.00 Uhr bin ich abgefahren. Erst einmal ging es ganz gemütlich durch das Land. Aber der Gedanke, dass ich nur die Visakarte hatte und keine Rubel, hat mich schon beunruhigt. Ich habe immer wieder Autos gestoppt und nach einer Bank gefragt. Irgendwann konnte mir jemand helfen. Von der Straße musste ich abfahren in einen kleinen Ort. Endlich hat man mir 150 € getauscht, wofür ich 6000 Rubel bekommen habe und fühlte ich mich wieder sicher. So ohne Geld, das ist schon eine miserable Situation. Das Geld holen hat mich etwa eine Stunde gekostet. Radeln, radeln, radeln.

Heute musste ich nicht so viel schieben, wie die Tage zuvor. Die vielen kleinen Erhebungen kosteten Kraft; insgesamt musste ich ja 100 kg fortbewegen – mich, mein Fahrrad und mein Gepäck. Dazu die Autos, die an mir vorbeirasten, manchmal rechts im Sandstreifen. Steine und Sand schossen um mich herum. Meine Schreie ›Arschloch‹ verhallten im Nichts. Die letzten 15 km nach Morozovsk habe ich meine Warnweste angezogen, alles war gut. Trotzdem hatte ich für diesen Tag die Faxen dicke. Es war inzwischen 19.00 Uhr geworden. Den Tag über habe ich etwa 5 l getrunken, es war nicht so warm, Pippi machen musste ich nicht.

Die Menschen hier sind längst nicht so schön anzusehen wie in Kiew und Donetzك. An der Größe der Essportionen kann das Gewicht nicht liegen. Die Mahlzeiten sind recht klein. In Deutschland würde man sagen: halbe Kinderportionen. Aber ich bin doch eine Radfahrerin, die ausreichend Nahrung braucht, um Kraft für den nächsten Tag zu speichern. Bestellte ich in Russland eine Portion Nudeln, so habe ich eine Tassenschale – leicht bedeckt mit Nudeln – bekommen. Wenn möglich, habe ich noch Nahrungsmittel dazu gekauft: Weißbrot und Käse. Einfacher aus Deutschland importierter Streichkäse war so teuer (12 €), dass ich häufig auf roten oder schwarzen Kaviar umgestiegen bin. Der war auch nicht teurer. Den roten Kaviar kann man genüsslich einzeln auf der Zunge zerplatzen lassen. Ein herrliches Genussgefühl mit einem Hauch von Meer.

Die Autos und LKW fuhren riskant. Die Autofahrer rasten auf den Straßen, als wäre der Teufel hinter ihnen her, mit Ausnahme der LKW der Firma Market. Sie hatten wohl Angst, dass die Lebensmittel in den Aufliegern hin-und-her kullerten. In dem Sand neben der Straße konnte ich nicht fahren. Für mich gab es nur die Straße, auf der ich ständig angehupt wurde, wenn ich nicht in den Sand auswich. Bergauf, bergab. Die Straße war gut ausgebaut. Mit Schmackes konnte ich die Straßen hinabsausen, manchmal mit 40 km/h. Wieder donnerte ein Fahrzeug an mir vorbei und hupte. Lange Zeit später sah ich es auf einer abschüssigen Straße liegen mit Totalschaden.

Viele Autos waren beteiligt. Polizei war vor Ort und auch Krankenwagen. Trubel am Straßenrand, langsam bin ich vorbeigefahren. Jetzt hatten die Autofahrer Zeit, viel Zeit. Ich bin gut gefahren bis Surovikino.

Bergbau gibt es in dieser Gegend nicht mehr. Güterzüge mit zwei Loks fahren durch das Land. Der längste Zug hatte 75 Güterwagen. Die Züge sind insgesamt länger als ein Bahnsteig in Braunschweig, aber nicht so lang wie die Eisenerz-Züge in Port Hedland in Australien; denn die haben etwa eine Länge von 2 km. Diese Züge hier haben das Ausmaß des Indian-Pacific in Australien, mit dem Zug war ich mit unserer Tante mal von Kalgoorlie bis Adelaide gefahren durch das Nullabor Plain.

Am 26.5.2013 liegen auf dem Brocken 15 cm Schnee. Regelmäßig ging eine SMS hin-und-her. Ich war bestens informiert, was sich oben abspielte. Unterdessen wurde ich konfrontiert mit der

Hitler-Ära.

In einem Café fragte ich nach einer Übernachtungsmöglichkeit. Sogleich wurde mir mit erhobenen Arm »Heil Hitler«zugerufen. Ich war stink sauer und schimpfte zurück: »Fuck yourself, you bloody bastard. Mit dem Hitler-Reich habe ich nichts mehr zu tun. Nach dem Krieg bin ich geboren. Und wenn ich mit ›Heil Hitler‹ begrüßt werde, sage ich sofort ›Heil Stalin‹. Der hat auch viele Menschen getötet und war kein Deut besser. Sie sollten sich schämen, mich so anzumachen, Arschloch.«Das hat gesessen; denn auf meiner Reise habe ich festgestellt, dass man ›Arschloch, fuck yourself‹ in jedem Land versteht. Einzig ich war erschrocken über meine Sprache unterwegs, nutzte ich doch den Sprachstil einiger Kinder der Hauptschule: »Dein Hirn ist nicht größer als eine Erbse … Alte, fick dich doch selbst ins Knie … Du alte Votze …«Von frühen Kindesbeinen an habe ich einen elaborierten Sprachcode benutzt. Das Hören des restringierten Sprachcodes an der Hauptschule hat mich schon eingeschüchtert und auch jetzt zucke ich noch immer zusammen, wenn ich »Ey Alter«höre. Aber der primitive Sprachcode erleichterte mir erheblich mein Durchkommen. Ebenso kann ich es überhaupt nicht leiden, wenn Bundeskanzlerin Dr. Angela Merkel in Zeitungen im Ausland abgebildet wird mit Hitler-Bart und Hakenkreuz. Das ist eines deutschen Menschen in der heutigen Zeit unwürdig.

Abends im Hotel gab es immer ein Fernsehprogramm, wo Kriegsfilme gezeigt wurden. Das Hotel hatte überall Bilder von Stalin und Trotzki an den Wänden, dazu Heiligenbilder. Im Fernsehen wurde gerade ein alter Geistlicher von zwei Männern in die Kirche getragen und die Gläubigen küssten ihm die Hände. Es waren für mich ungewohnte Gesten, scheinbar schädigen die wohl nicht die Persönlichkeit.

Nur noch einen Tag bis Wolgograd (früher: Stalingrad). Gleich morgens kamen Militärfahrzeuge entgegen, ein langer Konvoi. Die Autos wollten mich zur Seite drängen. Ich habe mich daraufhin sehr breit gemacht und bin zur Straßenmitte hin gefahren. So mussten alle langsam fahren. Wenn sich hinter mir eine Schlange aufgestaut hatte, bin ich an den Rand gefahren, die Autos konnten an mir vorbei. Gegen Mittag Regen, Regen, Regen. Auf nassen Straßen lässt sich nicht gut radeln. Bald jedoch strandete ich auf einer Schlaglochpiste. Fahren konnte ich nicht mehr, nur noch schieben. LKW und PKW schlitterten durch die Pfützen. Die Straße wurde immer schlechter, riesige Schlaglöcher. Radfahren unmöglich, Radschieben mit Mühe über einige Kilometer. Die Autos und LKW kamen auch nicht schneller vorwärts. Meine Frage nach einem Hotel wurde negativ beschieden. Aber Wolgograd ist doch eine große Stadt, es muss doch Hotels geben. Die Menschen schauten mich an, als käme ich vom Mond. Citycenter: »Njet, njet, njet.«Ich bin dann den Weg gegangen, wo ich glaubte, dass er an die Wolga und in die Innenstadt führte, schließlich liegt die Wolga im Tal. Also musste ich abwärts. Wasser fließt nicht bergauf.

Eine junge Frau half mir: »Gehen Sie immer geradeaus bis zur großen Ampel, dann rechts. Dort kommen Sie an die Wolga, und es gibt viele Hotels in der Innenstadt.«Kein Problem! Bald war ich im Hotel Stalingrad, gleich neben der Polizei. Es war das feinste Hotel in Wolgograd. Mein Fahrrad stellte ich auf dem Gelände der Polizei ab unter eine Überdachung. Am nächsten Morgen war mein Vorderrad gelöst, irgendjemand hatte an meinem Fahrrad herumgespielt. Zum Glück habe ich es vor meiner Abreise gemerkt, so konnte ich alle Schrauben nachziehen. Außerdem habe ich gelernt, als ich mal einen LKW- und Busführerschein machte, dass man vor dem Start eine Abfahrtskontrolle macht. Radfahren ist schon gefährlich; denn ein Fahrrad hat keine Knautschzone. Ich überprüfte, ob die Räder in der Spur laufen und irgendein Teil (Lenker, Sattel usw.) wackelte. Alles okay, so konnte ich zum Hotel Wolgograd schieben; denn das war in einer Sweet mein nächstes Nachtasyl. Mein Rad sollte wieder draußen parken. »Mein Fahrrad ist es gewohnt, in meinem Zimmer zu schlafen. Niemals schlafe ich ohne mein Velo.«Nach langer Diskussion wurde mein Rad über einen Hintereingang und dann treppauf getragen. Mein Rad hatte ein Zimmer, ich auch. 150 € für eine Nacht. Dabei war das Hotel gegenüber dem Hotel Stalingrad eine Bruchbude, stark renovierungsbedürftig. Ich brauchte Geld. Folglich versuchte ich es an einem Automaten, die Automaten verschiedener Banken funktionierten nicht, also in die Bank. Mit viel Bitten und Betteln sollte ich für etwa 100 € Rubel bekommen. »Aber mein Hotel kostet doch schon 150 €!«Nach langem Hin-und-Her hat man 6000 Rubel ausgezahlt. Zum Glück funktionierte in beiden Hotels meine Visa-Karte. Die plastische Angst des Krieges ist dargestellt im Hotel Stalingrad, düster und um Hilfe schreiend ein Mann.

Ein Stadtbummel war angesagt, ich spazierte mir die Füße lahm und fotografierte, auch die Wolga. Mir kam die Idee, mit einem Schiff nach Saratow zu reisen. Es gab keinen Kahn, der in jene Richtung schipperte. Ich hätte nach Kazan oder St. Petersburg fahren können, aber nicht nach Saratow. Erst im September könnte ich mit einem Boot nach Saratow, dabei hätte ich mir gern die Landschaft an der Wolga angesehen. Die Straßen gingen zwar rechts oder links neben der Wolga gen Norden, die ich nur gelegentlich sehen konnte, so musste ich mich am nächsten Tag für eine der Straßen entscheiden. Meine Reise musste ich neu strukturieren. Also setzte ich mich erst einmal an die Wolga und dachte. Doch mit der Ruhe war es schnell vorbei: Soldaten feierten ihren Abschied von der Armee und sprangen bekleidet mit Uniformen in die Wolga. *Es steht ein Soldat am Wolgastrand ...* Die Soldaten prosteten sich zu und sangen laut. Polizisten kamen und ermahnten die jungen Soldaten, doch leise zu singen und nicht zu grölen. Junge Leute beobachteten das ganze Geschehen, genau wie ich. Die Soldaten schwangen russische Flaggen und die Flagge ihrer Einheit an der chinesischen Grenze. Eine Soldatin schenkte mir ihre russische Flagge, wir wanderten gemeinsam zum ›Platz der gefallenen Kämpfer‹. Hier fand die Feier »70 Jahre befreites Wolgograd«statt, wo an den 2. Weltkrieg erinnert wurde, mit Feuerwerk am Abend. Die Soldatin und die Soldaten waren froh, den Militärdienst beendet zu haben und wieder in ihrer Heimat zu sein. Ich ging in ein Restaurant und hatte ein vorzügliches Abendessen, wie am Abend vorher auch. Sogleich habe ich vier Portionen Scallops mit Spargelsoße und roten Kaviar gegessen. Lecker, lecker. Ich war von der Reise durch Russland so ausgehungert, dass ich mich anschließend so richtig satt fühlte. Trank noch ein Glas Rotwein und ließ den Abend gemütlich ausklingen; denn am nächsten Tag war wieder Radfahren angesagt.

Ganz gut bin ich aus Wolgograd herausgekommen, doch bis ich auf der Straße nach Saratow war, waren drei Stunden vergangen. Denn die Straßen in Wolgograd waren nicht immer befahrbar. Schlaglöcher, was die Straße hält. Ziemlich außerhalb der Stadt an einer Kreuzung stand ein heller Wagen, ausgestattet mit GPS, folglich fragte ich nach meinem Weg. Der junge Mann war nicht hilfreich. Mit seinem GPS wollte er mich immer nach Wolgograd zurückschicken, aber ich wollte doch nach Saratow. Irgendwann bedankte ich mich artig und fuhr meinen Weg gen

Norden.

Das bedeutet: »Morgens ist die Sonne auf meinem rechten Arm, mittags scheint die Sonne im Rücken, abends habe ich die Sonne auf dem linken Arm.«So strampelte ich mich vorwärts in Richtung Saratow. Es überholte mich die Polizei mit Tatütata. Ein Hebewagen folgte. Autos und LKW schossen an mir vorbei. Manchmal dachte ich bei der Fahrweise der motorisierten Personen: »Wenn das man gut geht?«Es ging nicht immer gut. Ich fotografierte einen LKW, der an mir vorbeigerast war, am Straßenrand liegend. Selbst Schuld. Er war umgekippt. Da andere Fahrzeuge mich während des Aufrichtens nicht überholen konnten, hatte ich über einen langen Zeitraum freie Fahrt. So konnte ich mal träumen. Nur auf die Schlaglöcher musste ich aufpassen. Auf und ab. *Frühling ist, ein Vogel singt ein Lied.* Den Ruf des Kuckucks hörte ich vom Morgen bis zum Abend. Das Gelände neben der Wolga war nicht eben. *Wälder, Felder, Steppen, tiefe klare Seen* …heißt es in ›Wolgaträume‹ nach einem russischen Volkslied. Neben der Straße war rechts und links ein breiter Gras- oder Blumenstreifen. Danach kam ein breiter Baumstreifen, an einer Seite war die Gastrasse. Meistens ragten Birken dicht aneinandergedrängt in den Himmel. An vielen Stellen trugen die Bäume kein grünes Kleid, sondern waren

kahl. Die einzige Pflanze, die in voller Blüte stand und viele Blätter hatte, war die gemeine Heckenrose. Ich radelte und radelte. Manchmal lief eine Blindmaus über die Straße. Ich wollte sie fotografieren, aber bis ich soweit war, war die Maus weg. Gräser wehten wie feine Tentakeln in der Sonne. Der Kuckuck rief, die Vögel zwitscherten. So genoss ich den blauen Himmel, schaute an wenigen Stellen über das Land. Wenn nur die Schlaglöcher nicht wären, dann … Irgendwann kamen wieder Autos und LKW, jegliches Tagträumen war vorbei. Meine Gedanken waren bei der nächsten Unterkunft. Am Abend fand ich Gogols Nachtasyl. Völlig fertig kam ich an. Mir war schwindelig. Ich wollte nur noch essen und trinken und meinen Nahrungsbedarf auffüllen, anschließend die Straße entlang und mir die vielen Gegenstände und Früchte ansehen, die dort verkauft wurden. Also ging ich erst in das kleine Café und aß Nudeln und einen Salat. Die Nudeln wurden auf einer Tassenschale serviert, ebenso die eine Tomate, die in hauchdünnen Scheibchen auf dem Teller drapiert waren. Nicht gerade das große Menü für eine Radlerin. Satt bin ich nicht geworden. Also bin ich noch erneut in das Café und habe mir Chips gekauft und ein Bier. Einer der Bewohner kam mit, er war schon so betrunken, dass er nur noch blödes Zeug laberte und nach einer Flasche Wodka bettelte. Das lehnte ich ab und spendierte ihm ein Bier. Ein Zug und er wollte ein weiteres Bier. Nichts da. Trunkenheit zu unterstützen, lehne ich ab. Dafür wurde ich bei meinem Spaziergang von dem Trunkenbold begleitet. Fantastisch, die vielen Gartenzwerge und anderer Schnickschnack. »Oh, I am an old lady, I need nothing.«Trotzdem machte es Spaß, die Stände abzugehen und die Waren zu bestaunen. Ich habe gar nicht gewusst, was es alles für besondere Kunstwerke gibt, die ich nicht benötig. Mein Begleiter war hoch erfreut, mir behilflich zu sein. Dafür erwartete er noch ein Bier. Nichts da. Ich schoss noch einige Bilder. Danach unterhielten wir uns mit einer Übersetzerin. Das war ein kleines Mädchen, die in der Schule deutsch lernte und sich an meinem deutsch-russischen Wörterbuch erfreute. Inzwischen waren noch andere Männer gekommen, ebenfalls angetrunken. Und mein Nachtasyl war nicht abschließbar. Mein Fahrrad lehnte innen an der Tür, davor meine Satteltaschen. Mit meinem Biwaksack deckte ich mich zu. Schon nachts juckte es mich überall, obwohl ich mich nicht ausgezogen hatte. Flöhe überall. Diese mit Flöhen besetzten Organismen namens Hund hatte ich nicht gesehen, folglich mussten die Flöhe in meinem Lager gewesen sein. Dabei hatte ich mich schon mit Antiflohmitteln eingerieben. An das Bett hatte ich nicht gedacht. Ich hätte mir beim Tierarzt vor meiner Abreise Flohspray kaufen sollen und die Matratze absprühen müssen. Doch man kann nicht an alles denken, dafür musste ich jetzt büßen. Jede Flohstelle desinfiziert.

Die Flohstiche juckten. Der Tag fing mit Schieben an und hörte mit Schieben auf. Die Straße war so schlecht. Schilder wiesen auf Querrinnen für die nächsten 10 km hin. Ich fragte mich stetig, welche 10 km gemeint waren. Querrinnen über Querrinnen.

Autofahrer wollten mich von der Straße drängen, haarscharf an mir vorbei. Nur der Gedanke an den russischen Präsidenten Wladimir Wladimirowitsch Putin und Ministerpräsidenten Dmitri Anatoljewitsch Medwedew sowie Bundeskanzlerin Dr. Angela Merkel und Bundespräsident Joachim Gauck hat mich über die Straßen von Wolgograd nach Saratow gebracht. Meine Gedanken waren sehr lustig. Ich wünschte, die vier Personen säßen gemeinsam in einer wunderschönen Staatskarosse in Ziehharmonikaart und führten Gespräche über ›Umwelt und Verkehr‹, die Karosse müsste ohne Federung sein. Dazu leckere Häppchen und Getränke. Bei den Gesprächen hätten sich diese Personen nicht mit Ruhm bekleckert, sondern mit Speis und Trank. Wenn die Staatskarosse ohne Federung in Schlaglöchern und auf einer Querrinne fest säße, dann müssten diese Personen das Auto aus dem Schlamassel heben. Beim Anschauen des Dilemmas würde Bundeskanzlerin Dr. Angela Merkel die Hände vor ihrem Bauchnabel zu einem Herz formen, die Mundwinkel gingen talabwärts. Präsident Wladimir Wladimirowitsch Putin würde mit den Muskeln spielen. Mit Aufschaukeln würden alle Personen die Karre aus dem Dreck bringen. Alle hätten Dreck an den Fingern bis zum nächsten Festsitzen. Wieder im Auto würde Bundeskanzlerin Dr. Angela Merkel sagen, dass die Wirtschaft gestützt werden müsse und an die Nachhaltigkeit zu denken sei. Bundespräsident Joachim Gauck würde sanfte Reden über Mitmenschlichkeit und Verkehr halten. Ministerpräsident Dmitri Anatoljewitsch Medwedew würde Präsidenten Wladimir Wladimirowitsch Putin fragen, ob er die Uhr vor- oder zurückstellen sollte. Und Präsident Wladimir Wladimirowitsch Putin würde es bei einigen russischen Straßen glatt auf die Matte legen.

Immer, wenn ich wieder von Schlagloch zu Schlagloch hopste, um die Straße zu schonen, erheiterte mich der Gedanke an die vier Personen sehr, wie sie vollgekleckert und mit dreckigen Fingern in einer Limousine ohne Federung durch die Lande reisten und Gespräche über Umwelt und Verkehr führten. Noch war es nicht 5 vor 12. Aber zur guten Infrastruktur braucht man gut ausgebaute Straßen und eine saubere Umwelt in jedem Land, auch Deutschland, urbi et orbi. Schönreden nützt nichts.

Ich ritt auf meinem Drahtesel im Trab, immerzu musste ich mein Gesäß anheben, damit ich keine Gesäßprellung bekomme. Der Kuckuck rief seinen Namen, Vögel zwitscherten, die Bäume am Straßenrand waren krank, daneben verliefen die Gastrassen, und ich hatte wieder ein Nachtasyl.

Abends in dem Café hing eine Uhr mit einem Bild von Putin und Medwedew, man konnte bequem ablesen, was die Stunde geschlagen hat. Ich fragte wie üblich, was die Leute von Putin und Medwedew hielten. »Putin ist gut, Medwedew ist Demokrat, der macht nicht viel.«In jedem Land fragte ich: »Do you like your president?«Bezüglich Putin und Medwedew waren die Meinungen geteilt. Auf jeden Fall mögen die Leute Russlands eher starke Präsidenten. Putin hat es nicht leicht, Medwedew auch nicht, Russland ist ein großes Land. Und ich werde irgendwann Putin besteigen, ich meine den Berg in Kirgisien, schließlich bin ich eine Macha.

Auch die Straße am nächsten Tag hatte wieder Schlagloch an Schlagloch und Querrinne an Querrinne. Die Autos wollten mich zur Seite drängen. Es war ein mühseliger Kampf auf der Straße von Wolgograd nach Saratow. Morgens hatte ich vor dem primitiven Klohäuschen eine Kakerlake gesehen. Die fehlte auch noch in meinem Gepäck, war ich doch schon voller Flohstiche. Ein Autofahrer, der abgeschleppt wurde, hupte und zeigte mit dem Daumen nach Unten. Radfahren war nicht gewünscht. Zur gleichen Zeit überholte mich ein LKW, der auf den Felgen fuhr. Klack, klack, klack, der Mantel schlug gegen die Radaufhängung. Klack, klack, klack. Der LKW schlitterte weiter bis zu einer Werkstatt. Aber er bekam dort keine Hilfe und schlitterte mit Lärm weiter bis zur nächsten Stadt. Bald war ich 4 km vor Kamyshin. Welchen Weg sollte ich nehmen; denn es gab zwei Wege. Ich entschied mich für den rechten Weg. Vielleicht gab es irgendwo einen

Geldautomaten.

Kein Geld in der Tasche, ich suchte eine Bank, wo ich mal wieder Geld holen musste, doch es war Samstag. Also zuerst Richtung Busbahnhof. An einer Tankstelle kaufte ich eine Kleinigkeit zum Essen und Trinken. Der Pächter war vier Jahre in Frankfurt/Oder stationiert und ist mit einer Deutschen verheiratet. Sie haben drei gemeinsame Kinder und reisen regelmäßig nach Deutschland. Nach dem Einkauf war ich pleite. Es war schon ein riesiges Problem. Die Geldautomaten spuckten oft meine Visakarte wieder aus, in der Bank gab es ebenfalls Probleme, bis man mir einige Rubel auszahlte. Bitten und betteln. Am Busbahnhof habe ich Hilfe bekommen. Irgendjemand tauschte mir 50 €, so hatte ich wenigstens Geld für Essen und Trinken in der Tasche. Außerdem half man bei der Hotelsuche: »Ich brauch aber ein Hotel, wo ich mit Visa bezahlen kann.«Ein Taxifahrer telefonierte und telefonierte bis er ein entsprechendes Hotel fand und beschrieb mir den Weg. Doch es war noch ganz schön weit. Ich schob durch die Stadt. An einem Wolga-Nebenarm wurde geangelt. Ich schob weiter. Vater und Sohn brachten mich zum Hotel Lux. Das war eines der feinsten Hotels, die ich auf meinem Weg hatte. Der Eigner sprach halbwegs englisch, so konnten wir uns gut verständigen und über meine bisherige Reise durch Russland unterhalten. Er hatte kein Verständnis dafür, dass man mich mehrfach mit »Heil Hitler!«begrüßt hatte. »Ich fliege regelmäßig nach Deutschland. Dort habe ich Freunde. In Deutschland ist alles so geordnet. Wie gefällt Ihnen Merkel?«– »Die Frage gebe ich sofort zurück. Wie gefällt Ihnen Putin.«Wir schauten uns an und lachten. Nebenan gab es etwas zum Essen und einen guten Rotwein. So konnte ich den Abend gut ausklingen lassen. Mein Fahrrad stand in der Sweet.

Mit nur 2000 Rubel reiste ich am nächsten Morgen ab. Am Stadtausgang war ein Hotel, wo man mit Euro bezahlen konnte. Was lag näher, als in jenem EuroLux-Hotel Geld zu tauschen. Doch nichts. Das Personal tat, als verstünde es mich nicht. Sie schauten mich nur blöd an. Als ich mit meinem Fahrrad um die Ecke schob, schauten sie blöd hinterher. Ich bin weitergefahren und konnte mir auch nichts kaufen. Irgendwie musste ich an Geld kommen oder irgendwo übernachten, wo ich nichts bezahlen musste. Bei meinem Weg Richtung Saratow schaute ich stetig nach einer Biwakmöglichkeit oder nach einem Auto für eine Mitfahrgelegenheit nach Saratow. An einer Bushaltestelle wartete ich über eine Stunde.

Es gab zwei Dörfer, eines rechts ab bzw. links ab. Ich entschloss mich, den rechten Weg zu nehmen. Folglich fragte ich an einem Bauernhof an der Straße, vor dem zwei Frauen standen und ein Schwätzchen hielten. Eine hatte einen Bademantel an. Ich fragte nach einer Übernachtungsmöglichkeit. Keine Chance. Ich schob weiter in den Ort hinein, fragte in einem Tante-Emma-Laden. Keine Chance. Also schob ich weiter. Ich kam an ein Haus, das aussah wie eine Werkstatt. Hier musste es klappen. Ich klopfte an das Fenster. Sogleich wurde mir das Hoftor aufgemacht. Mein Fahrrad durfte ich erst einmal in den Hof schieben. Sofort ging der Eigner mit mir über einen Spielplatz zu einer Russland-Deutschen. Sie war mehr als 80 Jahre und hatte ein faltiges Gesicht. Die Frau war klein und hatte eine Wirbelkrümmung, wie sie mir erklärte von der schweren Landarbeit. In jungen Jahren war die Frau allein aus Deutschland an die Wolga gekommen.

Nachdem die Frau alles in das Russische übersetzt hatte, verabschiedeten wir uns. Mir wurde das Grundstück gezeigt. Es war ein gemütliches Anwesen mit Sauna für kalte Wintertage. Dazu eine Waschgelegenheit. Das Wasser wurde auf dem Saunaofen, auf dem Steine lagen, in einem großen Topf erhitzt und mit einer Kelle in eine riesige Waschschüssel aus Emaille gegossen. Alles war bereit für einen Sauna- bzw. Waschgang. Toilette auf dem Hof. Hühner liefen umher. Abends unterhielten wir uns über meine Reise. Ein Atlas wurde geholt, und ich musste meine komplette Route darlegen. Das alte Ehepaar ging gemeinsam saunieren und war frisch für die Nachtruhe gestylt. Tee und Käsebrot. Die Reise ohne Geld hat ganz schön Kraft gekostet. Die vermeintliche Werkstatt war ein Wohnraum, in dem Farbe stand und Tapeten herumlagen. Die Räume wurden renoviert. Die Türen waren offen; denn überall standen Möbel. Mir wurde ein Bett zugewiesen. Das Ehepaar hat zwei Söhne, eine Tochter und sechs Enkelkinder. Regelmäßig haben sie in den Ferien die Enkelkinder zu Besuch. Um 20.30 Uhr war Bettruhe angesagt.

Am nächsten Morgen ein köstliches Frühstück mit Brot, Rührei und Tee.

Um 7.00 Uhr war ich schon wieder auf der Straße und strampelte und strampelte. An einer Tankstelle habe ich für 135 Rubel Getränke gekauft und mit meiner Visakarte bezahlt. Ich schob einen Berg hinauf und sah wieder eine Blindmaus, das ist ein putziges Tierchen wie ein dickes Würstchen mit Fell, kurzen Beinen und zwei großen Augen. Auch diesmal war die Blindmaus schon verschwunden. Ich wartete essend und trinkend auf der Leitplanke. Ein Polizist hielt mit seinem Auto und meckerte. »Ja áta ni pónil!«(= Ich verstehe sie nicht).

Ich schob einen Berg hinauf, ein anderes Auto überholte mich und wartete oben auf dem Berg. Meine Erfahrungen sind, wenn jemand oben auf dem Berg wartet und mich anspricht, das ist nicht koscher. Aufpassen! Steine von oben! Der Mann öffnete seinen Kofferraum, legte eine Pappe in den Kofferraum und wartete. Den Mann schaute ich genau an, nicht größer als ich, stabile Figur, dunkle Haare mit Grau durchsetzt, etwa 45 Jahre, eckiges Gesicht, kurze Finger. »Wohin wollen Sie?«– »Nach Saratow.«– »Ich nehme Sie mit. Der Weg nach Saratow ist sehr weit. Hier ist mein Pass.«Was nützte mir der Pass? So schnell konnte ich ihn gar nicht lesen, denn er war in russischer Sprache. »Wie weit ist es denn noch bis Saratow?«– »Das ist sehr weit. So etwa 1000 km.«– »So weit kann der Weg gar nicht mehr sein.«– »Mindestens 500 km.«– »Kennen Sie sich denn hier aus?«– »Ja, ich fahre die Strecke von Rostow regelmäßig nach Saratow.«– »Dann müssten Sie aber wissen, dass Ihre Kilometerangaben nicht stimmen. Ich fahre lieber mit dem Rad.«Ich stieg auf meinen Drahtesel und radelte weiter; denn es waren keine 100 km bis Saratow. Dieser Mann war nicht sauber, er hatte sicherlich Dreck am Stecken. Plötzlich raste er an mir vorbei ohne jegliche Freundlichkeit. Er glaubte wohl, ich sei ein kleiner Fisch. Aber ich bin zwei Fische. Im Fernsehen in Saratow wurde gewarnt vor einem Mann, der um Rostow am Don regelmäßig Frauen verschwinden lässt, bisher waren es mehr als 30.

Dafür habe ich 30 km vor Saratow eine nette Unterhaltung auf einer Bank vor einem Imbiss gefunden. Draußen kamen zwei Russen an und halfen mir, das Fahrrad und mein Gepäck in die zweite Etage zu tragen.

Dann haben wir uns beim Essen ausgiebig unterhalten. »Meine Tochter ist Professorin für Sprachen und übersetzt von der russischen Sprache in die englische. Ich bin geschäftlich unterwegs, während der Ferien schaue ich mir oft andere Staaten an.«– »Wo waren Sie überall.«– »Ich war in Sidney und bin gefahren bis Geelong. Ich wollte unbedingt nach Australien und mir die großen Eukalyptusbäume ansehen. Sidney ist eine wunderschöne Stadt.«– »Ich war schon oft in Australien und kenne das Land wie meine Westentasche. Nur von Cairns bis Port Hedland bin ich noch nicht gefahren und durch das Nullarbor Plain. Einmal bin ich mit dem Fahrrad von Darwin nach Adelaide geradelt. Sidney ist für mich eine Schickimicki-Stadt, dort habe ich Sidney-2000 gefeiert.«– »Hier haben Sie meine Karte. Es wäre schön, wenn ich etwas nach Ihrer Reise von Ihnen hören würde.«– »Selbstverständlich, aber es wird dauern.«– »Glückliche Reise und alles Gute.«– »Ein langes gesundes Leben.«– »Das wünsche ich Ihnen auch.«

Nach dieser einstündigen Einkaufspause konnte ich genüsslich weiterra-deln. Polizisten standen am Straßenrand und maßen Geschwindigkeiten.

Ein kurzes Gespräch über meine Reise und Angst. »Angst habe ich eigentlich nicht. Es gibt schon Vorkehrungen, die man einhalten muss bei solch einer Reise. Während der Dunkelheit hält man sich in der Nähe der Unterkunft auf. Am Tage stellt man Fragen, deren Wahrheitsgehalt man überprüfen kann. Notfalls muss man zum Kampf bereit sein, d. h., ich übe regelmäßig das Abwehren von Personen. Im Sommer mache ich Draußensport, im Winter bin ich in der Muckibude und stähle meinen Körper. Das muss schon sein. Außerdem darf man keine Schlaghemmungen haben. Gespräche nützen nicht immer.«– »Wir wünschen Ihnen eine glückliche Reise.«– »Danke, langes Leben!«.

Die Straße war weitab von der Wolga. Neben der Straße befanden sich rechts und links breite Grasstreifen und Windschutzbarrieren aus Nadel- und Laubhölzern. Die hohen Birken dörrten dahin wie Backobst. Die Bäume kränkelten, insbesondere neben den Gastrassen. Gesundheit förderten diese Trassen sicherlich nicht. Doch Bachstelzen, Lerchen, und andere Vögel zwitscherten laut. Freude über die breite Schneise, wenn sie nicht noch mit Müll von Motorisierten zugemüllt waren. Manchmal hörte man Frösche quaken, je näher ich an Saratow war, desto mehr Tümpel gab es. Kuckuck, kuckuck! Piep, piep! Quak, quak! Ich erfreute mich an den Tieren. Gleichzeitig sahen die Bäume neben der Gastrasse arg gerupft aus wie Gänse nach dem Martinstag. Auffallend war, dass ich auf der Reise entlang der Wolga keinen Storch gesehen habe. Nahrungsangebote für Störche in Form von Fröschen und Würmern und anderem Getier gab es genug. An der Donau habe ich bei meiner ersten Radreise viele Störche gesehen, am Dnjepr und an der Wolga keine.

Eine Gruppe von jungen Radrennfahrern kam mir entgegen, als ich nach Saratow bergab radelte. Begleitfahrzeuge voraus. An einem Begleitfahrzeug war eine Stange angebracht, wo sich ein Radfahrer bergauf ziehen ließ. So etwas hatte ich noch nicht gesehen. Gern hätte ich mich auch das eine oder andere Mal den Berg hinaufziehen lassen. Doch ich mit meinem vielen Gepäck musste schieben, schieben, schieben.

In Saratow angekommen fragte ich nach einem Hotel. Eine Frau hielt sich sogleich die Ohren zu. Allenfalls Kleinkinder halten sich die Ohren zu, wenn sie ein schlechtes Gewissen haben. Aber was sollte das? Die Frau stand wie versteinert. Ein kleines Kirchlein stand in einem Garten. Ich ging hinein und fragte den Pfarrer. Er drehte sich um, ging in die Kapelle und machte die Tür zu. Eine Gruppe Jugendlicher amüsierte sich kräftig. Irgendwann stellte ich mich an die Kreuzung und sprach immer wieder Leute an. Endlich nach einer langen Zeit stoppte ein smarter Typ mit seinem Fahrzeug an der Ampel und beobachtete meine Bemühungen. Er fuhr um die Ecke, stellte sein Auto ab und brachte mich zum Hotel Saratow. Das Hotel hatte alles, was ich benötigte. Ich konnte mit meiner Visakarte bezahlen, hatte ein hübsches Zimmer und ein feines Restaurant. Scallops und andere Leckereien, dazu Rotwein. So konnte ich es sehr gut aushalten. Die anderen Gäste unterhielten sich mit mir über meine Reise. In der Nähe der Saratow-Hall, einen Einkaufszentrum, fand ich Bankautomaten. An dem ersten konnte man nur Überweisungen tätigen, der zweite funktionierte nicht und der dritte kannte nur die russische Sprache. Folglich stand ich davor wie ein Ochs vor dem Scheunentor. In der Hoffnung, dass er genauso funktioniert wie andere, nutzte ich die entsprechenden Tasten. Die Eingabe des Pins funktionierte, ich gab die Höchstmenge an Rubel ein. Es funktionierte. Geld kam aus dem Automaten, aber noch nicht genug. Noch einmal die gleiche Prozedur. Jetzt hatte ich genug Geld bis Kasachstan. Nur noch ca. 300 km bis zur Grenze.

Mit vielen Fragen kam ich weiter Richtung Kasachstan, frisch geduscht in der Hoffnung, die Flöhe Russland vernichtet zu haben. Ich kam zu einer großen Parkanlage. Wärme umflutete meinen Körper. Schulklassen kamen mir entgegen. Sie sahen so fröhlich aus, aber die Lehrerinnen in ihren modischen Kleidungen verboten mir, die Kinder zu fotografieren. Ich kam zu einem Schwimmbad, Kinder waren freudig auf dem Weg zum kühlen Nass. Ich radelte weiter und gerade vor dem Krankenhaus von Saratow raste ich mit meinem Rad vorbei an einem offenen

Gully.

Unterwegs wuchsen manchmal Blumen aus den Gullys. Knapp konnte ich einen Unfall verhindern. Hinter mir Autos. Doch dann kam ein riesiges Loch in der Fahrbahndecke. Das fehlte auch noch. Verunfallt vor dem Krankenhaus. Mit Mühe konnte ich einen Sturz vermeiden. Die Radtaschen sprangen aus den Halterungen. Meine Sachen suchte ich zusammen, schob an die Seite und ordnete alles. Glück gehabt. Radtaschen befestigen, Abfahrtskontrolle. Alles passte. Weiter Richtung Wolga. Das Wasser der Wolga war braun, am Wolgastrand von Saratow saßen Leute in der Sonne. Einige waren im Wasser. Ich wusste nicht, ob es der moorige Grund ist oder einfach nur Abwässer. Für mich sah die Wolga nicht gerade zum Baden aus. Ich schnorchele gern im blauen reinen Wasser des Barrierriffes, wo ich Fische und Korallen beobachten kann. Aber auf der Wolga schwammen nur Flaschen. Mir kam die Idee mit der Flaschenpost. Wie weit würde die Post kommen? Bis ans Kaspische Meer und nach Turkmenistan, das sauberste Land auf meiner ersten Radreise nach China. Noch heute denke ich gern an jenes Land und bekomme regelmäßig Post von Ludmila aus Ashgabat. Aber die Wolga sah so dreckig aus, dass ich sie nicht mit einer Flaschenpost verschmutzen wollte. Über die Brücke und schon war ich in Engels. Die Stadt hat den Namen nach Engels und war einige Jahre Hauptstadt der deutschen Wolgarepublik. Einige Kilometer entfernt gibt es auch den Ort Marks, benannt nach Marx. So sind Engels & Marx dicht beieinander. Wieder einige Kilometer weiter gibt es Pushkino. Nachdenken konnte ich über die Theorien bekannter Männer:

Karl Heinrich MARX & Friedrich ENGELS sind Begründer des Marxismus. Sie setzten die Dialektik von HEGEL fort und schrieben Gesellschafts-, Wirtschafts- und Staatstheorien. Das wichtigste Werk war das Kapital. Ich besitze nur geistiges, seelisches und körperliches Kapital, das ich je nach sozialer Umwelt nutze.

Alexander Sergejewitsch PUSCHKIN war russischer Dichter. In Deutschland ist Puschkin eher bekannt als Schnaps, den man mit Kirsche trinkt. Puschkin selbst schrieb Erzählungen und Romane über das russische Adelsleben, dazu Gedichte. Jedes Kind in Russland kennt Gedichte von Puschkin, die in Russlands Schulen gelehrt werden.

Ich sah das Auf-und-Ab des Lebens in der Stadt, schob bis zu einer alten Dampflokomotive, dachte an meinen Freund Bernd, der beruflich Züge fotografiert, traf Menschen vor einer Kneipe und fragte nach dem Weg: »Heil Hitler!«, war die Antwort. Meine Reaktion war: »Heil Stalin! Auch er ließ viele Menschen killen!«Ich zog betrübt ab und war wütend auf Hitler und seine Schergen, die es heute in einer Wi(e)dergeburt gibt und auch noch töten aus Hass. Ich kam an einen kleinen Laden. Der Eigner wusste auch nicht, wie ich nach Pushkino kommen sollte. Aber er telefonierte und telefonierte. Irgendwann nach gefühlter sehr langer Zeit kam ein Mann mit einem weißen Auto, groß, deutsches Fabrikat, und erklärte mir den Weg. Leicht ging es aus der Stadt hinaus. Jetzt war ich wieder auf meinem Weg. Der Mann war sehr hilfsbereit, manche Personen wollten für eine Auskunft Geld. Natürlich habe ich nicht bezahlt.

Frauen brauchte ich gar nicht zu fragen. Sie gingen weg, hielten sich die Ohren zu. Vermutlich mochten diese schön gestylten Frauen sich nicht mit mir unterhalten. Meistens schauten Frauen mich in ihrer modischen Kleidung irritiert an mit der Frage: Wie kann man als Frau mit solcher dreckigen und speckigen Kleidung herumlaufen, die auch noch einen großen Busen hat, die Taille eingepresst in eine Bauchbinde zur Schonung des Rückens. Schön sah ich nicht aus, aber ich fühlte mich stark und glücklich trotz schlechter Straßen, wo aus manch einem Gully eine Sonnenblume wuchs. Aufpassen war angesagt. Mein Busen schlug bei jedem Schlagloch auf und ab. Was wünschte ich mir auf den Straßen Russlands einen kleines Brüstchen. In keinem anderen Land habe ich so viele Frauen mit aufgepeppten Busen gesehen und mich gefragt, wie man mit so einem modischen Accessoire Sport machen kann (Berge besteigen, joggen, radeln, Ski fahren usw.). Ein niedlicher kleiner Busen, das ist mein Traum, den muss ich beim Laufen nicht festkleben, beim Bergsteigen nicht abschnüren usw. Männer starren nicht auf meinen Busen und machen mich nicht an, wenn ich sommers auf den Brocken jogge. »Hexe, dein Busen wackelt ganz schön!«– »Du primitiver Schlappschwanz bist ja nur neidisch auf meine Kraft!«Das sitzt. Für kleines Anschauungsmaterial lege ich mich nicht auf das Tablett und gehe unter das Messer. In manchen Dingen verstehe ich die Menschen der Erde nicht. Manchmal sagen Männer nur: »Frau, Sex!«Meine Antwort: »Mann, Sieben!«Das wird nicht verstanden.

Abends hatte ich ein Bettchen in einem Tante-Emma-Laden. Die Eignerin und ich haben uns lange über meine Reise unterhalten und viel gelacht. Dann haben wir mein Buch »Den Ortler im Blick«genommen und Bilder angeschaut. Deutsch sprechen wir nicht so gut, sie müssen das nächste Buch in englischer oder russischer Sprache schreiben. So können es viele Menschen lesen. Mein Mann war auch in Deutschland, mal auf einer Messe in Nürnberg, er erzählte: »In Nürnberg gibt es viele dicke Menschen.«– »In Russland gibt es viele Frauen mit aufgeblasenem Busen.«– »In Deutschland gibt es dicke Ärsche.«– »Und wenig Geld! Wenn ich alles Geld verteile, so passt das symbolisiert von 99 % der Menschen auf ein DIN-A4-Blatt. Das Geld von 1 % der Menschen passt zeichnerisch auf Blättern von 3,4 km Länge. Ich gehöre zu den Armen mit ca. 1.200 € staatlicher Rente pro Monat. Sparen für meine Reisen muss ich jeden Tag und auf Reisen auch. Es ist in jedem Land sehr schwer, Geld zu verdienen, wenn man aus ärmlichen Verhältnissen stammt.«– »Wie sind Sie durch den Straßenverkehr gekommen? Hier gibt es doch keine Radfahrer. Autofahren ist brutal.«– »Das war kein Problem. Ich habe den Stinkefinger gezeigt und Arschloch gesagt. Das versteht jeder.«Daraufhin sagte die Eignerin lachend: »Schwein!«Wir unterhielten uns an diesem Abend lustig bis gegen 20.00 Uhr, aßen nebenbei geräucherten Fisch aus der Wolga. Das Eignerehepaar hat zwei Kinder. »Wir sagen immer, dass sie lernen müssen, um mal ein gutes Leben führen zu können.«– »Wenn ich mein Abitur nicht auf dem Abendgymnasium nachgemacht hätte, wäre ich heute auf staatliche Sozialleistungen angewiesen. So geht es halbwegs. Ich lebe in privilegierter Armut. Privilegiert: Ich kann hinreisen, wohin ich will, und ich bin ein freier Vogel. Deutschland ist sehr teuer und mit 1.200 € muss ich echt knapsen. Äpfel und Birnen pflücke ich für wenig Geld von Straßenbäumen. Erdbeeren, Kirschen, Ribs in allen Farben, Stachelbeeren, Rhabarber, Bohnen, Zwiebeln und Quitten habe ich im Garten. Blaubeeren sammele ich auf dem Weg zum Brocken, wo ich gestartet bin. Meine Bekleidung trage ich, bis sie verschlissen ist. Das einzige, wofür ich Geld ausgebe, sind meine Reisen und meine Bücher. In Braunschweig lebe ich sehr ärmlich. Ich habe vorgesorgt.«– »In Russland gibt es auch sehr viele Arme und viele Reiche. Uns geht es gut. Hoffentlich machen unsere Kinder etwas aus ihrem Leben.«– »Das wünsche ich Ihnen. Dann sind Sie alle Sorgen los.«– »Noch müssen wir sie in die richtige Richtung stoßen. Das ist gar nicht so einfach.«

Noch leichtes Geplänkel über schöne Städte: Hamburg, Istanbul, Sidney, Baku, Ashgabat, Shanghai, Peking usw.. »Sie haben schon viele Städte gesehen.«– »Und viele Gegenden.«Der Laden wurde zur Straße hin abgeschlossen, ich schlief im Nebenraum und hätte den Laden ausräumen können.

Am nächsten Tag musste ich 10 km vor Ershov wegen eines Gewitters abbrechen. Die Straße bis dort war manchmal schön und manchmal wusste ich nicht, welches Schlagloch ich nehmen sollte. In einem kleinen Café war ich gelandet. Es schaute eher aus wie ein Schuppen, aber es bot mir Schutz. Etwas zum Essen bekam ich auch, schlafen musste ich auf einer Bank, aber ich hätte auch in dem offenen Vorbau genächtigt. Nur Schutz vor dem fürchterlichen Gewitter. Der Regen prasselte auf das Dach. Froh war ich, dass ich nach mehr als 150 km eine Bleibe gefunden hatte. Außerdem hatte ich meine Reise so gut geplant, dass ich bequem ohne Zeitdruck radeln konnte. Alles stimmte. Die Schlaglöcher konnten mich nicht mehr ausbremsen. Bis zur Grenze waren es nur noch ca. 100 km. Beeilen musste ich mich nicht. Folglich konnte ich morgens gemütlich das Rad justieren und Luft aufpumpen. Das wurde mal wieder nötig. Dabei ist mir das Ventil herausgeflogen. Also alles noch einmal. Geradelt bin ich nur bis zum nächsten Gasthaus. Es war so gemütlich, und ich hatte viel Zeit bis Ozinki. Schon am frühen Mittag war ich da, machte ausgiebig Körperpflege und hatte meinen Waschtag. Bekleidung im Wind trocknen. Saubere Sachen anziehen und Erholung. Mittags kamen der Sohn mit Frau und Kind. Sie wollten gemeinsam mit anderen Personen mit dem Auto nach Moskau fahren und weiter nach Spanien fliegen. »Ursprünglich kommen wir aus Baku, aber nach der Militärzeit in der Sowjetarmee bin ich in Russland geblieben. Die Liebe.«– »Baku ist eine sehr schöne Stadt. Bei meiner ersten Radreise war ich dort. Gerade fand zu Ehren des Altpräsidenten die Geburtstagsfeier statt. So einen 85. Geburtstag hätte ich auch gern. Alles war mit Blumen geschmückt. Interpreten haben das Lied *Aserbaidschan* gesungen. Sind Sie noch öfters in Baku?«– »Ja, ich fahre regelmäßig dort hin. Aber jetzt habe ich hier meinen Lebensmittelpunkt und meine Geschäfte. Ich kaufe Autos in Westeuropa an, transportiere sie hierher und verkaufe sie in Russland oder Kasachstan. Das ist ein einträgliches Geschäft.«– »Das kann ich sehen. Das Grundstück ist sehr schön.«Die kleine Enkeltochter spielte mit ihrem Großvater oder rollerte auf dem Grundstück bis die Abfahrt nach Moskau anstand. Ich wurde vom Eigner eingeladen und köstlich mit Essen und Trinken bewirtet. Gemütlich war es in diesem Heim.

Abends habe ich mich lange mit vier türkischen LKW-Fahrern aus Trabzon unterhalten. Sie haben gegessen und geduscht und wollten weiter nach Almaty. Einer der Türken hatte über 10 Jahre in der Steiermark in Österreich gearbeitet bei den Liftanlagen in Hohentauern. »Das war sehr schön, aber inzwischen bringe ich Sattelauflieger von Istanbul nach Kasachstan. Wir fahren immer zu mehreren im Tross, da kann man sich gegenseitig helfen, wenn mal etwas kaputt geht. Die Straßen von Istanbul bis Almaty sind nicht so gut. Von Istanbul fahren wir immer mit der Fähre bis Rostow, dann über Wolgograd nach Saratow und nach Oralsk, von dort weiter zum Zielort, diesmal Almaty.«– »Die Türkei kenne ich sehr gut. Ich war in Istanbul, Ankara, Kars, Erzurum, Dogubeyazit, Van. Auf dem Ararat habe ich auch gestanden und auf dem Kackar. Auf meiner ersten Radreise bin ich von Istanbul über Samsun und Trabzon nach Georgien gefahren. In der Türkei habe ich von allen Menschen Hilfe bekommen. Die Polizei hat mir den Weg durch die Tunnel kurz vor Trabzon ausgeleuchtet. Dafür habe ich mich in Trabzon bei der Polizei bedankt. Trabzon und die Umgebung hat mir sehr gut gefallen. Allerdings darf man dort nicht im Rollstuhl sitzen. Trabzon ist ganz hügelig. Ich war auch oben auf dem Berg in einem Café, wo ich über Trabzon schauen konnte. Das hat mir gefallen.«– »Da haben Sie aber viel von der Türkei gesehen.«– »Ja.«– »Wir müssen jetzt weiter.«– »Gute Fahrt!«

Die letzte Etappe nach Ozinki. Ich suchte ein Hotel und Kinder auf ihren Fahrrädern zeigten mir ihren Ort. Sie freuten sich sehr, einer Deutschen helfen zu dürfen, und zeigten mir ihre Schule. Dann kam die Polizei und geleitete mich zum Hotel. Ein Zimmerchen für 30 €, Dusche und Toilette von allen Personen des Hotels zu nutzen. Das Zimmer hatte Blümchentapete im Stil der 80er Jahre, noch nicht einmal nach Muster geklebt. Laien mit wenig technischem Verstand müssen die Tapeten angebracht haben. Meine Mutter und ich hätten das viel besser getan; denn bei uns sah man keinen Ansatz, alles passte. Einkaufen: Joghurt, Käse, schwarzen Kaviar, Brot, Bananen, Datteln, Bier. Der Schmelzkäse (umgerechnet ca. 12 €) kam aus Deutschland und war teurer als 150 g Kaviar (ca. 8 €). Folglich lebte ich mehr von Kaviar in den nächsten Tagen. Als ich aus dem Laden kam, schwänzelte sofort ein Mann um mich herum. Ich erklärte ihm, dass ich ihn nicht verstehe. Doch er ließ nicht locker. Also spazierte ich schnellen Schrittes zum Hotel. Abends ging ich in ein Restaurant, wo man mich eigentlich nicht haben wollte. In dem Restaurant war Platz für etwa 100 Personen, aber mich wollte man in einem kleinen Kabüffchen abfertigen, obwohl in dem Restaurant nur eine kleine Gesellschaft saß. Ich habe mich durchgesetzt und mich mit den anderen Gästen unterhalten. Sie baten mich, ihr Gast zu sein. Wir haben zusammen angestoßen, uns über meine Reise unterhalten und die russische Nationalhymne gesungen. Danach bin ich durch den Ort gebummelt: nicht sehr beeindruckend. In diesem Ort musste ich warten, bis die Visa-Formalitäten erfüllt waren.

Langweilige Tage folgten. Wenn ich mich im Hotel bewegte, stand sofort eine Aufsichtsperson hinter mir. Keinen Schritt allein. Das war ein ungemütliches Gefängnis mit Freigang, einzig die Kinder düsten mit Fahrrädern auf den Wegen.

Vermutlich hat mein Verhalten die Bedienungen gestört; denn am nächsten Abend war das Restaurant abgeschlossen. Auch hier waren die Tapeten nicht richtig geklebt. Von meiner Mutter habe ich Vieles gelernt. Zum Glück hatte ich genügend eingekauft zum Essen, sonst hätte ich hungern müssen. Es tröpfelte, auf dem Platz in der Nähe des Restaurants saß ich unter einem kleinen offenen Pavillon und schrieb in meinem Reisetagebuch. Aus der Gaststätte kamen zwei Jungen und eine Frau in einem weißen engen Kleid. Ursprünglich kam die Frau aus Baku, aufgewachsen ist sie allerdings in Brandenburg, weil ihr Vater dort als Offizier bei der russischen Armee war. Sie sprach fließend deutsch. Später war ihr Vater in Litauen stationiert, die Familie musste mit. Danach kam die Familie nach Ozinki. Aber jetzt lebt sie in Saratow und war in diesem Ort zur Kindstaufe. Familienfeste werden groß gefeiert. Das Baby ist zwei Monate alt. Der Sohn der Familie aus Saratow ist sehr sportlich, er machte permanent Klimmzüge am Pavillon. Zum Gespräch mit der Familie kam es, weil ich zu dem Jungen sagte, dass er sehr sportlich sei. Daraufhin wurde ich angesprochen, wir unterhielten uns über meine Reise. »Welches Land war auf dieser Reise am schönsten?«– »Mir hat die Ukraine sehr gut gefallen.«– »Da bin ich erstaunt.«– »Alle Menschen in der Ukraine waren freundlich. Bei meinen bisherigen Reisen haben mir drei Staaten nicht gefallen: Serbien wegen des Dreckes, Georgien wegen der permanenten Bettelei und Polen wegen der Deutschfeindlichkeit.«– »Die Polen mögen die Russen auch nicht.«Dann sprachen wir über Schule und Ausbildung. »Mein Sohn ist der Klassenbeste. Ich freue mich. Meine Nichte hat bei einem Malwettbewerb des Bezirks Saratow den zweiten Platz gemacht und das mit acht Jahren. Dann kam noch der Ehemann hinzu, und wir sprachen über Straßen in Russland. »Von Wolgograd bis hier musste ich von Schlagloch zu Schlagloch hopsen, um die Straße zu schonen. Immerzu wurde ich durch ein Schlagloch ausgebremst. Ich kann natürlich nicht über die Straßen von ganz Russland sprechen. Aber die Straßen, die ich gefahren bin, waren meistens schlecht. Putin muss viel tun, um sein Land in Schuss zu bringen. Außerdem müssen die Straßenränder vom Müll befreit werden.«– »Ja, in Russland fehlt eine starke Hand, die für Ordnung sorgt und ein schönes Land zaubert. Eigentlich braucht Russland auch eine starke Frau, sie müsste wie ein General sein und sehr intelligent, so wie Bundeskanzlerin Merkel in Deutschland. Putin und Medwedew sind nicht stark genug, um Russland auf Trab zu bringen. Sie würden auch gut zu Putin passen. Sie sind stark und intelligent, sonst könnten Sie solch eine Reise gar nicht machen. Wir hatten auch mal eine starke deutsche Zarin, Katharina die Große. Waren Sie schon in Moskau?«– »Nein, Moskau und St. Petersburg und Jekaterinburg möchte ich auch mal besuchen, ebenfalls Nowosibirsk. Putin werde ich irgendwann besteigen, ich meine den Berg, der in Kirgisien steht. Oh, ich wäre gerne Erziehungsministerin für Umweltfragen in jedem Land – auch in Russland. Mir würde es Spaß machen, Erziehungspläne zu erarbeiten.«Wir lachten laut über meine bergsteigerischen Absichten. »Ich war mal als Reisebegleitung für eine Frau mit sieben Kindern angeheuert nach Berlin, weil ich perfekt die deutsche Sprache gelernt habe. Wir haben im Adlon gewohnt. Den ganzen Tag sind wir durch Berlin gebummelt und haben viele schöne Sachen gekauft.«– »Leider kann ich nichts kaufen. Mein Fahrrad eignet sich nicht so gut für Reiseandenken.«– »Waren Sie auch im Park von Saratow?«– »Ja, ich bin mit meinem Fahrrad durchgeschoben. Viele Schulkinder waren im Park und spielten.«– »Haben Sie auch den Panzer gesehen?«– »Ja!«– »Alle Brautpaare lassen sich dort fotografieren. Freunde aus Österreich nahmen an einer Hochzeit teil. Sie waren entsetzt, dass man sich dort fotografieren lässt, weil Panzer doch Tod bedeuten. Aber es ist bei uns ein Symbol für die Befreiung und eine glückliche Zukunft. Ihre Reise muss doch sehr teuer sein. Darf mein Mann Sie mit Geld unterstützen?«– »In der Tat – meine Reise ist sehr teuer. Wenn ich zu Hause bin, muss ich sparen. Sie dürfen mir kein Geld schenken. Wissen Sie, Kinder sind teuer. Für die Ausbildung Ihres Sohnes ist es besser angelegt. Aber ich danke Ihnen. So viel habe ich mich auf meiner Reise nicht in der deutschen Sprache unterhalten, meistens spreche ich englisch.«– »Wir müssen jetzt wieder zur Gesellschaft. Man wird uns schon vermissen. Viel Glück auf Ihrer Reise.«– »Ich danke Ihnen.«

Als ich ins Hotel kam, wartete schon ein Drachen auf mich in Form einer Aufseherin. In dem »Gefängnis«konnte man keinen Schritt unbeobachtet machen.

Noch 12 km bis zur kasachischen Grenze. Durch den Ort bin ich geschoben. Auf der Straße Heuschrecken. Am Straßenrand Heuschrecken. Ich habe noch nie so viele Heuschrecken gesehen. Dorthin sollte man Krähen senden. Im Sommer würden sie dort übersatt. Alternativ könnte man die Nahrung auf gegrillte Heuschrecken umstellen. Auf jeden Fall fraßen die Heuschrecken die Ernte ab. Immerzu habe ich knackend eine Heuschrecke überfahren, sie konnten nicht so schnell fort. Tausende lagen ab Osinski zerquetscht auf der Straße. Einladend sah die Straße nicht aus. Im Hintergrund ragten Hügel des Uralgebirges. Bauern versuchten das Land zu bewirtschaften. Die Heuschrecken ließen es beim Versuch. Der Berg und der Fluss Ural sind Grenze zwischen Europa und Asien. Bald war ich in

KASACHSTAN.

Kasachstan ist ca. 7,6mal so groß und hat ca. 0,26mal so viele Menschen wie Deutschland. Kasachstan hat etwa 16.934.100 Menschen auf ca. 2.724.900 qkm und 6,2 Personen pro Quadratkilometer. Die Ausdehnung von West nach Ost ist ca. 2.800 km und von Nord nach Süd ca. 1.600 km (s.a. Wikipedia).
Kasachstan ist der neuntgrößte Staat.

Die Russen an der Grenze haben mich freundlich verabschiedet. An der kasachischen Grenzstation wurde ich erst einmal fotografiert. »Innerhalb der nächsten fünf Tage muss die Immigration erfolgen.«Was kümmerte mich die Immigration! Ich radelte genüsslich weiter. Endlich eine gepflegte Straße. Da konnte ich richtig reintreten. An der Grenze tauschte ich Rubel in kasachische Währung. Weiter, weiter bis Oralsk. Noch war ich in Europa. Abends aß ich im Fußballclub von Oralsk, eine nette Vereinsgaststätte. Die Wand war geschmückt mit Bildern von Fußballern. Außerdem gab es in dem Fußballclub ein Spielcasino: Pferderennen und andere Sportwetten. Feiern, spielen. Überwiegend Männer waren in dem Club. Die Männer waren sehr interessiert, was ich in Oralsk machte. Ich sah so different fremd aus in meiner Leggings und meinem T-Shirt. »Ich bin mit dem Fahrrad hier und radele weiter nach China.«Die Männer staunten mich an, ich lachte freundlich. So etwas hatten sie noch nicht gehört. »Was ist Ihre Reiseroute?«– »Zuerst radele ich nach Atyrau. Ich möchte mir das Kaspische Meer in Kasachstan ansehen. In Aserbaidschan und Turkmenistan habe ich es schon gesehen auf meiner ersten Radreise nach Peking. Damals bin ich südlich des Schwarzen Meeres geradelt, diesmal nördlich. Von Atyrau fahre ich nach Aktöbe, Aral, Baykonur, Almaty, Korgas. Dann bin ich schon in China.«– »Das ist ein langer Weg. Haben Sie keine Angst?«– »Nein, die muss ich nicht haben. Die Polizei passt auf mich auf. Außerdem erwartet man mich im Konsulat.«Wir sprachen noch über Fußball und die Bundesliga.

Ich bin in den Bazar gegangen, habe ein Tagebuch gekauft und eine Flagge von Kasachstan geschenkt bekommen. Jetzt konnte ich radeln mit der Flagge von Deutschland und Kasachstan. Abends Unterhaltung mit einer Frau der kasachischen Telefongesellschaft, die regelmäßig nach Oralsk kommt zur Überprüfung der Arbeit der Telefongesellschaft. Ich habe mir ein Butterbrot bestellt. Butterbrot ist in Kasachstan eine Scheibe Weißbrot mit Scheiblettenkäse. Hinzu kamen noch eine Frau und zwei Männer, die auch im Hotel wohnten. »Do you like Nasarbajew?«– »Nasarbajew macht etwas für das Volk. Es geht noch nicht allen sehr gut, aber wir merken den Aufschwung.«– »Der Grenzverkehr zwischen Russland und Kasachstan ist doch sehr dürftig. In Russland sah ich nirgends einen Hinweis »Kasachstan«. Aber hier sieht man überall »Russland«bzw. ein Verkehrsschild Richtung Saratow. Bisher sind die Straßen hier besser. Einem Schlagloch kann man ausweichen.«Fotos wurden gemacht und Visitenkarten ausgetauscht. »Kasachstan und Russland sind sich nicht immer einig.«– »Mögen Sie Putin?«– »Putin herrscht über ein sehr großes Reich. Er hat es nicht leicht. In einem so großen Land kann man nicht alle Straßen in Ordnung haben.«– »Aber für die Wirtschaft sind doch Straßen das A-und-O.«– »Wir müssen hier viel tun, wir sind nicht in Deutschland. Deutschland ist ein sehr kleines Land.«– »Da haben Sie recht. Egal wo man steht, man sieht immer einen Ort.«– »Hier ist alles weit.«

Aus Oralsk bin ich gut herausgekommen. Am Fluss Ural wurde ich von Mücken angegriffen, nur nicht stoppen, sondern zügig über den Fluss, dabei hätte ich gern am Fluss verweilt. So machte ich mich Richtung Kaspisches Meer auf den

Weg.

Bei meiner ersten Radreise nach Peking war ich in Baku und bin von dort mit einer Fähre über das Kaspische Meer nach Turkmenbashi gefahren. Eigentlich dauert die Fahrt nur 8 Stunden, aber die Zugfähre hatte erst nach vier Tagen Einfahrt nach Turkmenbashi. Ich hatte nur ein Getränk und gezuckerten Ingwer. Nach vier Tagen stiegen meine Aggressionen auf das Unermessliche. Endlich konnte ich in einem feinen Hotel etwas essen, was ein Fehler war. Nach einigen Tagen ohne Nahrung war der Magen-

Darm-Trakt total hinüber. Beim Weiterradeln kam ich mir vor wie ein Hund, jeder Busch war der meine.

Strampeln, strampeln, strampeln. Buschland wie in Australien. Tote Schlangen in jeder Länge und unterschiedlicher Farbigkeit auf der Straße, nicht gerade anmutend für ein Biwak im Freien. Außerdem soll es in ganz Kasachstan Wölfe geben. Ich habe zwar keinen gesehen, aber ich habe schon Angst vor Hunden, wie sollte es mit Wölfen gehen. Obwohl ich einen roten Hut habe, Rothütchen wollte ich nicht spielen. Das Märchen »Rotkäppchen« mochte ich auch als Kind nicht. Strampeln, strampeln, strampeln auf einem wetterfesten Pflaster. Meistens ließ es sich gut radeln. Die Fahrzeuge hielten Abstand, anders als in Russland. Den Ural konnte ich nicht sehen, folglich gab es auch keine Plagegeister in Form von Mücken, allerdings Fliegen. Dagegen hätte ich ein Netz mitnehmen sollen; denn bei jedem Stopp wurde ich umschwärmt, mein Gesicht diente als Landebahn. Darum hielt ich so wenig als möglich an.

An einer Polizeikontrollstelle wurde ich sogleich besonders begrüßt: »Welcome Germany!« Als ich erzählte, dass ich von Deutschland nach China radele, war die Freude sehr groß. Sogleich wurde mir etwas zum Essen und Trinken angeboten. Kurze Unterhaltung. In der Zwischenzeit durften die Fahrzeuge ungehindert rollen.

Knapp 130 km bis Chapaevo, ein Ort, der nicht mehr hat als ein Roadhouse. Zimmer; Dusche und Toilette mussten sich alle teilen. Mein Rad schlief in einer eigenen Garage, gemeinsam mit Schwalben. Ich wurde von vielen Menschen fotografiert. Meine Radreise fand sehr viel positive Resonanz auf dieser Strecke. Die Bauern und Hirten unterwegs tranken mir freundlich zu, obwohl es gab keinen Acker nur ein Äckerchen.

Wenn ich abends in Rasthäusern Bier bestellte, war man sehr erstaunt über meinen Getränkewunsch. Wenn man tagsüber in der Steppe etwa acht Liter Labberwasser trinkt, dann mag man abends einen anderen Geschmack mit dem Erfolg, ich war abends stetig betrunken, weil ich Alkohol nicht gewohnt bin. So hatte ich keine Einschlafprobleme, schnell war ich im Land meiner Träume. Es wurde eh abends gegen 21.00 Uhr dunkel. Bei Einbruch der Dunkelheit war ich aus Sicherheitsgründen immer in

Nähe der jeweiligen Unterkunft. Manchmal weckte mich nachts ein Floh, Desinfizieren der Einstichstellen, das war‹s.

Die nächste Leggings war durchgeradelt. Jetzt radelte ich in Hellblau. Seit Kasachstan habe ich regelmäßig auf den Straßen kleine Münzen gefunden. Das Geld liegt auf meinem Weg. Mein Blick auf die Straße war ungetrübt. Mal lief ein Nager über die Straße, eine Zieselmaus. Also stellte ich mein Velo ab und stöberte den Zieselmäusen nach. Überall neben der Straße waren Löcher, die Mäuse flitzten über die Steppe, in der die Mäuschen viel zu fressen fanden. Fliegen, Heuschrecken und anderes Krabbelvieh, dazu auch Grünfutter. Greifvögel bzw. Krähen habe ich seit Engels nicht gesehen. Dabei war der Tisch für Vögel reich gedeckt. Mein Tisch auf der Strecke von Oralsk nach Atyrau war auch reich gedeckt. Die deutsche und die kasachische Flagge leuchteten weit über meine orangen Satteltaschen hinaus. Das sahen auch LKW-Fahrer aus Lippstadt, die im Konvoi nach Atyrau fuhren mit Ersatzteilen. Und ich sah das Kennzeichen LIP. Hupen, klingeln, stoppen. »Wo wollen Sie denn mit dem Fahrrad hin hier in Kasachstan?«– »Ich bin unterwegs von Deutschland nach China.«– »Was? Nach China?«– »Ja, das habe ich schon einmal gemacht, allerdings südlich des Schwarzen Meeres: Deutschland, Tschechien, Österreich, Slowakei, Ungarn, Serbien, Bulgarien, Türkei, Georgien, Aserbaidschan, Turkmenistan, Usbekistan, Kirgistan, Kasachstan, China. Jetzt bin ich unterwegs von Deutschland über Polen, Ukraine, Russland, Kasachstan nach China.«– »Warum radeln Sie denn zum zweiten Male nach China?«– »Meine erste Radreise südlich des Schwarzen Meeres war so schön, da wollte ich mir diese Landschaft nördlich des Schwarzen Meeres ansehen. Ich will zur Buchmesse nach China.

Für meine Bücher muss ich etwas Promotion machen, hoffentlich habe ich damit Erfolg. Die Veröffentlichungen meiner Bücher sind eigenfinanziert. Irgendwann möchte ich mal Geld sehen.«– »Waren Sie schon im Fernsehen. Es ist doch eine besondere Leistung als Frau allein nach China.«– »Bei unseren großen Fernsehanstalten in Deutschland mag man keine starken Frauen, in Zeitschriften auch nicht. Bei meiner ersten Radreise 2008 haben mich sehr viele Menschen in Peking fotografiert. Das ZDF war auch da. Ich habe gefragt, ob sie eine Reportage über mich machen wollten. Aber das war nicht spektakulär genug, schließlich habe ich keine Tibetflagge ausgepackt, sondern mich gastfreundlich verhalten.«– »Das ist aber sehr schade, wir würden Sie gern im Fernsehen bestaunen.«– »Ich mich auch! Es wäre eine sehr schöne Promotion für mich.«– »Wie soll die Fahrt von Atyrau weitergehen nach China?«– »Ich möchte weiter nach Qandyaghash radeln.«– »Da werden Sie wohl nicht durchkommen. Die Straße ist sehr schlecht, außerdem finden Sie unterwegs keine Möglichkeiten zur Übernachtung. Dort haben Sie kein Glück.«Sie holten aus den Fahrerkabinen Essen und Trinken. »Wir wünschen Ihnen sehr viel Erfolg.«– »Ich danke Ihnen sehr und immer ein glückliches und gesundes Leben.«– »Das wünschen wir Ihnen auch!«Hup, hup, klingelingeling. Unsere Wege trennten sich vorerst, bis sie mir am nächsten Tag entgegenkamen. Über Funk oder Telefon haben die LKW-Fahrer auch ihren Kollegen Bescheid gegeben. Ich musste mir keine Sorgen machen. Für mich war das schon sehr hilfreich; denn es war heiß, so zwischen 35°C und 38°C. Gefroren habe ich nicht; denn ich war gut eingepackt: Altes T-Shirt, darüber eine Taillenkorsage für meinen angeschlagenen Rücken, Leggings, langärmeliges Flanellhemd, Handschuhe. Das alles brauchte ich, um keinen Sonnenbrand zu bekommen. Auch so kann man noch heute an Brust und Rücken Bekleidungsabdrücke sehen.

Weiter bis Antonovo. Das gleiche Bild der Straße und der Steppe. In Antonovo fragte ich nach einer Unterkunft in einer riesigen Raststätte. Die Frauen sagten »nein«. Ich fragte nach einer »Gostinitza«. »Njet, Atyrau!«– »Es ist schon spät, ich kann doch jetzt nicht mehr nach Atyrau fahren.«Ich zeigte meine Karte und die Wegstrecke. Die Damen betrachteten meine Karte und hätten sie gerne gehabt. Aber ich brauchte eine Unterkunft.

»Njet, njet, njet!«– »Können Sie mir ein Taxi bestellen? Oder ich muss hier draußen übernachten.«»Njet, njet, njet!«Folglich blieb mir gar nichts übrig, als mich um eine Weiterfahrt zu bemühen. Ein Bus kam an. Vielleicht war das meine Hilfe. Ich bat den Busfahrer, mich mit nach Atyrau zu nehmen. Alles ging sehr schnell. Mein Fahrrad wurde in die Gepäckboxen gelegt, ebenso mein Gepäck. Kostenlos wurde ich mit nach Atyrau genommen und von den Fahrgästen beglückwünscht für meine Reise.

Mein Sitzplatz hatte ich neben einem Russen, der in Atyrau arbeitet für die Ölindustrie. »Wie kommt ein Russe nach Atyrau zum Arbeiten.«– »Ich habe vorher viele Jahre in Saudi-Arabien gearbeitet und bin auch mit einer Saudi verheiratet. Sie trägt Burka, schwarz von Kopf bis Fuß. Unsere Kinder sind noch klein und werden westlich erzogen. Ansonsten leben wir in Atyrau. Öl macht reich.«– »Ich lebe in privilegierter Armut, aber ich komme schon durch, doch es ist nicht immer einfach. Momentan ist es sehr warm, wie ist das Wetter im Winter.«– »Normalerweise ist es hier nicht so kalt. Aber im letzten Jahr war diese Straße an drei Tagen gesperrt. Nichts lief mehr. Das ganze Land war schneebedeckt. Der Wind hat Schneewehen angehäuft. Wir haben doch hier am Kaspischen Meer keine Schneepflüge. An allen Ecken waren Menschen mit Schaufeln aktiv. Die eine Ecke war frei, dann kam der Wind und wieder war die Straße zu. In Atyrau mussten wir auf Ersatzteile warten, nichts lief mehr. Die LKW sind die Vorratshallen der Industrie.«– »Ich habe viele überfahrene Schlangen gesehen.«– »Wir haben im ganzen Land Schlangen und Wölfe. Deshalb sind nachts die Schafe und Ziegen im Gatter, noch bewacht von Hunden.«

In Atyrau halfen mir drei Russen beim Aufsatteln meines Rades. Ich stolperte über mein Fahrrad und lag auf dem Boden. Schramme am Kopf, macht nichts. Mein Fahrrad schob ich ein Stückchen in Richtung Taxenstand. »Heil Hitler!«Ich sagte, dass das unverschämt sei, zumal der zweite Weltkrieg schon lange vorbei sei und Stalin auch viele Menschen ermordet hätte. Die Sowjetunion hat auch ihre Leichen im Keller. Ich zeigte den Stinkefinger. »Arschloch! You bloody bastard, fuck yourself!«Die anderen Taxifahrer stimmten mir sofort zu und entschuldigten sich für ihren Kollegen. Mir wurde der Weg zum Hotel gezeigt. Ich radelte und radelte. Unterwegs fragte ich noch mehrmals nach dem Hotel. Doch man wollte mich nicht verstehen, bis ich zu einem Mann mit einem großen deutschen PKW kam. Hilfe sofort! Der Mann fuhr mir vor bis zum Hotel. Einchecken. Alles war gut. Abends im Hotel wurde ich vorzüglich bedient, danach saß ich noch an der Bar und unterhielt mich über Groß Britannien und die Queen mit einem Engländer, der regelmäßig in Kasachstan ist, um Geschäfte zu organisieren. »Do you like the Queen?«– »Oh no, I think the Kingdom is over. Es ist eigentlich nicht mehr die Zeit für ein Königreich. Das Königreich und der Commonwealth sind überholt in der heutigen Zeit. Es wäre eine Demokratie mit einem Präsidenten wie in Deutschland besser.«– »Ich finde, die Königin macht eine gute Arbeit.«– »Aber die Familie kostet viel Geld. Haben Sie keine Angst so allein mit dem Fahrrad unterwegs?«– »Alle passen auf mich auf, auch die Polizei.«Wir prosteten uns noch mit einem Bier zu. Auch hier war man es nicht gewohnt, dass eine Frau ein Bier bestellt. »Ich mache wenig Sport, aber meine Frau joggt regelmäßig mit meiner 14jährigen Tochter und meinem Sohn, der in seiner Freizeit viel segelt. Wenn ich in England bin, ist die Nacht morgens

um 6.00 Uhr vorbei, meine Familie macht sich für den Sport bereit, ich bereite das Frühstück. Meine Tochter hat zu mir gesagt, dass mein Leben eigentlich vorbei sei.

Ich hätte ein schönes Haus, einen guten Job, eine nette Familie. Da könnte nicht mehr viel kommen. Ich sagte zu meiner Tochter, dass das alles stimmt, aber ich möchte viel reisen.«– »Sie sind jung, da ist das Leben noch nicht vorbei. Schauen Sie mich an, ich abenteuere in meinem Alter auch auf dem Erdkreis herum, orbi et urbi.«– »Ja, Sie machen mir Mut. Wenn ich wieder zu Hause bin, werde ich meiner Familie von Ihnen erzählen.

Ich hoffe, Ihr Buch kommt auch in der englischen Sprache auf den Markt, ich kaufe es sofort. Haben Sie noch andere Reisen gemacht?«– »Mit dem Fahrrad bin ich durch Australien gefahren von Darwin nach Adelaide und durch Tasmanien, ansonsten war ich zum Bergsteigen auch auf dem afrikanischen Kontinent. Australien kenne ich wie meine Westentasche.«– »Ich kenne Kasachstan wie meine Westentasche. Hier kann man sehr viel Geld verdienen, ich pendele seit 17 Jahren zwischen Kasachstan und England.«– »Das habe ich schon gemerkt, in Kasachstan gibt es keine kleinen Autos. Wenn ich frage, ob die Kasachen Nursultan Nasarbajew lieben, zeigen alle den Daumen hoch. Nur wenige Taxifahrer sagen, dass er korrupt sei. Er macht für sich auch ein sehr gutes Management.«– »Das stimmt, trotzdem mögen alle Leute ihn. Wohin wollen Sie als nächstes radeln?«– »Eigentlich wollte ich nach Qandyaghash. Aber ich weiß nicht.«– »Dahin können Sie nicht radeln. Die Straße ist zu schlecht und die Orte sind weit entfernt.«– »Das habe ich auch schon gehört. Was soll ich machen?«– »Ich rate Ihnen, fahren Sie zurück nach Oralsk, von dort nach Aqtöbe und weiter nach Aral. Eine andere Möglichkeit haben Sie nicht. Vielleicht noch den Zug.«– »Sie machen mir nicht gerade Mut für meine Wünsche. Ich werde das überdenken.« Verabschiedung bis zum nächsten Abend.

Unbedingt wollte ich mir das Kaspische Meer ansehen, aber ich fand kein Taxi, das mich dahin fuhr. Auch diesmal wurde ich mit »Heil Hitler« beschimpft. Meine Reaktion war gleich. Die anderen Taxifahrer waren richtig erschrocken über meine Reaktion. Das Lachen war ihnen vergangen.

Ein Museum kann man immer besuchen und sich über die Geschichte von Kasachstan informieren. Auch hier Nasarbajew mit anderen honorigen Personen. Später bin ich am Fluss spaziert. Der Kuckuck rief. Ich sah viele Brautleute vor dem Brunnen eines Hotels. Brautleute lassen sich fotografieren, gehen zu den Autos zurück und stoßen mit Sekt an. Ich wurde auch zu einer solchen Feier eingeladen. Es war recht lustig in der Nähe eines Regierungsgebäudes. Nach einer langen Pause bin ich weiter am Ural gewandert, hörte den Kuckuck rufen. Nachdenken über meine Reiseroute. Einkaufen von Obst, Brot und Wasser. Die Knusperkirschen haben nicht geschmeckt, aber die Aprikosen.

Wieder zurück nach Oralsk, was für eine Plage. Zwar war die Straße fast immer glatt wie ein Kinderpopo, doch noch einmal mehr als 500 km, wieder an dem unfreundlichen Rasthaus vorbei. Zum Glück gab es die Spedition aus Lippstadt, die mich unterstützte. Von Oralsk weiter nach Aqtöbe. 20 km war die Straße noch gut, aber dann: Nursultan Nasarbajew hat blühende Landschaften für 2050 angekündigt. Seine Optionen haben mich doch sehr an Helmut Kohl erinnert, der mal in Wernigerode sagte, dass es in 10 Jahren blühende Landschaften gäbe. Ich warte immer noch. Überprüfen kann Nasarbajew die Fertigstellung seines Projekts nicht, denn er ist 1940 geboren und seit Auflösung des Sowjetreiches Präsident von Kasachstan. Zu blühenden Landschaften braucht man gute Straßen, sehr gute Abfallwirtschaft. An den Straßen wird in ganz Kasachstan gearbeitet. Neben der vorherigen Straße wird eine Schneise gepflügt so breit, dass zwei LKW aneinander vorbeikommen. Nur – der Untergrund der Steppe ist aus Sand. Weder Radfahren noch Schieben. Nichts ging mehr. Da stand ich mit meinem Glück. Niemals gehe ich zurück, es sei denn beim Bergsteigen, wo ein Abbruch einer Tour manchmal überlebenswichtig ist. Hier musste ich vorwärts. Überlegen. Sicherheit zuerst. Was soll man machen, wenn man die Landessprachen »kasachisch und russisch«nicht spricht? Ein Taxi musste her. Jedes Fahrzeug wurde gestoppt. Irgendwann hatte ich ein Taxi, das mich nach Aqtöbe brachte. Gesehen habe ich auf dem Weg von ca. 450 km nur zwei Orte. Und das bei dieser Straße, wo ich weder radeln noch schieben konnte. Ich wäre nicht in der Lage gewesen, diese Strecke zu bewältigen.

Im Hotelrestaurant die Speisekarte. Gebackene Pilze mit Zwiebeln. »Oh lecker«dachte ich. Doch das war ein Fehler. Ich hatte die Pilze noch nicht ganz im Magen, da merkte ich schon, wie die Pilze den Rückwärtsgang einlegten. Zur Toilette, Finger in den Hals, Rückwärtsgang der

Pilze.

Da stand ich nun, bis nichts mehr kam. Wasser, Wasser, Wasser. Den Körper möglichst mit Flüssigkeit fluten, damit die Vergiftung schnell aus dem Körper flüchtet. Als ich mich halbwegs wohlfühlte, Zähne mit Unterthurner Himbeergeist spülen. Jeden Abend auf Reisen einen Fingerhut voll. Da ich keinen Fingerhut mitnehme, spüle ich die Zähne mit der Menge eines Wasserflaschenverschlusses aus. Leicht im Bett drusseln. Fernsehen. Am nächsten Morgen Schwarztee und Weißbrot. Langsam, langsam. Schluck für Schluck und Bissen für Bissen. Eine Kohletablette. Die Kohletabletten waren noch von meinem Ellichen, die 1995 verstorben ist (s.a.: Den Ortler im Blick; Halle 2010). Die Tabletten lagen schon sehr lange in meiner Hausapotheke für alle Fälle, aber sie haben geholfen. Kurz vor Mittag bin ich aufgestanden und habe meinen Tag strukturiert:

Taxi in die Stadt.

Organisieren der Zugfahrt nach Aral für den nächsten Tag.

Ich habe Aqtöbe angesehen, Aufnahmen gemacht und bin zurück zum Hotel.

Abends habe ich wieder nur Weißbrot und Schwarztee zu mir genommen und Kohletabletten. Die Zugfahrt nach Aral muss ich überstehen, ohne ständig die Toilette zu benutzen. Nichts essen, nichts trinken. Hin zum Bahnhof. Doch auch hier Probleme. Die Bahnhofsuhr hat Aqtöbe-Zeit, aber der Zug fährt nach Astana-Zeit. Woher sollte ich das wissen. Mit Rennen und Hilfen von anderen Personen bin ich in der letzten Minute im Zug gewesen. Über 500 km ohne Zelt mit nur wenigen Einkaufsmöglichkeiten zwischendurch war nichts für eine Radfahrerin. Zum anderen sagte man mir, dass die Straße mit einem Fahrrad schlecht zu befahren wäre. Immer wieder Baustellen. Also Zug. Der Schaffner erklärte mir, dass in dem Zug keine Räder transportiert werden. Also musste ich löhnen. Die Nebenkosten für das Rad waren teurer als die Bahnfahrt. In dem Abteil waren Vater, Sohn und Neffe. Wir haben geplaudert über Kasachstan, die Gas- und Ölindustrie und über die Menschen. »Do you like Nasarbajew?«– »Oh yes, he is a good president. Er macht für das Land sehr viel. Momentan hat er im Programm ›2050 ein blühendes Kasachstan‹. Überall werden neue Straßen gebaut. Doch für uns ist die Zugreise nach Astana viel preiswerter. Man kommt erholt in Astana an. Es ist auch schneller, wenn man allein der Fahrer ist. Waren Sie schon in Astana?«– »Nein Astana habe ich noch nicht gesehen. Dort möchte ich mal im Winter hin. Es soll eine kalte Hauptstadt sein.«– »Aber sehr schön. In diesem Jahr feiern wir 15 Jahre Astana. Die Stadt ist eine Retortenstadt.«– »Während der Sowjetunion war Alma-Ata das Zentrum.«– »Unser Präsident wollte eine neue Hauptstadt haben, und wir sind stolz.«– »In Kasachstan fahren alle Leute große Autos.«– »Wir lieben große deutsche Autos.«– »Ich habe nur ein sehr kleines Fahrzeug, ein großes kann ich mir nicht leisten.«– »Deutschland ist ein reiches Land.«– »Das denken Sie. Wir haben sehr viele arme Menschen, die von staatlicher Unterstützung leben. Ich selbst esse Äpfel und Birnen von Straßenbäumen.«– »Sie müssen aber sehr reich sein, sonst könnten Sie eine solche Reise nicht machen.«– »Das sieht nur so aus, Zuhause esse ich Nudeln mit Tomatenmark, Reis mit Tomatenmark, Kartoffeln mit Quark und was der Garten so zu bieten hat. Zum Glück habe ich für meine Reisen vorgesorgt, so dass ich halbwegs über die Runden komme.«– »Ich arbeite in der Ölindustrie, dort verdiene ich viel. Eine Schwester ist Rechtsanwältin, die andere Ärztin. Mein Bruder macht die Landwirtschaft.«– »Benzin und Gas sind hier sehr preiswert, umgerechnet nur 35 Cent. In Deutschland zahlt man mindestens 150 Cent. Das meiste Geld frisst der Staat über Steuern.«– »Bei dem Benzinpreis kann man sich nur ein kleines Auto leisten.«– »Deshalb habe ich auch nur ein kleines Fahrzeug.«– »Als was haben Sie gearbeitet.«– »Ich habe zum Schluss als Lehrerin gearbeitet für Mathematik, Sport und Geographie. Darum sage ich zu Euch ›lernen, lernen, lernen‹. Hätte ich nicht noch studiert, ich würde von Grundsicherung des Staates leben.«– »Haben Sie allein keine Angst?«– »Die muss ich nicht haben. Alle Menschen passen auf mich auf. Dies ist meine zweite Reise nach China. Bei meiner ersten Reise habe ich sehr positive Erfahrungen gemacht. Alle Menschen hier in Kasachstan sind sehr freundlich.«– »Ja, in Kasachstan ist man hilfsbereit.«– »Das merke ich unterwegs. Irgendjemand bietet mir immer Wasser an. Bei mehr als 40°C ist Radfahren schon anstrengend, die Straßen sind oft schlecht. Aus diesem Grunde fahre ich bis Aral mit dem Zug. Ich kann gar nicht so viel Getränke mitnehmen, wie ich brauch.«Im

Abteil wurde ich verwöhnt. Mein Bett musste ich nicht machen, alles wurde für mich erledigt. Wir plauderten noch bis gegen Mitternacht und schauten über die kasachische

Steppe.

Glutrot ging am Morgen die Sonne über der Steppe auf. Es war der Geburtstag meiner verstorbenen Mutter. Der Schaffner klopfte. Meine Sachen wurden zum Ausgang gebracht. Zurück, ich hatte meine Brille vergessen. Aussteigen! Da stand ich frühmorgens in Aral und suchte ein Hotel. Schließlich hatte ich vorher schon etwas über den Aral-See, den im Lande liegenden Schiffsfriedhof und das Hotel Aral im TV gesehen. Das Hotel war erstklassig, es gab kein anderes, aber es war von Oben trocken. Ansonsten ließ es sehr zu wünschen übrig. Bad nicht benutzbar, Toilette nur zur Not, Einrichtung sehr alt. Das Hotel Aral hatte auch schon mal schönere Zeiten erlebt, so um die 1900 nuZ. Seither wurde nichts gemacht. An der Rezeption saß ein Drachen. Mein Fahrrad durfte ich nicht mit auf das Zimmer nehmen. Es stand angeschlossen im Vorraum. Ich hatte Angst um mein Rad. Denn wenn mein Rad nicht bei mir schlief, war am nächsten Morgen etwas verquer.

Einkaufen für den nächsten Tag: Weißbrot und Wasser. Danach habe ich eine Fahrt mit einem 4WD zum Schiffsfriedhof organisiert. Der Fahrer hatte schon starke Probleme, zum Schiffsfriedhof zu gelangen. Hin durch einen Dip, zurück durch eben diesen Dip. Kleine Warane sprinteten erschrocken zur Seite. Sie fürchteten um ihr Leben, wenn der 4WD angeklappert kam.

Auch Vögel wurden aufgescheucht, sie flatterten erschrocken davon. Voller Vertrauen auf meine körperliche Unversehrtheit saß ich angeschnallt im Auto, immer eine Hand auf meinem Kopf zum Schutz. Der Schiffsfriedhof war interessant. Einige alte Schiffe rosteten vor sich hin und waren mit Graffiti versehen. Seinerzeit, als der Aralsee noch größer war, stießen die Schiffe zusammen und sind untergegangen. Jetzt nimmt der Aralsee täglich ab, weil sehr viel Wasser für die landwirtschaftliche Nutzung und für die Wasserversorgung großer Städte entnommen wird. Das Wasser des Syr-Daja erreicht den Aralsee nicht mehr. Baumwolle braucht intensive Wassersprenklung für das Wachstum. Ein Großteil des Wassers für den Baumwollanbau in den zentralasiatischen Staaten wird aus dem Aralsee entnommen. Unser wunderschöner Planet wird aus wirtschaftlichen Gründen kaputt gemacht. Die Steppe um den See herum ist versalzen. Im Schatten der Schiffe ruhten Kamele und Pferde. Als ich zu den Kamelen ging, galoppierten die Pferde in die Steppe. Einige Aufnahmen und zum Aralsee, der weit entfernt war. Das Fischerdorf Dzhambul liegt in der Nähe des Schiffsfriedhofs, der Wasserzugang ist weit entfernt, etwa 100 km. Auf dem Aralsee gab es keine Schiffe, denn es war gerade Laichzeit, so dass keine Schiffe (zumindest auf der kasachischen Seite) von Mai bis Juli fahren dürfen. Noch ein Foto und zurück nach Aral. Ich bummelte durch den Ort. Als ich zum Hotel spazierte, kamen gerade drei Motorradfahrer aus Karlsruhe an und einen Moment später ein Pärchen aus Varese/Italien. Wir verabredeten uns in einem Restaurant in der Nähe und plauderten über unsere Reisen. Ich gen Osten nach Peking und sie gen Westen nach Hause. »Ich bin doch sehr überrascht, hier in der kasachischen Steppe Menschen aus Westeuropa zu treffen.«– »Wir sind auch überrascht. In jedem Jahr unternehmen wir drei eine größere Motorradreise. Diesmal war unser östlichstes Ziel Tadschikistan. Eine Radfahrerin haben wir dort auch gesehen, sie war mit einem Mountainbike auf einer Schotterpiste unterwegs und hatte einen kleinen Anhänger mit. Wie bist Du unterwegs?«– »Mit leichtem Gepäck. Zur Not muss ich mal im Biwaksack unterwegs nächtigen. Aber bisher hatte ich immer Hilfe.«– »Brauchtest Du schon Hilfe.«– »Ja, in Russland habe ich es mal nicht bis zum nächsten Ort geschafft, weil die Straßen so schlecht sind. Man hopst von Schlagloch zu Schlagloch, um die Straße zu schonen.«– »Dann hast Du noch nicht die Straßen in Kasachstan gesehen, in Russland sind die Straßen ja fast wie unsere Autobahnen.«– »Na die Straßen in Russland haben mir gelangt. Von Oralsk nach Atyrau hatte ich eine Straße glatt wie ein Kinderpopo. Aber von Oralsk nach Aqtöbe konnte ich die Straße nur an wenigen Stellen befahren. Steppe umgepflügt in der Breite von zwei Autos, das war es. Kilometer um Kilometer war nichts zu radeln. Eigentlich liebe ich Autobahnen zum Radfahren, sie sind gut gepflegt. So ein Randstreifen hat etwas. Aber an vielen Stellen hat man heutzutage Schilder bei den Straßenmeistereien aufgestellt mit dem Hinweis, dass der Weg gesperrt ist.«– »Sag nur, dass Du mit dem Rad schon auf Autobahnen warst.«– »Na klar. Die Polizei hat mich schon einige Male von der Autobahn entfernt.«– »Aber man sieht doch, dass man auf einer Autobahn ist.«– »Nicht unbedingt, es gibt auch Bundesstraßen mit Mittelstreifen. Aber nachdem ich einen Bus- und LKW-Führerschein gemacht hatte, halte ich mich zurück. Außerdem brauche ich normalerweise meinen Führerschein.«– »Wie gefällt Dir Kasachstan?«– »Alle Menschen sind sehr freundlich.«– »Das ist aber auch das einzige, was man über Kasachstan sagen kann. Die Landschaft ist langweilig, soweit das Auge reicht nur Steppe.«– »Seid Ihr durch Kirgistan gefahren? Bei meiner ersten Radreise bin ich südlich des Schwarzen Meeres lang und auch durch Bischkek.«Die Deutschen waren nicht durch Kirgisien gefahren, aber das italienische Pärchen. »Bischkek ist eine schöne Stadt, dort haben wir Freunde besucht, die ein italienisches Restaurant haben. Man bekommt die feinsten italienischen Speisen und leckeren Käse und Parma-Schinken. Wir haben uns dort richtig gelabt an den vielen frischen Speisen.«– »Ich habe dort immer gegrillten Fisch gegessen mit Salat.«– »Wir haben Steak und Mozzarella gehabt. Wenn man so lange auf Reisen ist, vermisst man schon die traditionelle italienische Küche.«– »Über Kirgisien sind wir nicht gefahren, wir haben uns gefragt, was es zu sehen gibt.«– »Kirgisien ist eine Reise wert. Es gibt dort sehr schöne Berge. Ich möchte dort mal zum Bergsteigen hin: Putin, Jelzin und Lenin reizen mich – ich meine die Berge.«Allseits wurde gelacht. »Na, dann werden wir bei einer unserer nächsten Reisen mal über Kirgisien fahren.«– »Kein Problem mit den Straßen.«– »Warum unternehmt Ihr solch eine Reise? Midlife-Crisis.«– »Wir haben zusammen Maschinenbau studiert. Seit jener Zeit unternehmen wir regelmäßig gemeinsam Reisen.«– »Euere Frauen hüten daheim die Kinder.«– »Unsere Frauen unternehmen ebenfalls gemeinsam etwas. Wir machen Motorradreisen. Da kann man gemütlich fernsehen.«– »Genau das ist es. Ich habe auch kein TV-Gerät.«Meine Provokation wurde sofort verstanden. Einer der Maschinenbauer hat ebenfalls keinen Fernseher, aber einen PC. Hier musste ich die Unterhaltung abbrechen und ins Hotel flitzen, die Pilze von Aqtöbe.

Kein Frühstück. Wieder ein beschissener Tag. Um 6.00 Uhr wollten wir gemeinsam das Hotel verlassen. Die deutschen Motorradfahrer knatterten davon. Zuerst musste ich mein Rad aufpumpen. Das Ventil flog heraus, schon vorher hatte ich es einige Male wieder hineinstopfen müssen. Also Vorderrad ausbauen, neuen Schlauch einziehen, Luft aufpumpen. Die Zeit strich dahin. Die Italiener filmten mich noch, sie waren begeistert, eine Radfahrerin in Aral in Aktion zu sehen. Dann brausten auch die Leute aus Varese davon. Ich schob durch Aral, kam zum Bahnhof, dort war gerade jemand mit seinem Fahrrad angekommen. Weiterkommen gab es nicht, folglich zurück. Es dauerte und dauerte bis ich auf der Straße Richtung Bayqongyr war, viel schieben und viel fragen. Dabei war Aral nur eine kleine Stadt, aber total verbaut. Endlich auf der M32. An der Abzweigung nach Qamystybas musste ich mein Vorderrad mal wieder justieren. Zwei Männer wollten mir helfen, aber von Fahrrädern hatten sie keine Ahnung. Ihre Hilfe war eine Verschlimmbesserung. Folglich radelte ich erst einmal los, um die beiden Männer nicht zu blamieren. Nach etwa 500 m justierte ich das Vorderrad neu. Nur noch 50 km bis Zhangaqazaly. Ein LKW-Fahrer schenkte mir unterwegs kaltes Wasser. Auch habe ich noch eine Flasche einer warmen Brause getauscht gegen ein kaltes Getränk. Es war so heiß, so um die 40°C. Die kalten Getränke möbelten mich wieder auf, Radfahren machte wieder Freude. Bei der Abzweigung nach Zhangaqazaly mussten mir zwei Männer beim Schieben durch eine Baustelle helfen. Der Sand war hoch wie eine Sandwehe, schieben allein war nicht möglich. Mal wieder war ich selbst bis zum Knöchel eingebrochen, die Reifen noch tiefer. Ich schob am Lenker, die Männer rechts und links am Gepäckträger. Dabei versank das Rad immer tiefer in den Sand. Folglich trugen wir das Rad bis zur befestigten Straße. Ein Autofahrer überholte uns in seinem 4WD, wartete auf der befestigten Straße, ich überholte das Fahrzeug. Plötzlich kam das Fahrzeug angeschossen, die Seitenfenster waren offen, der Autofahrer bewarf mich mit Kieselsteinen. »Fuck yourself, you bloody bastard« mit Stinkefinger. Das machte den Autofahrer noch wütender. Ich radelte weiter in dem Bewusstsein meines Sieges. Die Polizei kam und geleitete mich zum Hotel, half mir beim Absatteln. Ein Zimmer hatte ich in der Privatwohnung neben der Gaststätte. Mein Rad wurde in den Schlafraum gebracht, da war es sicher; denn nebenan gab es eine Disco. Bei meiner Ankunft habe ich junge Männer vor der Disco stehen sehen in schwarzen Hosen und weißen Hemden. Sie waren fein gemacht, so geht in Braunschweig niemand in die Disco. Aber nett sahen sie aus. In der Gaststätte habe ich gegessen und getrunken. Die Polizei kam noch einmal vorbei, sie wussten, dass ich nach China radeln wollte. Vorher habe ich mich in dem Ort mit niemanden über meine Reisepläne unterhalten. Woher kannte man meine Reisepläne? Big brother is watching me. Kein Frühstück. Radeln. Richtung Bayqongyr. Ich wollte unbedingt sehen, wo kommt man in den

Himmel.

Der Weltraumbahnhof interessierte mich sehr. Schließlich war er als besondere Attraktion in einem Reiseprospekt der kasachischen Regierung angegeben. Also nichts wie hin. Strampeln gegen den Wind. Auch in der Ebene konnte ich nur den kleinsten Gang nehmen. Strampeln, strampeln. Ich war schon fix und fertig und war doch erst die Hälfte der Strecke geradelt. Ca. 40°C und gegen den Wind. Irgendwann war ich am Stadtrand und fragte nach einem Hotel. »Hier gibt es keine Hotels!«– »Aber in Bayqongyr.«– »Da lang.«Schranke, Stadtmauer. Autoschlange. Schranke hoch. Auto fuhr vor. Kofferraum auf. Papiere zeigen. Der Grenzer schaute in den Kofferraum und in das Auto. So wurde ein Auto nach dem anderen durchgelassen. Ich suchte meinen Pass, schob mein Fahrrad neben einem Auto hinter die Schranke. Ca. 18.30 Uhr, um ca. 20.00 Uhr wurde es abends dunkel. Da stand ich in Bayqongyr, reichte einem der Grenzer meinen Pass. »Sie können nicht nach Bayqongyr.«– »Aber hier gibt es ein Hotel, wo ich übernachten kann. Das steht in meiner Reisekarte von der kasachischen Regierung.«– »Aber hier ist Bayqongyr. Sie müssen weiterfahren nach Zhosaly.«– »Es wird gleich dunkel. Da fahre ich nicht weiter. Ich übernachte in Bayqongyr.«– »Sie haben keine Einreisegenehmigung.«– »Das macht nichts. Weiterreisen kann ich auch nicht.«Hier war mein Pass nichts wert. Ich brauchte eine legitimierte Einreisekarte. Diese konnte ich nicht vorweisen. »Ich habe nur meinen Pass.«Der Grenzer nahm meinen Reisepass und telefonierte. »Sie will nicht weiterfahren!«Ich stellte mein Rad an ein Treppengeländer und setzte mich auf die Treppe. »Hier können Sie nicht im Hotel übernachten.«– »Das macht überhaupt nichts. Dann übernachte ich hier an der Stadtmauer. Da ist es von Oben trocken, ich bin unter der Aufsicht der Polizei, hier kann mir nichts passieren.«Wieder wurde telefoniert. »Sie will nicht gehen!« Ich musste Zeit gewinnen und ganz cool tun, obwohl mein kleines Herz zitterte. *Herzilein, mußt nicht traurig sein!* Aus meinem Gepäck nahm ich einen Apfel, suchte mein Taschenmesser hervor, benässte mit Mineralwasser den Apfel, rieb ihn trocken, schnitt genüsslich kleine Spalten und aß Spalte für Spalte langsam kauend den Apfel. Die Grenzer schauten mich an. Mein Pass wurde wieder genommen. Es wurde telefoniert und diskutiert. »I am an old lady and I cannot bike late in the evening. It‹s to dangerous.« – »Sie müssen gehen und sich ein Hotel auf dem Weg nach Shymkent suchen.«– »Njet, njet!«Mein Pass wurde kopiert und immer wieder betrachtet. Meine Reaktionen waren immer wieder »Njet!«Irgendwann kamen zwei junge Herren in Zivil. »Dies ist russisches Staatsgebiet.«– »Das macht nichts. Ein Visum für Russland habe ich auch.«– »Sie sind hier nicht in Europa, wo die Leute machen können, was sie wollen.«– »Ich bin keine Mörderin, ich bin nicht aus dem Gefängnis ausgebrochen, ich bin nur eine Radfahrerin, ich brauch ein Hotel zum Übernachten. Ich kann hier an der Grenzstelle übernachten. Wenn Sie mich auf die Straße schicken, machen Sie sich zum Mörder. Ich will nur ein Hotel.«Unverrichteter Dinge zogen die beiden Männer in Zivil ab, der Sprache nach waren es eher Engländer. Ich habe mich auf die Treppe gesetzt und in aller Ruhe eine Zigarette geraucht. Meinem Entschluss, entweder ein Hotel oder ich übernachte hier, blieb ich treu. Irgendwann kam ein großes Auto angerast, bremste direkt vor mir, ich sprang zur Seite; denn ich wollte nicht auf der Treppe sitzend überfahren werden wie in Schöppenstedt. Ein junger Mann wurde, auf einem Hausstein sitzend, von einem Betrunkenen in der Walpurgisnacht überfahren und getötet. Ich war über die Fahrweise sehr aufgebracht: »Do you like to kill me?«Mein Rad wurde abgesattelt, die Sachen und das Rad waren sehr schmutzig. Alles einladen. In Affengeschwindigkeit saß ich im Auto. Das Auto war vom Feinsten: Ledersitze, Mahagoniverkleidung am Armaturenbrett. Der junge Mann raste durch den Ort, zuerst zur Polizeikaserne, die zusätzlich umgeben war von einem Zaun. Danach raste er weiter zu einem feinen Hotel, wo gerade eine Hochzeitsfeier stattfand. Also wurde telefoniert und telefoniert. Beim Einladen meiner Sachen ins Auto hatte sich der junge Mann die Hände beschmutzt, ich bot ihm ein Reinigungstuch an. Dann raste er weiter zum Zentralhotel. Auf dem Zentralplatz fand gerade eine Schulabschlussfeier statt. Der Platz war abgesperrt. Die Schülerinnen und Schüler waren in Abendgarderobe (lange Kleider, dunkler Anzug), ebenfalls die Gäste. Eine Bühne war aufgebaut. Ein Moderator sprach gerade. Wer durch die Absperrung wollte, musste sich dem Absuchen mit einem Metalldetektor unterziehen. Gerade als ich mein Fahrrad durch die Absperrung schob, berichtete der Moderator, dass eine Deutsche mit dem Fahrrad angekommen sei. Vom Moderator wurde ich begrüßt. Ich habe ihm zugewinkt. Die jungen Damen und Herren durften vermutlich nicht winken, sie klatschten an die Seitennaht und lachten. Aber nicht viele Menschen haben mich gesehen, ich wurde sofort ins Hotel geschoben und vor der Außenwelt versteckt. Dann ging es erst richtig los. Alle möglichen Leute schauten mich an, ich war umringt. »Können Sie bezahlen?«– »Natürlich. Do you like cash or visa?«Ich zählte die Währungen auf, in denen ich bezahlen könnte. «Njet. Rubel!« – »Ich habe keine Rubel.«Umringt von vielen Menschen kam ich auch nicht an meine Visakarte. Egal in welche Ecke ich mich verzog, ich wurde weiter umringt. »Nun lassen Sie mich doch mal einen Moment allein!«– »Njet!«Jetzt war ich aber richtig wütend. »Wenn Sie mich jetzt nicht allein lassen, bekommen Sie kein Geld. Schluss. Aus.«Eine Zivile kam. »Ich zeige Ihnen die Toilette.«Danach bin ich mit einem Zivilen zur Bank und holte aus dem Automaten 200 $ in Rubel und überschaute den Platz. Wieder wurde ich in das Hotel geschoben. »Was wollen Sie denn in Baikonur?«– »Ich möchte mir gern das Cosmodrome ansehen und zwei Tage hier bleiben.«– »Njet!«Es kam noch eine dicke Frau, die mit meinem Pass verschwand und jede Seite kopierte. »Ich bin keine Mörderin, ich bin nicht aus dem Gefängnis ausgebrochen, ich bin nur eine Radfahrerin.«– »Was wollen Sie heute Abend noch machen?«– »Essen und Trinken!«– »Was wollen Sie denn essen?«– »Makkaroni und Salat und Bier.«So langsam wurde ich wütend, schließlich hatte ich einen anstrengenden Tag und Hunger und Durst. Inzwischen war es 22.00 Uhr. Mir wurde gesagt, dass ich eine Nacht im Hotel bleiben könnte. Zimmer 201. In der Toilette lief permanent das Wasser. Zum Glück hatte ich eine Pumpenzange mit, so dass ich die Toilettenspülung reparieren konnte. Beim Packen meines Gepäcks für die Reise dachte ich noch: »Wer weiß, wozu du die Zange noch gebrauchen kannst?«Die Tassen in dem Zimmer hatten abgebrochene Henkel. Ich ging wieder in der Hotelhalle; denn ich wollte etwas zum Essen, schließlich gab es eine Bar im Hotel. Erst einmal bestellte ich ein Bier, danach Makkaroni und Salat. Der Fahrer, der mich zum Hotel brachte, holte für umgerechnet 37,50 € aus einem Bistro in Pappschachteln Makkaroni, Pommes, Salat, zwei Bier. Damit sollte ich auf Zimmer 201 gehen. »Ich möchte noch etwas von der Feier sehen.«– »Das Hotel dürfen Sie nicht verlassen.«– »Wieweit geht das Hotel?«– »Bis zur Treppe.«Folglich nahm ich mein Essen, setzte mich auf die oberste Stufe, aß mit den Fingern, ein Besteck gab es nicht, und beobachtete das ganze Gespiele mit einem Sicherheitswärter. Wir haben uns nett über die Feier unterhalten bis nach dem Feuerwerk. Danach bin ich auf Zimmer 201. Der Wärter begleitete mich bis vor die Zimmertür. Sprechen mit anderen Menschen war nicht möglich. Keinen Schritt konnte ich in Bayqongyr allein unternehmen. Als ich die beiden Biere getrunken hatte, war ich schön besoffen und konnte gut schlafen, schließlich war ich über die Beaufsichtigung und Behandlung sehr aufgebracht.

Meine Gepäck habe ich erst einmal äußerlich gesäubert und danach meine Sachen gepackt. Frühstück: 2 Spiegeleier, Brot und 2 Tassen Kaffee. Dafür müsste ich auch noch bezahlen. Bayqongyr war ein teures Pflaster. Vom Abend bis zur Abreise hat der ganze Spaß in Bayqongyr 200 US$ gekostet. Für solch ein Hotel habe ich noch niemals so viel Geld ausgegeben. Eigentlich wollte ich nach dem Frühstück gemütlich abfahren, doch kaum trat ich aus dem Hotel, stand schon ein Polizeibully an der Treppe. Meine Sachen wurden eingeladen. Ein Polizist, etwas jünger als ich, half mir beim Einsteigen. »Ich bin keine Mörderin, ich bin nicht aus dem Gefängnis ausgebrochen, ich bin nur eine Radfahrerin. Warum verfolgen Sie mich?«Diese Sätze hatte ich schon bei meiner ersten Radreise gegenüber chinesischen Polizisten in der Provinz Hebei benutzt, jetzt auch hier in Bayqongyr, dem früheren Leninsk. »Dies ist eine Sperrzone, hier haben Sie nichts zu suchen.«– »Darf ich das Hotel noch fotografieren.«– »Bitte!«Anschließend wurde ich bis zur Stadtgrenze gefahren. An einer Tankstelle am Stadtrand habe ich mir etwas zum Trinken gekauft und weiter ging mein Weg. Aus der Ferne sah ich die riesigen Radaranlagen. Dort wollte ich hin zum Weltraumbahnhof. Doch ich kam nicht weit. Der Himmel leuchtete hellblau, an der Abzweigung nach Shymkent wartete ein schwarzer 4WD. »Bitte steigen Sie ein.«– »Warum?«– »Ich arbeite in Baykonur im Cosmodrome und habe den Auftrag, Sie nach Zhosaly zu bringen.«Ich hatte keine Chance. Folglich absatteln, umpacken und einsteigen. Jetzt hatte ich aber die Schnauze voll. Ich wurde nach Zhosaly gefahren, ausgeladen. »Wohin fahren Sie noch mit Ihrem Wagen?«– »Ich werde mich in der Stadt umsehen und noch etwas einkaufen.«Abhängen musste ich die Polizei. Ein Stückchen schob ich weiter, dann war ich an einer Tankstelle, an der drei kirgisische LKW standen. Schnell zu den Kirgisen, um Hilfe bitten. »Wir können Sie gern mitnehmen, doch unser LKW ist verplombt, Ihr Fahrrad muss unter den LKW gebunden werden.«– »Das geht gar nicht. Ich muss nur die Polizei abhängen.«– »Da müssen Sie etwas warten. Wir müssen erst einen neuen Reifen aufziehen.«– »Kein Problem.«Mein Rad schob ich zwischen die LKW und wartete. Die LKW-Fahrer halfen sich gegenseitig beim Reifenwechsel. Bei dem Reifen schaute schon das Stahlgeflecht heraus, arg abgefahren. Inzwischen erzählte ich ihnen, dass ich schon einmal in Kirgisien war und gern mal zum Bergsteigen hinreisen würde: Putin, Jelzin, Lenin – das wäre schon etwas für mich. Bishkek hätte mir sehr gut gefallen und auch die Hochtäler am Ala-Bel-Pass oder Töö-Ashuu-Pass. Meine erste Stutenmilch habe ich dort getrunken, sehr fettig, allerdings nahrhaft. Stutenmilch soll gut für die Knochen sein. Die Kirgisen waren begeistert, ihre Hilfeleistung war selbstverständlich.

Ein neuer Reifen war aufgesetzt, fertig zur Abreise. Mein Fahrrad schob ich zwischen den LKW auf die Straße, die LKW hinterher. Sie sperrten die Straße ab. »Gleich kommt ein Bus. Steigen Sie ein. Die Polizei kriegt nichts mit.«Ruckizucki wurde mein Fahrrad in den Bus gehoben. Schon war ich weg und reiste weiter bis Qyzylorda. Die Strecke war nicht weit, nur 168 km, aber der Bus benötigte Stunde um Stunde. Die Straße war so schlecht. Der Bus hat fast den ganzen Tag benötigt, um nach Qyzylorda zu kommen. Am Ortsanfang wurde ich herausgelassen, der Bus fuhr weiter nach Shymkent. Während der Busfahrt war mein Gepäck im Stauraum, fast kannte ich es nicht wieder. Mein Gepäck und mein Fahrrad waren so dreckig, der Staub der Straße und der kasachischen Steppe klebten an meinen Sachen. Hotelsuche. Alle Sachen abspülen, Bekleidung waschen, ich war dreckig wie eine Wildsau nach der Suhle. Es war zwar warm, aber würde meine Bekleidung trocknen bis zum nächsten Morgen.

Nachts habe ich meine Bergkameradin Magdalene angerufen. Ich bin von TV-Sender zu TV-Sender geflippt auf der Suche nach Nachrichten, weil man die am besten in jeder Sprache versteht. Plötzlich war ich hellwach. Ich weiß nicht, ob es ein kasachischer oder russischer Sender war, plötzlich hörte ich von einer Ministerin eine Rede über Reisen in Kasachstan und speziell Bayqongyr. Es wurde berichtet, dass eine »gírmani«mit ihrem »wilaßipjét«»na adnú nótsch«im Zentralhotel in Bayqongyr übernachtet habe. Gestattet sei es nicht, in der »verbotenen«Stadt zu übernachten. Es wäre eine Ausnahme gewesen, weil man die »gírmani«nachts nicht radeln lassen wollte. In Zukunft würden alle Personen abgewiesen. Ich war so aufgeregt, dass ich darüber mit jemanden sprechen musste. Magdalene musste daran glauben, sie war auch weitgereist und konnte sich an der Nachricht im TV laben.

Weil ich so große Probleme in Bayqongyr hatte und meine Einreise nicht gemeldet hatte, hatte ich etwas Schlotter und war auf der Suche nach der Polizei. Ich sprach eine Frau an, sie rief die Polizei und schwupp-die-wupp kam ein Polizeifahrzeug und brachte mich zur

Polizeistelle.

»Sie hätten sich innerhalb von 5 Tagen anmelden müssen. Das hat man Ihnen doch erzählt.«– »Ja, schon, aber bei meiner ersten Radreise habe ich mich auch nicht angemeldet. Da bin ich unbehelligt durch das Land gereist. Ich habe jetzt nur etwas Angst bekommen, weil deutsche Motorradfahrer mir erzählten, es gäbe Schwierigkeiten, wenn ich nicht angemeldet sei.«– »Das stimmt, aber hier haben wir keine Einwanderungsbehörde. Reisen Sie zur nächsten Stadt. Wohin wollen Sie?«– »Zur Buchmesse nach Pekino.«– »Nach Pekino?«– »Ja, das habe ich schon einmal gemacht. Von Deutschland zur Olympiade nach Pekino 2008.«– »Machen Sie sich keine Sorgen. Es wird schon alles glatt gehen.«– »Danke.«– »Sollen wir Sie zurückbringen?«– »Oh nein, ich gehe zu Fuß und schaue mir die Stadt an.«Folglich machte ich mir keine Gedanken, bummelte durch die Stadt, kaufte Getränke, es war ja warm: Wasser mit Zitrone und Aloe-Vera, lecker. Radeln, der Weg war bequem zu fahren bis Shieli. Bis Zhangaqorhan gab es nur Wüste, Wüste, aber ab Zhargaqorhan gab es Melonen und auch Obstbäume bis Türkistan. Türkistan ist eine Pilgerstadt für Kasachstan. Dreimal nach Türkistan gepilgert ist gleichbedeutend mit dem Haddsch nach Mekka. Ich habe mir das Mausoleum von Khoja Ahmed Yasawi angesehen, das zum Weltkulturerbe der UNESCO gehört. Es hat eine ähnliche Baugeschichte der persischen Kultur wie in Samarqand und Buchara. Ich war schon fasziniert von den Gebäuden in Buchara.

Im Mausoleum saß in einem kleinen Durchgang ein Mann, der seine Suren sang und auch andere Lieder. Er sprach mich an. Wir unterhielten uns sehr lange über meine Reise durch Kasachstan. Erfreut wünschte er mir viel Glück und ein langes Leben. Das gleiche wünschte ich ihm auch.

Mein nächster Versuch, eine Aufenthaltsgenehmigung zu ergattern, fand in Türkistan statt. In dem gleichnamigen Hotel habe ich übernachtet. Gefrühstückt wurde erst nach 9.00 Uhr, aber da war ich schon längst unterwegs. Ein Einreisebüro gab es auch nicht in Türkistan, also Einkauf und ein Restaurant suchen. Einfach ist es nicht, vegetarisch zu leben in einem Land, wo man Schaschlik, Schaschlik und wieder Schaschlik isst, allerdings aus Schaf. Nichts für mich. Ich hatte Reis mit Gemüse und Rosinen und Tomatensalat. Mir hat es so gut geschmeckt, dass ich solange ich in Türkistan war, immer in dasselbe Restaurant gegangen bin. Letztendlich hat man mich lachend bedient. Auf dem Weg zu meinem Hotel kam mir eine Gruppe der Zeugen Jehovas entgegen. Sie wohnten im Nachbarhotel, wo ich kein Platz fand, und waren mit dem Bus gekommen. Ganz entspannt saß ich auf einer Bank und schaute auf das Mausoleum. Einige Personen setzten sich zu mir und wollten mich bekehren. Ich habe jenen Personen erklärt, dass ich sie nicht verstehe. Daraufhin zeigten sie mir Bilder von einem Leben, wo ein Rollstuhlfahrer wieder gehen konnte und wie man in den Himmel kommt. Ich erzählte, dass ich in Baykonur war, aber keine Chance gehabt hätte, in den Himmel zu kommen, und ich auch nicht gesehen hätte, wo man in den Himmel kommt. Jetzt wäre ich in Türkistan. Anschließend kamen eine Frau und Mutter. Die Frau fragte, was ich als Europäerin in Kasachstan machte und nach meinem Alter. Ich erklärte, dass ich auf dem Weg nach China sei. Mein Alter sei gefühlte 40 Jahre und real schon über 60 Jahre. Daraufhin erzählte mir die Frau, dass ihre Mutter 60 Jahre alt ist. Aber ich sähe viel jünger aus als ihre Mutter. »Das macht der Sport. Auch zu Hause mache ich jeden Tag Sport. Sport hält jung.«– »Was man sieht.«Wir lachten, und die Frauen gingen zum Mausoleum. Ich kaufte mir noch Joghurt.

Am nächsten Morgen war um 5.00 Uhr die Nacht vorbei. Essen. Radeln. Es war noch schön kühl, so dass ich gut radeln konnte. Nur 165 km bis Shymkent. Die Straße war gut zu fahren, zügig bin ich weitergekommen. Wieder eine Baustelle. Ich schob und schob einige Kilometer bis ein Sprenkler-LKW kam. Absichtlich wurde ich mit Brackwasser nass gespritzt. Klitschnass war ich und habe gestunken, wie von einem Skunk parfümiert. Jetzt hatte ich aber die Schnauze voll, mir war zum Heulen zu mute. Sämtliche Freude war gewichen, dazu stand ich in der Steppe. Hitze, Hitze. Schieben bis Tortkül, kein Fahrzeug. Endlich Bauarbeiter, die einen LKW stoppten, weiter ging es bis zur Abzweigung nach Badam. Von dort bin ich wieder geradelt, zuerst nur ein kurzes Stückchen. Ein Gewitter kam auf, ich suchte Schutz unter einer noch nicht fertig gestellten Brücke. Bauarbeiter boten mir etwas zum Trinken an. Nach einer halben Stunde ging es weiter Richtung Shymkent. Die Straße war super. Ich konnte richtig in die Pedalen treten und hatte wieder Freude am Radfahren trotz meines Gestanks. Plötzlich, ein Auto fuhr so dicht an mir vorbei, der Beifahrer hielt meinen Arm fest, fast wäre ich geflogen. Meinen kleinen Finger habe ich dabei verrenkt. Ich habe »Arschloch«geschrien und den Stinkefinger gezeigt. Haarscharf fuhr das nächste Auto an mir vorbei. Bis zum Hotel »Astana«ging es recht schön weiter. Das Hotel war fein. Ich habe mich und meine Sachen gewaschen und bin gemütlich ins Restaurant gegangen: Lauchcremesuppe, Tomaten mit Mozzarella, Pizza. Ein glückliches und zufriedenes Leben für 60 € pro Tag. Bummeln in der Stadt, Regen, Regen, Regen. Die Pfützen waren riesig, jedes Auto erzeugte eine Wasserfontäne. Zum Glück hatte ich Regenklamotten an.

Nächster Versuch der Einreiseformalitäten. Ich ließ mich zum Polizeirevier fahren. Der Taxifahrer erledigte alles, und es hat wieder gewittert. Aber in dem Taxi saß ich vermeintlich trocken, bis ich merkte, dass Wasser meine Turnschuhe flutete. Zum Glück war es nicht so kalt, doch nasse Füße, Socken und Schuhe waren unangenehm. Bei der Polizei brauchten der Taxifahrer und ich viel Geduld. Nach fünf Stunden erfuhr ich, dass meine Registrierung innerhalb von 30 Tagen abgelaufen sei und ich Kasachstan verlassen müsse. Mein Bleiberecht sei am 9.7. vorbei. Ich war mal wieder fertig mit meiner kleinen Welt. Ich wollte doch nach China, und es war der 27.6. Ich habe das Deutsche Konsulat angerufen und um Hilfe gebeten. Mir wurde erklärt, dass ich gemütlich nach Almaty radeln sollte. Man würde nach meiner Ankunft alles regeln. Also ganz gemütlich. Der Himmel über Shymkent sah nicht so freundlich aus. Dunkele Gewitterwolken. Hoffentlich komme ich trocken zu einem Ort. Blitze rechts, Blitze links. Ich fürchtete mich. Das Gewitter kam näher, ich fand Schutz in einer Bushaltestelle. Kurzer Regenguss. Vor Angst musste ich pinkeln, also hinter die Bushaltestelle, schwupps hatte ich eine Zecke, die am Bein krabbelte. Schnell anziehen und weiter. Blitze ringsherum, schnell weiter. Ich sah mehrere LKW stehen und dachte: »Da ist was!«Gerade stand mein Fahrrad im Trockenen, da fing es an zu pladdern, der Sturm war kurz weg – so für eine viertel Stunde, dann sintflutartiger Regen, Blitz und Donner den ganzen Tag. Ich musste in dem Café an der Trasse von Shymkent nach Karabulag bleiben. Viele Menschen machten hier Rast. Entweder die Menschen saßen oder lagen nach zentralasiatischer Sitte unter einem Baldachin, so dass der Regen die Menschen nicht erreichte. Essen, Trinken, Lachen. Der Tag war gemacht. Der Regen pladderte. Viele Menschen gingen irgendwann in ein Separee. Mir wurde auch ein Separee angeboten. Besuch hatte ich von den Katzen des Cafés. Im Nachbarseparee war eine Familie, wie üblich aß sie Schaschlik. Wir kamen ins Gespräch und die Familie schenkte mir eine riesige Melone. Doch ich hatte schon sehr viel Gepäck. Was sollte ich mit einer Melone von mehreren Kilogramm Gewicht machen? Ich wollte sie nicht. Aber ich musste sie nehmen, dazu noch jede Menge Kekse. Als die Familie weg war, habe ich die Melone sogleich verschenkt. Die Kekse konnte ich gut gebrauchen, sie füllten meine Nahrungsreserve auf. Obwohl, die Melone duftete so süß, ich hätte sie gerne gegessen. Aber Gepäck ist Gepäck, und ich hatte viel davon. Geschlafen habe ich ganz gut, ich hatte mein Bettchen in Form meiner blauen Daunenjacke und meinem Biwaksack. Beide Teile benötigte ich sehr für ein ruhiges Nächtle. Mein Fahrrad versperrte die Eingangstür. Angst musste ich nicht haben.

Am nächsten Tag bin ich gegen 7.00 h abgefahren, doch das Wetter sah wieder nicht gut aus. Ab 11.00 Uhr machte ich wieder Stopps in Bushaltehäuschen. Zwischen Regen und Gewitter bin ich jeweils ein kleines Stückchen weitergekommen. Zwischendurch sintflutartiger Regen. Gerade kam ich bis Zhaskeshu. Auf dem Markt fand ich einen trockenen Unterstand. Eine Frau, deren Tochter in Bremen lebt, und der deutschen Sprache halbwegs mächtig war, stattete mich mit Tee, Bonbons und grünen Gurken aus. Ich saß und aß und freute mich, dass ich im Trockenen war und Unterhaltung hatte. An Verkaufen war nicht zu denken, denn bei diesem Regen war niemand auf der Straße. Folglich packten die MarktbeschickerInnen ihre Sachen ein und brachten sie in Lagerräume. Ich reiste ab, bedankte mich bei der Frau, und suchte ein Hotel. Bei der Hotelsuche war mir ein kleines Männchen behilflich, es lief mir nach. Am Hotel angekommen war es ebenfalls dort, schleppte meine Sachen auf mein Zimmer und zog ab. Ich habe meine Sachen sortiert, mich geduscht und den Tag bei dem sintflutartigen Regen im Bett verbracht. Plötzlich wurde ich gestört, durch ein unheimliches Klopfen an meiner Tür. Was sollte ich tun? Das Klopfen wurde stärker und stärker. Ich entschloss mich, mich anzuziehen und an die Tür zu gehen. Das Klopfen ließ nicht nach, also öffnete ich die Tür. Da stand das zahnlose Männchen und wollte in mein Zimmer. Dieser Gnom dachte wohl, weil er mir geholfen hatte, könnte er sich ein genüssliches Nächtle machen. Sogleich habe ich ihn abgewimmelt. Beim Ausziehen stellte ich fest, dass eine Zecke an der linken Brustwarze saß. Von Regen und Gewitter hatte ich jetzt aber die Schnauze voll. Der Regen macht nichts, doch bei Gewitter habe ich einfach Angst.

Schon wieder musste ich mein Fahrrad justieren, danach ging es gut. Kinder mit ihren Rädern fuhren immer Radrennen mit mir. Genau wusste ich, auf Kurzstrecke packt mich jedes Leut, aber auf Langstrecke bin ich vorn, weil ich mehr Kontinuität und Durchhaltekraft habe. Das habe ich schon bei meiner ersten Radreise gemerkt, und jetzt sollte es genauso sein. Kurzfristig am Anstieg überholte mich der etwa 12jährige Junge bequem mit seinem neuen Rad mit allen Schikanen. Er schaute sich um, ich verschwand in der Ferne. Aber die Ebene, mit meinem Gepäck und meinem Gewicht hatte er keine Chance. Stück für Stück kam ich ihm näher. Er konnte strampeln, was er wollte, ich trat ruhig in die Pedale. Der Junge schaute sich um, es nützte nichts, er stand in seinen Pedalen, aber er hatte die Kraft einer alten Radlerin nicht erwartet. Genüsslich in dem Bewusstsein meiner Stärke überholte ich ihn. Ich hatte den Wettkampf für mich entschieden auf der schönen neuen Straße auf dem Weg nach Taraz. Der Kuckuck rief wieder, darüber habe ich mich sehr gefreut. Denn seit meiner Abfahrt in der Ukraine hörte ich den Ruf des Kuckucks fast täglich.

Unterwegs auf dem Weg von Zhasheslu nach Aysha Bibi wurde ich noch von einem Polizisten und einer Polizistin in Zivil angehalten, als ich gerade mein Fahrrad bergan schob. Sie kamen mir entgegen, wendeten und hielten an. Die Frau in einem roten Kleid und Schuhe mit hohen andersfarbigen Absätzen. »Wo wollen Sie hin?«– »Kitai.«– »Wollen Sie dort zu Fuß hin?«– »Nein.«Ich hatte mein Fahrrad dabei. »Warum radeln Sie nicht?«– »Die Straße ist voller Schlaglöcher und bergauf.«– »So kommen Sie nicht nach Kitai.«– »Das lassen Sie man meine Sorge sein.«In diesem Stile gingen Fragen und Antworten hin und her. Die Fragen der Polizistin in Zivil waren wenig gehaltvoll. Sie wollte mich aushorchen und glaubte, dass ich den Gegenverkehr nicht beachte. Allerdings konzentriere ich mich auf Autonummern. So war mir das Fahrzeug aufgefallen, als es mir entgegenkam, außerdem fuhr es langsam und die Milizpersonen glotzten mich an. Die Fragen der Polizistin zeigten keinen großen Geist. Da fragt man doch direkt und nicht verquer durch die Hintertür.

Bergauf fuhren stetig LKW und Autos an mir vorbei, aber dann eine 5 km lange Abfahrt mit einem Gefälle von 7 % wartete auf mich. Jetzt konnte ich voll fahren. Wurde ich beim Bergauf noch angehupt, so klingelte ich nun die LKW zur Seite und raste vergnüglich tief gebeugt vorbei. Einige

LKW-Fahrer waren doch sehr sauer und wollten mich zur Seite drängen oder zum Bremsen bringen. Nichts da, ich saß sicher auf meinem Rad, kein Split, kein Sand, wegrutschen konnte ich nicht. Kilometer um Kilometer galoppierte ich auf meinem Drahtesel zum nächsten Parkplatz in der Ebene. Trinken, ein Ehepaar schenkte mir Kekse und einige Scheiben Melone. In Aysha Bibi sah ich das Symbol einer romantischen

Liebe.

Nun ging es noch bis zum Mausoleum von Aysha Bibi, einer Grabstätte aus dem 11./12. Jahrhundert zu Ehren von Aisha, der Braut von Karakhan, dem Lord von Turkistan zu jener Zeit. Aisha war die Tochter des Lords von Samarkand, einer Stadt mit vielen historischen Gebäuden in Usbekistan, die ich mir während meiner ersten Radreise nach China angesehen habe.

Die Liebesgeschichte von Aisha und Karakhan ist eine hübsche Romanze aus vergangener Zeit. Aisha wollte unbedingt den Lord von Taras ehelichen, doch ihr Vater meinte, dass sie in Taras kein würdiges Leben führen würde. Also verbot er eine Verehelichung. Aisha jedoch hatte Unterstützung von ihrer Mutter und ihrer alten Amme Babadzha Kathun. Aisha reiste in Männerbekleidung und trickste so die Leute aus. Kurz vor Taraz nahm die junge Braut ein Bad im Fluss Tasaryk und wollte das Hochzeitskleid anziehen. In dem Moment wurde sie von einer Schlange gebissen, das Gift wirkte rapide. Die Amme wurde zügig zum Bräutigam geschickt, doch dieser kam nicht mehr rechtzeitig mit Hilfe zu Aisha. Sie starb in den

Armen von Karakhan. Auf dem Hügel, wo Aisha starb, baute Karakhan ihr zu Ehren ein Mausoleum. In das Mausoleum kann man nicht hinein, aber in das Innere schauen. Der steinerne Sarg ist mit weißen Spitzendecken geschmückt, überall stehen Blumen, und um das Mausoleum ist ein Garten gelegt mit sehr vielen Rosen, die in der Trockenheit bewässert werden müssen.

Ich radelte bis Taraz und fand Unterkunft am Anfang des Ortes. Die Sonne schien, kein Gewitter über den Bergen von Usbekistan und Kirgistan. Schön waren die hohen Eisberge zwischen Mt. Manas und Makbel Pass. Nach der langen Steppe von Kasachstan waren die Berge eine Erholung für das Auge und für die Seele. Die Berge mag ich, schon als kleines Kind habe ich vom Meescheberg zum Brocken geschaut, deshalb radele ich auch von B nach B (BB heißt nicht Brigitte Bardot, sondern Brocken -> Beijing).

Der nächste Tag war anstrengend, ca. 150 km bis Merke und über 40°C. Konzentration beim Radfahren, nicht überanstrengen, viel trinken. Blick auf den Makbel Pass und den Shungur Pass. Ein Auto überholte mich, der Autofahrer: »Es ist sehr anstrengend für Sie. Ich bringe Ihnen gleich Eiswasser vorbei.«Weiter immer weiter. Der Autofahrer kam und schenkte mir eine Flasche mit Eiswasser. Das tat gut. So trank ich zuerst Eiswasser, danach mixte ich Heißwasser mit Eiswasser. In Merke waren die Menschen im Restaurant abends sehr unfreundlich. Die Speisekarte war in Kasachisch. An das Russische hatte ich mich schon gewöhnt, aber nun stand ich völlig auf dem Schlauch. In einem Separee war eine Frauengruppe und speiste. Ich wollte mir die Speisen anschauen und mir eben solche Köstlichkeiten bestellen. Sogleich wurde ich von einer dicken Frau am Arm gepackt und nach Draußen befördert. Gerade, dass sie mich nicht verprügelt hat. Ich hätte keine Chance gehabt, weil ich die Sprache nicht konnte. Gern hätte ich der Frau eine verpasst, so musste ich erdulden. Dabei wollte ich doch nur etwas zum Essen und Trinken. Also nichts. Einen Kiosk in der Dunkelheit suchen, meine übliche Speisung: Chips und Wasser. Am nächsten Morgen habe ich mich auch noch verfahren, weil man mir einen falschen Weg gewiesen hat, ich wollte doch nach Korday und nicht nach Bishkek. Ein Umweg von 20 km, dann war ich auf der richtigen Straße. Von Merke bis zur Trasse nach Korday war die Straße mal wieder sehr schlecht, ich musste schieben und hoffte und hoffte auf einen besseren Weg. Auf der Trasse ging es zügig voran, doch ich hatte schon sehr viel Zeit und sehr viel Wasser genossen. Zwischendurch war die Straße immer mal wieder sehr schlecht. Durst, Durst. Meine Zunge klebte am Gaumen bei über 40°C. (Anmerkung: Auch jetzt bei der theoretischen Wiederholung klebt mir die Zunge am Gaumen.) Baustelle, schöne Straße, Baustelle. Die Bauarbeiter füllten aus ihren Vorräten meine Flaschen auf. Irgendwann war der Vorrat verbraucht. Ein LKW-Fahrer lag unter seinem Fahrzeug, sein kleines Enkelkind saß am Straßenrand. »Haben Sie für mich bitte Wasser.«Das Wasser wurde aufgeteilt. Weiter Richtung Korday. Wenn ich um Wasser bat, fragte ich jeweils, wie weit es noch bis Korday sei. »Noch 5 km.«Ich habe so oft ›5 km‹ gehört, da muss ich wohl streckenweise rückwärts geradelt sein. Nach meiner Karte wusste ich eigentlich, wo ich gerade radelte. Aber der Durst machte mir bei mehr als 40°C schon sehr zu schaffen. Irgendwann war ich in Uspenovka. Endlich ein Bistro am Straßenrand. Suppe und Wasser. Die Suppe war wohl angegammelt. Noch 50 km bis Korday. Wie ein Hund nahm ich wieder jeden Baum mit. Noch 50 km bis zum nächsten Hotel in der Nähe eines Bazars. Unterkunft 7,50 €. Es wurde schon dunkel, so musste ich hier bleiben. Eine Dusche für 20 Personen, eine Toilette für 20 Personen. Schimmel stand überall. Eigentlich wollte ich nur meinen Drahtesel reiten. Aber hier war es nicht mein Ding. Mein Zimmer konnte ich nicht abschließen, also verbarrikadierte ich die Tür. Die Gaststätte war vom Militär bevölkert. Machte nichts. Einen Salat, zwei Spiegeleier, ein Bier, drei Flaschen Wasser. Stattdessen wurden mir drei Liter Bier gebracht. Beim Radfahren kann ich damit nichts anfangen, ich wäre sofort besoffen. Ich habe noch einmal meine Bestellung aufgegeben, das Bier dem Militär geschenkt. Gut war. Nur noch zwei Tage bis Almaty, dort brauchte ich

Unterstützung.

Das war der Tag des Schiebens und der Blitze. Es ging bergauf. Schieben, schieben. Zwischendurch musste ich regelmäßig pausieren, um meine Arme auszuschütteln und den Rücken zu strecken. Es ist gar nicht so einfach, noch einmal fast das gleiche Gewicht nach Oben zu bewegen, auch wenn es auf schmalen Rädern ist. Inklusive Fahrrad waren das je nach Wassermenge so an die 40 kg. Insgesamt nicht einfach. Es ging bergauf bis kurz vor der Abzweigung nach Otar. LKW überholten mich mit Gehupe. Sie freuten sich, bequem bergauf zu kommen. Ich schwitzte vor mich hin und beobachtete die Wolken, typische Gewitterwolken. Am Straßenrand eine Sonnenblume und Ackerwinden und Kornblumen. Bergab mit Gebraus. Ich habe überholt, was es zu überholen gab. Doch was war das. Bei einem Überholvorgang kam mir ein Radler entgegen. Stopp. Neel aus England war auf der Gegenrichtung unterwegs. Er kam aus Lanzhou und wollte nach England nach Hause. Wir unterhielten uns über China und Kasachstan. »Wo willst Du lang fahren?«– »Das weiß ich noch nicht.«– »Ich kann Dir die Reise über Kirgisien und durch Zentralasien sehr empfehlen. Da hast Du gute Straßen. Die Straßen nach Oralsk und durch Russland sind nicht so gut. Auf der Strecke werden Probleme auf Dich zukommen. Reise lieber Kirgistan, Usbekistan, Turkmenistan, Aserbaidschan. Die Strecke bin ich bei meiner ersten Radreise geradelt. Da siehst Du auch unterschiedliche Kulturen und nicht nur Steppe.«– »Das muss ich mir überlegen. Eigentlich wollte ich über Russland. Aber vorher möchte ich noch nach Tadschikistan. Das soll ein sehr schönes Land sein.«– »Ich war noch nicht in Tadschikistan, aber in den anderen zentralasiatischen Staaten.«Noch etwas Geplänkel. »Wie weit ist es noch bis oben?«– »Nicht mehr so weit, etwas mehr als einen Kilometer.«– »Zum Glück. Du bist auf dem besseren Weg.«– »Aber an der anderen Seite musste ich auch hoch. Unterwegs gibt es eine neue Gaststätte, Eröffnung 2009 nach der Olympiade in Peking unter muslimischer Geschäftsführung. Dort kannst Du Dich nett unterhalten und alles kaufen, was Dein Herz begehrt. Speis und Trank ist etwas für Radler. Und schon bist Du in Korday, dem Platz der Entscheidung für Deine Reise. Lange habe ich mich dort mit Usbeken und Kirgisen unterhalten, sie waren über meine Radfahrleistungen begeistert.«– »Danke.«Eine kurze Umarmung und unsere Wege trennten sich. Neel war der dritte Radfahrer, dem ich auf meiner Strecke begegnet. Ich raste weiter den Berg hinab bis zu einem Café. Mit der Balance meines Vorderrades stimmte wieder etwas nicht. Folglich musste ich alles absatteln und das Vorderrad mal wieder justieren. Stunde um Stunde habe ich an der Feinabstimmung gepruckelt. Als ich sie endlich fertig hatte, war es schon spät. Es donnerte über den Bergen und blitzte. Abwarten und Teetrinken.

Inzwischen hatte ich schon gefragt, ob ich in dem Café übernachten dürfte. Kein Problem. Mein Fahrrad samt Gepäck stand schon im Café. Ich hatte zwei Spiegeleier gegessen und Tee getrunken.

Zufällig kam der kasachische Oppositionsführer Bulat Abilov mit seiner Familie vorbei. Gemeinsam wollten sie vier Tage nach Kirgisien, um dort am Ysyk-Köl einen Kurzurlaub zu machen. Da kam ein gutaussehender Mann auf mich zu und fragte, ob er mich zum Essen einladen könnte. Ich war überrascht und nahm gern die Einladung an. Rasten auf dem Platz. Frau Abilova hatte im Radio gehört, dass eine Radfahrerin aus Deutschland allein in Kasachstan unterwegs war. »Ich konnte das gar nicht glauben, aber jetzt freue ich mich sehr, dass wir Sie hier treffen. Wie gefällt Ihnen Kasachstan?«– »Die Kasachen sind sehr freundlich zu mir, die meisten helfen mir bei der Hotelsuche, sie schenken mir Eiswasser, lassen mich übernachten usw. Ich habe auf meiner Reise überhaupt keine Probleme mit Menschen. Nur die Straßen sind sehr schlecht.«Darauf reagierte Herr Abilov sofort: »Die Strecke von China nach Kirgisien ist einer der Hauptverbindungswege. Doch unser Präsident macht nichts. Bei dem starken Verkehr müsste die Straße sehr gut ausgebaut und vierspurig sein. Streckenweise ist sie so schlecht, dass man nur langsam fahren kann.«– »Schlechte Straßen hatte ich viele in Kasachstan. Manchmal konnte ich mein Rad weder schieben noch radeln. Immer wieder war ich auf die Hilfe von LKW-Fahrern angewiesen, die mich durch die Baustellen gebracht haben. Do you like your president?«Meine übliche Frage bei Gesprächen mit Einheimischen. «Nein, ich bin der Oppositionsführer. Unser Präsident macht nicht genug für die Menschen in diesem Land.« – »Aber er will doch 2050 blühende Landschaften haben. ›Blühende Landschaften‹ war so ein Spruch von Altkanzler Helmut Kohl, er wollte nach der Wiedervereinigung der beiden deutschen Staaten innerhalb von 10 Jahren blühende Landschaften haben. Ich habe davon nichts gemerkt; denn ich lebe in privilegierter Armut. Diese Reise kann ich mir nur leisten, weil ich in Deutschland sehr spartanisch lebe: Keine neue Bekleidung, Obst von Straßenbäumen, Gemüse aus dem Garten, Fleisch esse ich fast gar nicht. Nursultan Nasarbajew macht Versprechungen, die er noch nicht einmal überprüfen kann, er lebt 2050 nicht mehr. Aber wenn ich Menschen nach der Zufriedenheit mit dem Präsidenten frage, loben ihn alle mit Ausnahme der Taxifahrer. Die sagten, dass er korrupt sei.«– »Ich habe bisher noch nicht gehört, dass Taxifahrer mit dem Präsidenten nicht zufrieden sind. Aber sie sind ja auch auf den Straßen unterwegs.«– »Damit die Wirtschaft funktioniert, braucht es sehr gute Straßen, um die Wirtschaftsgüter von Ort zu Ort zu transportieren.«– »So wie die deutschen Autobahnen. Ich habe vier Jahre lang in Hamburg mit Deutschen Geschäfte gemacht.«– »Gerade hier um Almaty boomt die Wirtschaft mit China. Von Bishkek nach Lanzhou bin ich schon einmal geradelt und ich freue mich sehr, wenn ich die Leute wiedersehe. Ich hatte sehr schöne Erlebnisse. Aber Sie werden jetzt sicherlich eine schöne Zeit am See verbringen. Ihr kleiner Enkelsohn ist sehr sportlich, so alt ist er doch noch gar nicht.«– »Er ist zwei Jahre und will alles machen. Gelegentlich müssen wir sehr aufpassen.«Wir speisten genüsslich. Ich habe noch Essensgeschenke bekommen, damit es mir die nächsten Tage gut geht. Die Frau konnte etwas Deutsch sprechen, und wir sprachen noch über meine Reise und über Autos. »In Kasachstan fahren alle Menschen große Autos. Ihr Wagen ist sehr schön. Ich fahre nur ein kleines Auto.«– »In Kasachstan mag man große Fahrzeuge.«Verabschiedung. Winken bis die Familie Abilov nicht mehr zu sehen war. Nachts gab es noch eine Husche. Ich schlief auf sechs gegeneinander aufgestellten Stühlen und über mir kreisten Schwalben. Sie konnten durch ein Fenster rein und raus. Ich kuschelte mich in meine Daunenjacke.

Im Nachbargebäude lebten nur Männer. Ich fragte mich, ob das die Miliz sei. Aber am nächsten Morgen klärte sich die Sache auf. Es waren Straßenarbeiter, die ich unterwegs noch traf. Sie versorgten mich mit Wasser. Bergauf und bergab. Gerade als ich eine Pause machte, kam ein

Motorradfahrer aus Österreich. In jungen Jahren war er aus Ägypten nach Österreich umgesiedelt und hat nun eine kleine Tankstelle. Der Biker fragte mich, wie er nach China käme. Sein GPS funktionierte nicht. Ich packte meine Karte aus und erklärte ihm die Reiseroute. »Warum fährst Du nicht nach GPS?«– »Ein GPS ist zwar ganz schön, aber an der Karte kann ich die nächsten Stationen sehen und die Geographie betrachten. Ich muss sehen bergauf oder bergab. Auch interessieren mich die Berge und Flüsse. Die Motorradfahrer aus Karlsruhe und Varese, die ich in Aral getroffen hatte, hatten die gleichen Karten aber auch ein GPS.«– »Wo willst Du jetzt hin?«– »Zuerst radele ich nach Almaty, in Korgas gehe ich über die Grenze nach China.«– »Hast Du ein Visum für China?«– »Natürlich, ohne Visum kommt man doch nicht nach China.«– »Ich will mir in Almaty beim Konsulat ein Visum besorgen.«– »Ob Du dort Glück hast. Mein Visum habe ich schon in Deutschland besorgt. Auf Gut-Glück radele ich nicht. Das ist mir zu unsicher.«– »Wieweit willst Du heute noch?«– »Bis kurz vor Almaty. Mal sehen.«– »Wann bist Du in Almaty?«– »Wenn nichts dazwischen kommt, morgen.«– »Wo wohnst Du dann?«– »Ich bin im Hotel Alma Ata. Das ist in der Innenstadt.«– »Vielleicht treffen wir uns dort.«Unsere Wege trennten sich.

Kurz vor Uzynaghash fing es an zu tröpfeln. An der Abzweigung gab es eine Polizeistation. Hier hat man mich erst einmal aufgeklärt. »Sie müssen unbedingt zum Pferderennen am morgigen Tag.«– »Wo findet das Pferderennen statt?«– »Im Hippodrom zu Ehren von Nursultan Nasarbajew und 15 Jahre Astana. Abends ist noch eine Festveranstaltung.«– »Wo ist denn ein Hotel?«– »Radeln Sie bis zur gehaltenen Kugel, dort auf dem Platz ist ein Hotel.«Der Weg war noch sehr hügelig, rauf-runter-rauf, dabei war ich doch schon bei starker Hitze über 120 km geradelt. Das Hotel war klein und fein. Am Straßenrand Blumen. Der Kuckuck rief. Abends habe ich in einem kleinen Café gegessen: Reis und Salat, zweimal. Das hat mir mal wieder richtig gut geschmeckt.

Eigentlich war ich heute in Almaty verabredet. Aber ich wollte unbedingt zum

Pferderennen.

Das Hippodrom ist weit draußen vor der Stadt. Taxi. Mit einem großen Umweg bin ich zum Platz gekommen. Auf dem Berg standen Jurten, in Richtung Rennbahn waren Bänke aufgestellt. Ich habe mir einen Platz am Rand gesucht, wo ich gut sehen konnte. Das Pferderennen war ein Spektakel für junge Reiter, so um die 15 Jahre. Die Reiter treten jeweils für 5 km an. Eine wilde Jagd beginnt. In den Pausen wurden andere traditionelle Reiterspiele gemacht: Jungen schubsten sich gegenseitig vom Pferd, eine Braut wurde gejagt. Es waren junge Reiter aus Kirgisien, Shymkent und anderen Gebieten da. Schon als ich von Korgas aus in Richtung Almaty radelte, fuhren viele Fahrzeuge mit Pferden auf LKW an mir vorbei. Jetzt wusste ich, wohin des Weges. Wie üblich wurden Reden gehalten. Ein Sänger sang ›Astana‹. Auf einer Dotar wurde musiziert. Zwischendurch hielten VIP der Gegend Lobeshymnen auf den Präsidenten und auf Astana. Das Publikum klatschte permanent. Dann kamen die Redner nach oben, auf einer Empore standen drei junge Frauen in der Festtracht und hielten für die jeweiligen Gewinner der Rennen Geschenke und Geld bereit. Die jungen Reiter wurden von Erwachsenen begleitet. Nachdem alle Siegerehrungen vorüber waren, bin ich langsam abgezogen. Ich habe das Aufladen der Pferde auf LKW fotografiert und habe mich auf den Weg zur Straße gemacht. Ein Auto hielt an: Der Fahrer war Kanadier und arbeitet hier als Lehrer, die beiden anderen Mitfahrer waren Kasachen. Ich wurde um ein Interview gebeten und mit in die Stadt genommen. »Wir haben Sie schon gesehen, als Sie in die Stadt gefahren sind. Das waren Sie doch.«– »Ja.«Es kamen die üblichen Fragen »woher, wohin«. Ich beantwortete alle

Fragen. »Haben Sie Kinder und einen Ehemann?«– »Oh nein, ich bin ein freier Vogel – keine Kinder, keinen Mann.«– »Einen Mann können wir Ihnen gern besorgen, so einen typischen Kasachen. Dann leben Sie in einer Jurte.«– »Na klar und zähme Pferde und reite durch die Steppe. So stelle ich mir kein attraktives Leben vor.«Allseits lachen. Am Bazar bin ich ausgestiegen. Schon umkreisten mich die streunenden Hunde, Flöhe fanden mich wieder sehr interessant.

Abends großes Spektakel: Tanz und Gesang nahe des Standbildes eines Reiters aus. Kasachstan. Ein Bild vom Präsis Nursultan wurde befestigt, dazu ein Bild von Astana, ebenfalls Bilder von drei Männern der Vergangenheit, flankiert von Bergen.

Eine Bühne war aufgebaut. Viele Personen übten schon auf dem Platz ihre Tänze – bis die erste Rede gehalten wurde. Abwechselnd wurde gesungen und getanzt, auch wieder *Astana* und *Kasachstan*. Nasarbajew wurde für seine Taten für Kasachstan gelobt, die Leute klatschten wieder. Eine Musikgruppe aus Zharkent sang und wechselte sich mit anderen Sängern und Sängerinnen ab. Viele Menschen schauten sich das Festival an. Der Straßenverkehr war gesperrt. Die Abendspiele waren gut organisiert. Das Bildnis der Präsidenten ist immerwährend. Mit Astana hat er sich ein Denkmal gesetzt, das von regionalen »Fürsten«hervorgehoben wird. Ich stolzierte irgendwann in mein kleines Hotel, das direkt neben dem Steinmetz war, aus dem Fenster sah ich auf den Friedhof.

Nur noch einen Tag bis Almaty. Ich bin gut aus Uzynaghash gekommen. Am Ortsrand das nächste Übel: Bei meiner Sportsonnenbrille ist der Bügel gebrochen. Reparatur mit Leukoplast. Gelegentliches Tröpfeln. Nach Almaty einige Anstiege. Schieben war angesagt. Bügel der Brille brach komplett. Zum Glück hatte ich eine Ersatzsonnenbrille. Fahrzeuge brausten an mir vorbei, hupten streckenweise wild. Platz sollte ich machen, ging nicht. Ein LKW donnerte mit Gehupe an mir vorbei. »Na, bei der Fahrweise kriege ich dich noch«, dachte ich. Einige Kurven. Die Straße war gut ausgebaut. Spielt keine Rolle. Polizei fuhr an mir vorbei. Ich schob. Bald konnte ich den Berg hinabfahren. Vorsicht war geboten. Schon aus der Ferne sah ich eine Autoschlange stehen. Noch konnte ich radeln – bis an die Polizeisperre. Ein LKW lag quer über der Straße in Seitenlage. Anhalten. Absteigen. Schauen. Mit viel Mühe konnte ich mein Fahrrad vorbeischieben. Die Straße war voller Öl und Schmiere. Das Schieben und Gehen war glitschig und mühselig. Knapp konnte ich schlittern bis an den Randstreifen. Reifen durch Gras schieben und durch Sand. Turnschuhe im Sand und Gras abstreifen, schließlich wollte ich nicht auf die Klappe fliegen. Nach einiger Zeit konnte ich ohne Rutschgefahr radeln. Weiter ging es. Mir kamen viele Fahrzeuge entgegen, aber bis Kashelen kam mir kein Fahrzeug nach. Ich staunte nicht schlecht: In Kashelen ist ein riesiger Automarkt. Da stehen die Autos aufgereiht auf einem Platz der größer ist als zwei Fußballfelder. Ein Auto größer als das andere. Kleinwagen bevorzugt man nicht in Kasachstan. Die Straße war inzwischen dreispurig für jede Richtung. Hup-Hup. Bis zu einem Bazar bin ich noch gefahren, habe mir ein Taxi genommen und mich zum Hotel Alma-Ata bringen lassen. Es ist nicht das Feinste, aber ich habe schon schlechter geschlafen. Das feinste Hotel ist eh das Silk Road Hotel in Tashkent: Super-Speisung. So war mein Weg zum Hotel sicher, kein Drängeln, kein Hupen.

Heute ist Feiertag in Kasachstan, weil Nursultan Nasarbajew am 6.7. Geburtstag hatte. Vom 6.-20.7.2013 ist Festivaltime zu Ehren des Präsidenten von *Kasachstan* und von *Astana, Astana*. Nach dem Frühstück bin ich zum Deutschen Konsulat. Erledigen musste ich meine

Immigration.

Zuerst fand das Gespräch zwischen dem Kanzler und der Sekretärin im Büro des Konsuls statt. Er kam erst später hinzu. Es gab richtigen Filterkaffee, den ich auf meinen Reisen doch sehr vermisse. Zu Hause brühe ich mir täglich morgens einen Becher voll Kaffee auf. In Australien habe ich mal im ›Pub in the Paddock‹ in Tasmanien gesagt, nachdem ich um sehr starken Kaffee bat: »Your café looks like tea.« Filterkaffee ist nicht das Ding, jetzt kaufe ich dort Kaffee in Beuteln, das Kangaroo lässt grüßen, und hänge mehrere in einen Becher. Bei Kaffee und Keksen ging es erst einmal über meine Reise und die Straßenlage in Kasachstan. Ich berichtete, dass die Straßen streckenweise sehr schlecht sind, so dass ich weder radeln noch schieben konnte und auf die Hilfe anderer angewiesen war, die mich durch die Baustellen brachten. »Aber dann sind Sie ja nicht die ganze Strecke geradelt.«– »Ja, das tut meiner Leistung keinen Abbruch. Es gibt nicht so viele Frauen, die sich auf den Weg machen und allein vom Brocken nach Peking zu radeln; Männer auch nicht.«Ich griente vor mich hin. »Warum sind die Straßen so schlecht?«– »Ein Großteil der Straßen wird neu gemacht, d. h. die alte Teerstraße wird streckenweise über 70 km abgetragen und neu gemacht. Eine Ersatzstraße ist in die Steppe gelegt. Man pflüge die Steppe in der Breite von zwei LKW um, entferne die Büsche. Das ist die sandige Straße. Auf einer derartigen Straße breche ich mit meinen Rädern ein, so dass ich weder radeln noch schieben kann. Die Kraft habe ich nicht, um mich und insgesamt 40 kg fortzubewegen. Ich muss dann ein Fahrzeug stoppen, das mich mitnimmt. In Kasachstan ist man hilfsbereit. Auch halten die Bauingenieure, mit denen ich mich vorher in englischer Sprache über meine Reise unterhalten habe, oft LKW an.«– »Haben Sie keine Angst, so allein zu radeln.«– »Angst muss ich nicht haben. Alle Menschen freuen sich über meine Reise und passen auf mich auf. Angst habe ich nur vor wilden Tieren, so Bären, Schlangen, Wölfe und streunende Hunde. Aber ich habe Pfefferspray griffbereit, brauchte ich aber noch nicht.«– »Der Autoverkehr macht Ihnen nichts aus.«– »Eigentlich nicht. Wenn ich bedrängt werde, zeige ich den Stinkefinger und sage ›Arschloch‹. Das versteht jeder. Einzig bei meiner letzten Reise in Ketmen-Töbö in Usbekistan hatte ich so ein Erlebnis. Ich erzählte die Story mit dem Messer (s.a.: Mit den Augen einer Frau; Halle 2009), da hatte ich Angst. Hätten sich die Männer gegenseitig abgestochen, ich hätte keine Chance gegen die Usbeken gehabt; denn sie hätten mir vermutlich die Tat zugeschoben. Einerseits war die Story spannend, andererseits habe ich mich gefürchtet. Sonst nicht! Ich bin schon schlagkräftig. Die Ängste kommen erst beim Ausmalen, was alles hätte passieren können.«Dann ging es um Umwelt und Erziehung, zuerst um die Asse. »Die Asse sagt Ihnen doch etwas?«Natürlich hatten alle von der Asse gehört. Schließlich ist sie in aller Munde. »Mein Großvater war jeweils die letzte Person, die aus Schacht I und Schacht III gefahren ist. Beide Schächte sind abgesoffen. Mein Großvater stand schon bis zur Brust im Wasser, die Pferde sind im Schacht geblieben. Nur die Maschinen wurden hoch gebracht. Und jetzt hat man das gleiche Problem mit Schacht II, in dem mehr als 260.000 Fässer mit Atommüll liegen. Wenn man den Müll hätte herausholen wollen, dann hätte man jene Fässer, die aufgestapelt unten stehen, schon heraufgeholt. Aber das Problem wird auf die lange Bank geschoben, bis der Schacht abgesoffen ist. Außerdem müsste man direkt ein Zwischenlager in einer Größe von ca. 350x300 m vor der Haustür bauen, wo man die Fässer aufstellen würde. Das ist auch nicht das Gelbe vom Ei. Außerdem wurden die ersten Fässer in eine Kammer gekippt und mit Salz abgeschottet. Die Asse hat sich im Laufe der Jahre 6 cm nach Süden geneigt, d.h. das Deckengebirge ist nicht stabil. Mein Vorschlag wäre, den Schacht mit Granitspäne zu verfüllen und einen Deckel drauf. Denn man weiß ja auch nicht, ob schon Fässer strahlen. Kontaminiertes Wasser stellt man ebenfalls in Fässern unten ab. Ohne Verfüllung halte ich alles für ein sehr großes Problem. Schon in meiner Kindheit habe ich mit meiner Großmutter gesungen *Es grüne die Tanne, es wachse das Salz, Gott halte uns allen das Wasser vom Hals …* Aber man muss dazu sagen, als der damalige Ministerpräsident Ernst Albrecht das Atommülllager genehmigt hatte, haben viele wegen des Arbeitsplatzes ›Hier‹ geschrien. An Probleme wurde nicht gedacht. Ich habe schon vor 40 Jahren geschrien ›AKW – nee‹. Es hätte von Anfang an kein Atomendlager in der Asse geben dürfen wegen des Laugenzuflusses, was bekannt war. Herrn König habe ich die Uhr meines Großvaters angeboten, ein Geschenk zum 25jährigen Dienstjubiläum als Schachtmeister in der Asse, nach Herausholung des 1000sten Fasses. Eine Antwort habe ich nicht erhalten.«– »Mit jedem Jahr vergrößert sich das Problem.«– »Ja, auch der Müll weltweit. Ich wäre gern Müllministerin in jedem Land. Jeder Mensch, der einen Führerschein macht, müsste nach Erhalt der Lizenz über ein Jahr einmal pro Monat die Straßen und Wälder säubern. Bei Führerscheinentzug für die Zeit des Entzuges einmal pro Monat. Freikaufen würde ich zulassen. Die Straßenränder in jedem Land sind so dreckig, die Wälder und Berge ebenfalls. Allerdings bin ich mal den Overland-Track in Tasmanien gegangen, dort habe ich nur gefunden einen Pfirsichkern auf dem

Mt. Ossa und ein großes Himbeerbonbon, wo ich überlegt habe, ess ich es oder ess ich es nicht, weil ich ausgehungert war. Tagelang nur Müsli und Wasser. Auf Turkmenistans Straßen habe ich bei meiner Durchreise nur zwei Flaschen am Straßenrand gesehen.«– »Was machen Sie mit den jungen Leuten in Berlin, die den Müll auf die Straße werfen.«– »Das gleiche, wenn sie erwischt werden. Vielleicht müssten die dann die Kaugummis von den Fußwegen spachteln.«Wir sprachen noch über Schule, Hauptschule und eine Privatschule für erziehungsschwierige Kinder in Köln. »Ich habe mal eine Lehrerfortbildung an der Remenhof-Stiftung organisiert, auch eine Privatschule für erziehungsschwierige Kinder. Dort hat man 5 Kinder in einer Lerngruppe, so viele Kinder mit Problemen sind heutzutage in einer Hauptschulklasse, nur sind die Klassen größer. Die Motivation für Lernen ist an der Hauptschule nicht groß. Damit kann ich nur schwer umgehen.«– »Sie sagten, dass sie sehr wenig Unterstützung in Deutschland finden.«– »Ja, wenn ich nicht meine Durchhaltekraft hätte, wäre ich nicht durch mein Leben gekommen. Immer stand ich am Abgrund. Für diese Reise habe noch nicht einmal einen Schlauch oder Reisemedikamente gesponsert bekommen. Nach meinem Unfall in der Ukraine habe ich dem Außenminister und der Bundeskanzlerin geschrieben, dass nicht nur Julia Timoschenko einen Rücken hat, sondern ich auch. Dann kam Bewegung in das Rechtsschutzproblem. Jetzt hängt hier ja Herr Gauck an der Wand, in Donets‹k war es noch Herr Wulff. Als ehemaliger Ministerpräsident hat er mir für meine Reise zur Olympiade viel Glück gewünscht. Nun ist er gefallen durch die Missgunst. Aus dem Verfahren kommt eh nichts 'raus.«Der Konsul lud mich noch zum Abendessen ein, und ich war weg.

Die Sekretärin verabschiedete mich draußen. Wir unterhielten uns über meinen Unfall in der Ukraine. »Man darf nicht aufgeben. Wer leichtsinnig aufgibt, hat schon verloren. Man muss seine Wege gehen, obwohl das nicht immer leicht ist. Die Steine, die einem vor die Füße geworfen werden, muss man in den Rucksack packen und bei passender Gelegenheit eine Brücke bauen für sich oder für andere. Nur über die Brücke gehen, muss jeder Mensch selbsttätig. Ich trage niemanden über eine Brücke. In Donets'k hat mir das Deutsche Konsulat bei den Formalitäten mit der Polizei und dem Krankenhaus geholfen. Dort habe ich mich lange unterhalten mit dem Konsul.«– »Oh, Sie haben den Konsul kennengelernt. Als ich mal in Indien war, war er dort auch Konsul. Er hat am Marathon teilgenommen. Ich habe ihn sehr bewundert; denn in Indien war ein schweres Klima.«– »Er hatte einen Herzinfarkt, aber er joggt immer noch 5 km auf einem Laufband, was für mich kastriertes Laufen ist.«Danach unterhielten wir uns über das Selbst und Selbstverwirklichung. Wenn man nicht auf seinem Weg ist und entfremdet lebt, das merkt man schon. Dann hat man nichts zum Lachen. H.-J. EYSENCK sagte in seinem Buch über Neurosen, 1973: ›Man beseitige die Umwelt; dann hat man die Neurosen beseitigt.‹ Ich habe Vieles in meiner Umwelt beseitigt und arbeite immer noch an mir. Mit jedem Schritt und Tritt bin ich mehr auf meinem Wege. Aber was mache ich mit meiner Aufenthaltsgenehmigung. »Wir kümmern uns.«Danach bin ich durch die Stadt gebummelt. Almaty hatte sich verändert und viele neue Gebäude bekommen in den letzten fünf Jahren. Im Regierungsviertel wollte ich fotografieren, doch in durfte nicht. Ein Wachmann hat es mir verboten. So konnte ich Vieles nur aus der Ferne betrachten. Unbedingt musste ich mir Wasser kaufen.

Abends war ich bei Herrn Generalkonsul und seiner Frau eingeladen. Die Gespräche gingen über Sport und das Kaspische Meer und um Umwelt. In Almaty hat sich eine Umweltgruppe gebildet, die sich mehr für Radfahren einsetzt.

Die Wohnung war so schön, genauso wie ich als Schulkind von etwa 9/10 Jahren gezeichnet habe, als wir unser Wohnzimmer maßstabsgetreu zeichnen sollte. Das Wohnzimmer hatte ein großes Fenster, vor dem ein Globus stand. So hat man alle Kontinente im Blick. Vor dem Fenster war eine Sitzgruppe in Hell und an einer Wand ein Bücherregal. Von hier ging es in einen anschließenden Raum. Im Durchgang stand ein Klavier. Im Raum gab es einen Esstisch mit Stühlen. »Als Kind wollte ich immer Klavierspielen lernen. Dann hieß es, aber du weißt doch, wir sind ja arm. Kann ich wenigstens Schifferklavier lernen. Wir sind doch arm. Wer spielt bei Ihnen Klavier?«– »Das Klavier ist eigentlich nicht für uns, sondern für unsere Gäste. Oft haben wir Gesellschaften, wo jemand auf dem Klavier für alle Musik macht. Es kommen viele Künstler.«– »Das ist aber schön.«Gespeist haben wir Bandnudeln mit Käse und Pilzen aus Sibirien.

Als Nachspeise gab es frische Himbeeren. Die Himbeeren waren klein aber zuckersüß. Das war das richtige Essen für mich. Dazu ein Glas Rotwein. In der Wohnung war alles so geschmackvoll angeordnet, wie es hingehört. Jedes Teil stand im richtigen Platz, wunderbar. Irgendwann bin ich zum Hotel gegangen. Von der Wohnung war ich so angetan, weil sie so immer in meinem Traum existierte, dass ich nachts vor Aufregung kaum schlafen konnte. Fasziniert war ich, dass Menschen in meiner Traumwohnung der Kindheit wohnten, weitab von der Asse. Nur die Sitzgruppe hatte ich in Grün gemalt. Zu jener Zeit konnte ich mir keine andere Farbe vorstellen. Heute hätte ich die Wohnung in meiner Lieblingsfarbe gemalt – blau.

Am nächsten Tag war ich wieder im Konsulat. Was mache ich jetzt mit meinem Aufenthalt. Vor dem 22.7. kann ich nicht nach China. Heute muss ich eigentlich Kasachstan verlassen.«Also mit einem Konsulatsangehörigen zum Immigrationsamt. Nichts da. Keine Aufenthaltsverlängerung. Ich musste Kasachstan verlassen. »Nach Kirgisien kann man ohne Visa.«– »Auch als Deutsche. 2008 habe ich noch ein Visum für Kirgisien haben müssen.«– »Jetzt ist in Kirgisien freie Einreise.«– »Okay. Ich lasse mein Gepäck im Hotel, nehme mir ein Taxi und fahre schnell nach Kirgisien.«Mit meinem Leitspruch habe ich mich noch ins Gästebuch eingetragen:

Manchmal ist die Wegetation steinhart,
doch plötzlich kommt ein Waldweg;
denn Vorwärtsstreben nützt.

»Wegetation habe ich absichtlich mit W geschrieben.«– »Wer schrieb über den Feldweg, irgendein Philosoph.«– »Jaspers war es nicht. Aber es war ebenfalls ein Existenzphilosoph.«– »Heidegger!«– »Genau. Martin Heidegger hat den ›Feldweg‹ geschrieben und ›Sein und Zeit‹. Karl Jaspers hat die ›Psychologie der Weltanschauungen‹ geschrieben.«Fantastisch, es war der Weg.

Zügige Verabschiedung. Vor der Botschaft stand ein Taxi, zum Hotel und ab ging die Fahrt nach Kordai für 200 $. Der Taxifahrer, ein Uigure, raste so schnell, dass mir manchmal angst und bange wurde. Er erzählte mir, dass er mit einer Ärztin verheiratet ist, die im Klinikum von Almaty arbeitet, und zwei Söhne im Alter von drei und einem Jahr hat. Ursprünglich stammt er aus Urümqi und viele seiner Verwandten leben dort noch. Die Kinder werden von den Großeltern beaufsichtigt, das gäbe überhaupt keine Probleme, weil seine Eltern ein uigurisches Restaurant in Almaty haben. Die Ehefrau ist ebenfalls Uigurin. Seine beiden Brüder sind mit anderen Nationalitäten verheiratet. Einer hat eine Kasachin, der andere eine Russin geehelicht. Aber Uigure und Uigurin passen am besten. Wir sprechen die gleiche Sprachen: uigurisch, kasachisch, russisch. Man sagt zwar, dass ein Taxifahrer und eine Ärztin vom Status her nicht gut zusammenpassten, aber wir ergänzen uns bestens und haben sehr viel Spaß mit unseren Söhnen. »Sind Ihre Söhne auch auf Pferden auf die Welt gekommen.«— »Wir Kasachen lieben Pferde. Aber noch können die Kinder nicht in wilder Jagd über die Steppe fliegen.«— »Alles Glück der Erde liegt auf dem Rücken der Pferde, ich habe es nur zu einem Drahtesel gebracht, auf dem ich nach Pekino reite.«— »Sie sind eine lustige Frau, ich bewundere sie.«— »Man muss versuchen, das Beste aus seinem Leben zu machen. Manchmal ist das schwer.«

Der Weg nach Kirgistan war sehr kurzweilig. Der Taxifahrer blieb auf der kasachischen Seite, ich wanderte hinüber nach Bishkek. Raus ging sehr schnell. Kurzer Blick an der Grenze und die andere Seite hinein. »Willkommen in Kasachstan!«— »Ich bin jetzt schon zum dritten Male in Kasachstan.« Kurzer Flirt mit dem jungen Beamten. »Was kann ich für Sie tun?«— »Den Stempel!« Schwups, da war ich wieder in Kasachstan. Hin zum Taxifahrer. Anruf in der Botschaft. »Alles okay!« Schon fuhren wir zu einem uigurischen Lokal und speisten. Schnell zurück nach Almaty. Die Fahrt ging rasend schnell. Auf dem Weg haben wir zwei Radfahrer überholt. In der Nähe von Muzbel stehen zwei Windräder. Auch hier hält Windkraft Einzug.

Am nächsten Morgen fuhr ich sogleich mit dem Taxi zur Immigrationspolizei, um mich registrieren zu lassen. Das Ganze hat gedauert und gedauert. Um 9.00 Uhr macht das Amt auf, aber es war schon eine lange Schlange und ich mitten drin. Als ich zur Polizistin kam vom Vortag sagte sie: »Sie waren doch gestern schon hier.«— »Ja, ich habe gestern ordnungsgemäß Kasachstan an der Grenze zu Bishkek verlassen. Ich habe alles gemacht, was Sie wollten. Mein Visum ist vom 10.6. bis 1.8.2013 gültig, und ich darf zweimal einreisen. Die ersten 30 Tage habe ich schon verbraucht, die anderen muss ich jetzt haben.«– »Warten Sie bis alle Leute weg sind. «Ich wartete bis gegen 10.00 Uhr. Als ich wieder am Schalter war, sprach sie mit ihrem Kollegen. Der sah das Problem mit dem Visum anders und meinte, dass ich zwei Einreisen hätte und mein Visum wäre noch gültig. »Bitte warten Sie noch mal eine viertel Stunde. Ich setzte mich auf die Fensterbank, es gab einen Knall. Ein Tisch ist zusammengebrochen. Folglich reparierte ich erst einmal mit zwei Männern den Tisch aus Sperrholz, die Nute sind gebrochen. Sofort kam ein Polizist: »Was machen Sie denn da.«– »Wir reparieren den Tisch.«Als er sicher stand, machte ich mich wieder auf den Weg zur Frau. »Wo wohnen Sie?«– White lies: »Im Deutschen Konsulat.«– »Geben Sie mir die Telefonnummer!«– »Da ist heute niemand. Das Deutsche Konsulat macht einen Ausflug. Ich gab die Nummer, wo nur ein Band lief. »It‹s German! Rufen Sie im Konsulat an.«– »Da kann ich doch niemanden erreichen, die machen einen Ausflug.«– »Warten Sie noch! Wo haben Sie die Immigrationskarte von Shymkent.«– »Die haben Sie doch in Kopie vorliegen. Die andere hat man mir in Bishkek abgenommen. Mehr Karten habe ich nicht.«– »Warten Sie!«Folglich wartete ich wieder, unterhielt mich mit jemanden der nach Usbekistan wollte. »Während meines Militärdienstes war ich als Offizier in Brandenburg, Berlin, Bonn und Magdeburg.«– »Haben Sie Putin getroffen, der war doch auch in Magdeburg?«Er lachte. Ich erzählte ihm, dass ich an der Grenze Georgien/ Aserbaidschan einen Offizier getroffen habe, der mit einer Magdeburgerin verheiratet ist und seine Ferien regelmäßig in Deutschland verbringt. Über meine Streckenführung nach Peking haben wir uns unterhalten. Inzwischen war der Raum fast leer. Gespräche zwischen den Personen des Immigrationsbüros. Mal sehen was jetzt kommt. Alle schauten sich meinen Pass an. Plötzlich bekam ich meinen Pass in die Hand gedrückt und die Einwanderungskarte. Das war eine Freude. Jemand hat mir ein Taxi besorgt, und ich bin zum ›grünen Bazar‹ gefahren. Einkauf von Obst und Brot und roten und schwarzen Kaviar. Butterbrot mit Kaviar habe ich seit Russland oft gegessen. Zurück zum Hotel, wo ich das Handy aufladen wollte. Das Ladegerät war weg. Also wieder ein Taxi und zu einem riesigen

Handyladen. Zum Glück gibt es in Kasachstan alles, auch ein Ladegerät für mein altes Handy, das ich seit 2007 auf Reisen nutze.

In diesen Tagen hatte ich von Almaty noch nicht viel gesehen. Morgen ist auch noch ein Tag. Zum Telefonieren hatte ich endlich Zeit. Doch was war das. Alle Telefonnummern waren weg, so konnte ich nur jene Personen anrufen, deren Nummern mein Kopf gespeichert oder die ich aufgeschrieben hatte. Immer wieder gab es neue Pannen auf dieser Reise, kein Tag verlief glatt.

Der letzte Tag in Almaty, durch die Fußgängerzone – eine Straße voller Kleinkunst: Bilder mit Bergen, Wölfen, Blumen, Menschen usw. Bilder in jeder Größe. Lange habe ich dort verweilt. Ich habe auf einer Bank gesessen und mir das Getümmel angesehen. Am Nachmittag habe ich mir Brötchen gekauft in einer Wiener Bäckerei in Almaty, bei einem Italiener Gnocchi gegessen. 24 kleine Gnocchi sind zu wenig, wenn man am nächsten Tag radelt. Zum Glück hatte ich noch Kaviar. Jetzt war es noch einmal an der Zeit, Körperpflege zu machen, um die Flöhe abzutöten, die mich seit Taraz auffressen. Obwohl ich mich in Almaty mehrfach geduscht und mit Anti-Brumm eingesprüht habe, bin ich die Flöhe nicht losgeworden. Die Flöhe müssen in den Betten gehaust haben. Zukünftig nehme ich bei Reisen Flohspray für Tiere mit und sprühe die Betten aus.

Sachen packen, Luft aufpumpen, von den Taxifahrern verabschieden, mit denen ich mich immer sehr nett unterhalten habe und die mir geholfen haben bei der Bewältigung meiner Probleme. Der Eingang des Hotels war geschmückt für die Fußballer des FC Astana mit

Luftballons.

Die Fußballer hatten einen Tag vorher ihr Spiel gewonnen. Ich hatte das Spiel am Abend vorher im Fernseher gesehen. Das Stadion war ziemlich leer. Die Gelben wurden rechtmäßig mit einer roten Karte bestraft, weil einer dieser Mannschaft jemanden vom FC Astana zuerst geschupst und dann die Beine weggetreten hatte. Dann waren es nur noch 10. Ich habe noch einige Tore gesehen, aber das Spiel war langweilig.

Noch etwa 45 Minuten des Wartens. Der Generalkonsul und Angehörige des Konsulats kamen, um mich zu verabschieden. Geschenke habe ich bekommen: ein eigenhändig gebackenes halbes Brot, einen Pin mit deutscher und kasachischer Flagge und von Assiya Ohrringe. Für die nächsten Tage hatte ich Brot, Äpfel, Kaviar, Bananen. Es wurden noch Fotos geschossen. Mit dem Bully wurde noch einmal zum Konsulat gefahren, Verabschiedung. Einige stiegen aus. Assiya und Victor haben mich vor die Stadt gefahren bis zur Ausfallstraße nach China. Rad ausladen und starten.

Die kleinen Läden, die 2008 noch vor der Stadt standen, gab es nicht mehr. Die Ausfallstraße war jetzt dreispurig. Schnell bin ich bis Qapshaghay geradelt. Im ersten Hotel wollte man mich nicht haben, obwohl es nicht ausgebucht war, im zweiten Hotel wollte man meinen Pass einbehalten, das geht gar nicht. Gegenüber dem Busbahnhof war ein Gasthaus. Dort wollte man mich haben. Keine Dusche. Aber ich hatte ja in Almaty geduscht. Bei einer Reise, wie ich sie unternehme, gibt es nicht jeden Tag Wasser für die Körperpflege. Zähne werden mit Mineralwasser geputzt. Nach einigen Tagen hat man sich an den Eigengeruch gut gewöhnt. Ich kann mich gut riechen. Allerdings spätestens nach vier bis fünf Tagen braucht man Wasser, weil sonst die Salzkristalle auf der Haut an den intimsten Teilchen scheuern. Der Chef des Hauses ist Meister im Wrestling, das berichtete er mir, als ich nach seiner Sportart fragte. Jetzt trainiert er die Jungen. Überall in kleinen Gaststätten meint man, ich müsste früh schlafen, damit ich am nächsten Morgen fit für die Weiterreise sei.

Das war eine Nacht. Die ganze Nacht fuhren die Züge vorbei, es gewitterte, Flöhe haben mich fast aufgefressen. Einsprühen mit Anti-Brumm hilft nicht. Gerädert bin ich gegen ½ 6 h aufgestanden. Los ging es. Unterwegs einen Apfel. Ansonsten kein Baum, kein Strauch, Steppe wie in Kasachstan üblich. In Shenggeldi habe ich mir etwas zum Essen und Trinken gekauft und weiter. Schon bald war ich an der Baustelle kurz vor dem Arkhardy Pass. Ich habe erst einmal geheult. Was war aus meiner schönen Straße von 2008 geworden? Baustelle, Baustelle und Gegenwind. Gravierende Schwierigkeiten hatte ich beim Radeln durch die Baustelle. Schlagloch an Schlagloch. Also absteigen und schieben. LKW fuhren an mir vorbei. Die Fahrzeuge haben mich zugesandet. Bald hatte ich die gleiche Farbe wie die Steppe. Ich heulte und schob vor mich hin. Irgendwann hat mich ein LKW mitgenommen bis kurz vor Saryözek. Ich habe die Leute besucht, die mich einst in ihrem Café übernachten ließen. Aber sie haben mich nicht mehr erkannt. Ich habe zwei Muffins gegessen und Kaffee getrunken. Es tröpfelte.

Ich habe Hildegard angerufen. Heute war die Trauerfeier für Günther. Mir hat das sehr wehgetan. Günther hat mein Ellichen immer mit von Schöppenstedt nach Klein Vahlberg genommen, wenn kein Bus fuhr. Achim hatte einen sehr schweren Motorradunfall und liegt in der Unfallklinik, Christine hat Geburtstag. Ein schwarzer Tag, der 14.7.2013.

Durch die großen Hochwiesen bin ich letztendlich nach Saryözek. Dort habe ich in dem gleichen Hotel gewohnt, wie bei meiner Reise 2008. Allerdings sind dort jetzt neue Besitzer. Sie bauen das Hotel und den Eingang komplett um. Das kleine Städtchen sieht noch so aus wie vor fünf Jahren. Nur überall sind Plakate von Nursultan Nasarbajew. Die Abwasseranlagen werden gerade gebaut. Die Straßen sind schlecht. Kasachstans blühende Landschaften 2050 sind hier ganz weit weg. Saubere Umwelt und gute Straßen, das sind die Probleme, überall auf dem Planeten. Abends fiel für eine halbe Stunde der Strom aus, gerade während der Übertragung eines Fußballspiels.

Weiter zum Altyn-Emel-Pass. Die Wolken standen dunkel am Himmel. Grad sah es aus, als käme ein Gewitter. Ich fürchtete mich mal wieder. In der Ferne Wetterleuchten. Weiter bis zum nächsten Haus, dort musste ich Unterkunft finden. Ein kleines Café an einer Quelle war mein Nachtasyl. Die Erlebnisse hier waren großartig. Das Café gehörte einer Familie, verkauft wurde

Pferdemilch.

Die Stutenmilch in Deutschland kostet ca. 15 € pro Liter. Mit Autos und Bussen kommen die Menschen zur Quelle und füllen Kanister mit Wasser. Die Quelle versiegt nicht. Das Wasser hat gleichbleibende Temperatur. Weil der Altyn-Emel-Pass im Winter tief verschneit und es kalt ist, fühlt sich das Wasser warm an. Nun war es eine Erfrischung. Die Toilette war üblich für das Land in Kasachstan, weitab von der Unterkunft ein Plumps-klo, wo man die eingelassene Ritze am Boden treffen musste.

Melken der vom Berg geholten Stuten. Die Fohlen warteten schon sehnsüchtig auf ihr Abendmahl. Ein Fohlen nach dem anderen wurde zur Stute geführt zum Ansaugen. Dann wurden die Fohlen abgezogen und eine junge Frau kniete vor der Stute und molk sie. Stripp-strapp-strull, ist der Eimer noch nicht full. Eine Stute nach der anderen. Manchmal wurden die Vorderbeine der Stuten zusammengebunden, damit sie nicht austreten können. So war Ruhe. Eine schwere Arbeit für einige Gramm Pferde-milch. Die Milch wurde in einen Eimer über ein Tuch gegossen. Fertig war die Stutenmilch. Der Eimer wurde im kleinen Bächlein ausgespült. Fertig war die Arbeit. Nun durften die Fohlen noch einen Trostschluck nehmen. Anschließend kamen die Kühe dran, erst ein Trostschluck für die Kälbchen. Dann wurden auch sie von der Mutterkuh weggezogen. In der Zwischenzeit wurden die Schafe vom Berg geholt und in ein Gatter getrieben, damit sie nicht von Wölfen gerissen werden, die es überall in Kasachstan gibt. Ein LKW fuhr an das Gatter heran. 20 Schafe wurden nacheinander aus der Menge ausgesucht und zum LKW gezerrt. Mal war ein Bein im Griff, mal der Körper, mal der Kopf. Mit Hauruck wurde es auf den LKW gehievt. Unten wurde geschoben und oben an den Beinen gezerrt, bis das Schaf mit Geblöke auf dem LKW stand. Nach dem fünften Schaf wurden die anderen unruhig und rannten im engen Gatter um ihr Leben. Nützte nichts. Die ausgewählten Schafe waren eingesammelt und schon fuhr der LKW zum Verkauf.

Essen war in diesem Gasthaus das A-und-O. Ständig gab es leckere Speisen und Kumis, das ist gegorene Stutenmilch, die etwas nach Eiram, einem türkischen Getränk, schmeckt. Nur Kumis ist fettiger. Von der Stutenmilch wird auch Käse gemacht, das sind kleine harte Kügelchen. Inzwischen waren noch viele Familienmitglieder gekommen. Die Mutter als Chefin des Hauses hat 10 Kinder. Der älteste Sohn kam noch vorbei. Er hat einen Freund in Stuttgart, mit dem ich gleich telefonieren musste. Der Pferdebauer ist stark kurzsichtig. Meine Landkarte von Kasachstan interessierte die Familie sehr. Der Pferdewirt musste seine Brille mit sehr starken Gläsern abnehmen, dann war er mit der Nase über der Karte. An allen Orten war er interessiert und kannte sie auch. »Wie hat Ihnen dies gefallen, wie hat ihnen das gefallen!«Fragen und Antworten. Es war ein stundenlanges Hin-und-Her. Für die Mutter wurde alles übersetzt. Viele Augen strahlten mich in der Küche an. Alle Bilder auf meinem Fotoapparat haben wir uns angesehen und über Städte und Landschaften gesprochen. Schade, dass der Pferdezüchter so kurzsichtig ist, er ist wissend, hat eine gute Figur, sieht gut aus und in Gesprächen konnte er mit seinem Wissen über viele Länder glänzen. Nebenher grillt er Schaschlik, eine Spezialität in Asien, die nicht mein Geschmack ist. Denn Schaschlik ist in Zentralasien Schaffleisch, überstreut mit rohen Zwiebeln. »Aus China kommen viele Menschen nach Kasachstan.«– »Es gibt ein Abkommen zwischen China und Kasachstan, so dass wir gegenseitig kein Visum brauchen, nur einen Pass. Zwischen China und Kirgisien sind die Grenzen offen. Der Busreiseverkehr zwischen Urümqi, Almaty und Bishkek hat sich ausgeweitet.«

Die beiden Jungen, die in Saryözek auf das Gymnasium gehen, waren bei meiner Ankunft eher an meinem Fahrrad interessiert. Genau musste ich alles erklären. Sie baten, mit meinem Rad zum Pass radeln zu dürfen. Gern habe ich es erlaubt, allerdings nur mit Helm. Abwechselnd strampelten sie zum Pass und kamen mit Karacho angeflogen. Für sie war es eine riesige

Freude. In Kasachstan ist Radfahren nicht in, aber ich glaube, zwei Radfahr-
freunde habe ich gefunden. Später werden sie sich garantiert ein spritziges
Rad kaufen, allerdings habe ich ihnen zu einem Mountainbike geraten. Mit
dem können sie mehr in die Berge radeln. Das ist sicherlich eine Alternative
zum Reiten. Mir hat man auch angeboten, mit ihnen in die Berge zu reiten.
Leider musste ich ablehnen, denn ich wollte noch bis Peking kommen.

Schade, am nächsten Tag musste ich mich verabschieden nach einem
Frühstück mit Kumis, Brot, Honig und Cai. Gern hätte ich mich von
dem Pferdezüchter verabschiedet, doch der Haushund kam auf mich zu-
geschossen wie ein Berserker. Da hatte ich Angst, habe gewinkt und mich
mit ›Rakhmet‹ verabschiedet. Nach zwei Stunden schieben hatte ich den
Pass erreicht, ausgiebig Zähne geputzt.

Es dauert nicht mehr lange, dann bin ich bei der Baustelle (s.a.: Mit den
Augen einer Frau; Halle 2009). Auf der anderen Seite des Passes kam erst
einmal eine Schaschlikbude, doch ich mag kein Schaschlik. So habe ich
mich nur etwas mit dem jungen Mann unterhalten, die Berge angeschaut
und weiter. Genau wie 2008 liegt auf den Gipfeln und in den Rinnen noch
Schnee, schließlich sind die Berge etwa 2800 m. Im Winter ist Kasachstan
eingeschneit. Die Baustelle war inzwischen ein großes Café geworden mit
vielen Tischen. Schon früh war ich dort passend zum zweiten Frühstück:
Spiegeleier und Kaffee. Normalerweise esse ich nicht so viele Eier, aber auf
dieser Reise musste ich schon um meinen gesunden Cholesterinhaushalt
fürchten. Vom Eigner wurde ich sofort erkannt. Er stellte mich seiner Familie vor: Frau, Tochter, Enkelsohn und Enkeltochter. Der Enkelsohn ist
drei Jahre alt, die Enkeltochter rast im Gehfrei durch das Café. Außerdem
gibt es noch Hunde und Katzen. Neben dem Café gibt es immer noch eine

Baustelle.

Dort entstehen eine Sauna und kleine Häuschen für Gäste. Der Eigner
holte Bilder aus seiner Soldatenzeit in der DDR. Er war in Weimar, Leipzig
und Halle stationiert und Kommandeur der Einheit. Nach dem Zerfall

der Sowjetunion ist er zurück nach Kasachstan und hat sich mitten in der Steppe ein Anwesen aufgebaut. Wasser kommt von den Bergen. Die Bilder von der Baustelle, die ich nach meiner ersten Fahrt nach Kasachstan geschickt hatte, sind nicht angekommen. Also mache ich noch einmal Post fertig.

Gegen Mittag habe ich mich verabschiedet und bin weiter Qongyrölenk geradelt und habe gegenüber einem Café übernachtet. Das Wasser wurde in Kanistern von der Quelle am Altyn-Emel-Pass geholt. Wasserleitungen gibt es nicht, ebenso keine Kanalisation. Unterwegs musste ich noch die Gangschaltung einstellen, damit nichts scheuert. Die Gastgeber hatte eine kleine Tochter. Mit 18 Monaten braucht sie keine Windeln, sondern geht eigenständig auf das Töpfchen vor einer Überdachung. Kinder werden in Kasachstan schon früh zur Reinlichkeit erzogen, das finde ich gut. Die kleine Tochter spricht fließend und zieht sich selbsttätig an, auch die Schuhe mit Klettverschluss. Das Kind isst selbst mit Löffel oder Gabel. Abends fütterte das Mädchen seine Mutter mit Suppe, die die kindliche Agitation der Mutter-und-Kind-Rolle mitspielte. Herrlich, das Kind zu beobachten.
Dagegen stehen Beobachtungen in meinem Bekanntenkreis. Die Kinder tragen Papierwindeln bis zum Alter von drei Jahren. Anna-Kristina, inzwischen Ärztin, sagte noch im Alter von vier Jahren: »Mama sagt, dass ich rieche, wie eine Rose auf dem Misthaufen. Anna-Kristina mag in die Hose bollern.«– »Anna-Kristina, wenn Du bei mir in die Hose bollerst, wo ich auf Dich und Deine Schwester aufpasse, stelle ich Dich unter die kalte Dusche. Miriam ist noch klein, die kriegt eine neue Windel.« Anna-Kristina bollerte in die Hose, ich stellte sie unter die kalte Dusche. Damit war das Problem für mich erledigt, Anna-Kristina erweiterte ihren Wortschacht mit ›Rosi, ich muss zur Toilette!‹. Am nächsten Tag unter Mamas Aufsicht schiss sie wieder in die Hose. Machtausübung gegen über der Mutter. Für mich ist das ein Problem der Erziehung. Schon wenn ein Baby sein großes Bedürfnis hat, kann man es abhalten. So lernt ein Kind im frühen Alter das Prinzip des Loslassens. Das Prinzip des Festhaltens vom ersten Produkt ist anerzogen, zumal der produktive Brei am Hintern beim

Liegen wohl kein angenehmes Gefühl bereitet. Im späteren Alter, so beim Laufenkönnen, scheuert man sich die intimsten Teilchen auf. Ausscheidungen auf Wunden bedeuten Schmerzen. Das Kind ist im zweiten und dritten Lebensjahr, nämlich während der analen Phase, sehr wohl in der Lage, die Kontrolle des Ausscheidens und Festhaltens zu erlernen. Dabei braucht es allerdings die nötige Unterstützung. Das kann ein Kinderhöschen sein, ähnlich einer offenen Damenunterhose im 19. Jahrhundert. Solche offenen Höschen tragen die Kinder in China, das Schniepelchen ist sichtbar. Toilettentraining, manche Kinder mögen kein Töpfchen, doch das bedeutet für die Eltern Sensibilität für die niederen Bedürfnisse der Kinder. Da ist es bequemer, eine Windel zu nehmen, so muss man sich nicht kümmern. Die wohlwollende Bekräftigung findet bei unserem Reinlichkeitstraining nicht statt. Man lässt die Reinlichkeitserziehung schlurren, was die späteren Bedürfnisstufen behindern kann (s.a.: MASLOW, A.: Motivation und Persönlichkeit, 1981). Nach MASLOW führt nur das optimale Durchlaufen aller Bedürfnisstufen zur optimalen Selbst-Aktualisierung und damit zum Erreichen des Bedürfnisses der Ästhetik. Außerdem erinnert man sich intuitiv im Alter an das Tragen von Papierwindeln, was die Pflege im Heim erleichtert. Auf Klingeln muss man dann nicht reagieren, es gibt ja Papierwindeln für die Alten. Und die Wirtschaft freut sich.

Kurzes Winken, schon war ich auf dem Weg nach Köktal. Beim Aufsatteln Regen. Noch einige Aufnahmen von der Landschaft. Kurz vor der Anhöhe ein Gespräch mit einem jungen Russen, der mit dem Motorrad auf dem Weg nach Köktal und weiter nach Kirgisien war. Omsk war seine Heimatstadt. Wie auch bei mir, so sagen seine Verwandten und Bekannten, dass er spinne. Wir jedoch waren davon überzeugt, dass Reisen auf unsere Art für das Gehirn die wahre Freude ist bei der Ausprägung von Synapsen, die sich auf das spätere Leben zu Hause positiv auf Handeln und Erleben auswirken. Reisen bildet. Der Geist wird erweitert.

Vor meinem erneuten Start hatte ich mir meine Dias nicht angesehen, doch den Weg von Korday nach China hatte ich so abgespeichert, als wäre ich erst gestern geradelt. Links vor der Anhöhe war der Gemüsehof, rechts ein Monument, ich wusste, rechts abbiegen. Donner 26 km vor Zharkent. Zum Glück kam kurze Zeit später wieder eine Baustelle. Gerade als ich dort ankam, Donner, Blitz, Regen. Gespräche mit LKW-Fahrern, die unter Brückenpfeilern mit den Fahrzeugen Schutz suchten. Warten, Bonbon, Blitz, Donner, Regen. Als nur noch der Regen blieb, war es mit der Zwangspause vorbei. Ich raste die nasse Straße hinab, immer geradeaus. Viel Verkehr war bei diesem Wetter nicht, so dass ich das Rad laufen lassen konnte und entspannen. Auf die Straßenbedingungen musste ich nicht achten. Kurz vor Köktal hörte der Regen auf, durch das Spritzwasser war ich eingesaut von Kopf bis Fuß. Auf den Gipfeln lag viel Schnee, sie sind um die 4500 m üNN. Zharkent hatte sich seit 2008 sehr verändert, Hotels sind hinzugekommen, Gaststätten. Der freie Grenzverkehr mit China macht sich bemerkbar. Körperpflege, Waschtag, frische Bekleidung. Seit Almaty hatte mein Körper keine Dusche gesehen.

Abends war ich in der Pizzeria, Salat, vegetarische Pizza, war ein Problem. Man ließ mich in die Küche und ich suchte mir den Belag aus. Dazu zwei Biere. Ein junges Mädchen am Nachbartisch feierte Geburtstag, ich rief meinen Bruder pünktlich um Mitternacht, Zeit Adelaide/Australien, an, um ihm ebenfalls zum Geburtstag am 18.7. zu gratulieren. Mit Kay und Trevor war er zuvor beim Essen.

Ich war schneller durch Russland und Kasachstan gekommen, als ich wollte. So musste ich einige Tage in Zharkent warten. Hätte ich gewusst, dass innerhalb von fünf Jahren viele Hotels auf dem Weg zur chinesischen Grenze gebaut wurden, wäre ich einige Tage vorher Richtung Korgas geradelt. Folglich genoss ich diese kleine Stadt. Bummel durch das Städtchen. Mit der Besitzerin eines kleinen Tante-Emma-Ladens und deren Tochter habe ich mich unterhalten. Die Mutter war wohlgenährt und saß auf einem Stuhl draußen vor der Tür. Die Tochter, stark geschminkt und maniküert stand daneben. ›Wahre Schönheit entstellt nichts‹ ist mein Motto, mit dem Stolz des Mottos trage ich mein Aussehen zur Schau. Fast nur die jungen Frauen sind schlank, die anderen haben meistens eine ausgeprägte Birnenform. Die Fettpolster über den Gesäßbacken sind genetisch bedingt, ebenfalls die kurzen Beine, aber die rundlichen Figuren sind angefuttert. Essen schmeckt auch mir, Bewegung hilft, das Gewicht zu halten. Ich lebe nicht nach ›Wer viel fritt, der viel schitt‹, wie mich meine Großmutter lehrte. Die Eignerin war mehr als 20 Jahre jünger, doch der Bewegung war sie nicht mehr fähig. Die Tochter bewunderte meine Leistung, aber sie würde sich so eine Reise nicht zutrauen. Es soll wohl nicht so viele Frauen geben, die eine derartige Reise allein unternehmen – Männer auch nicht. Im Allgemeinen sind Männer schwächer als Frauen, ohne weibliche Unterstützung in Form von Rückenfreihalten im Beruf usw. kämen sie nicht so gut durch das Leben. Leider haben die meisten Frauen nicht erkannt, dass sie in westlich orientierten Staaten die größte Wirtschaftsmacht sind. Mal zwei Wochen nichts einkaufen würde die Wirtschaft zur Stagnation verhelfen, Mutti in Berlin hätte dann weinende Wirtschaftsbosse zu trösten.

Beim Sortieren habe ich mir den Rücken verdreht, danach bin ich noch in ein Loch getreten, so dass mein Rücken genau an der Bruchstelle im Bereich LWK2 schmerzt. Zügig kann ich heute trotz Pillen nicht durch die Straßen laufen, sondern schaue stetig nach einer Stange, wo ich meinen Rücken aushängen kann. Zu Hause lege ich mir regelmäßig um den Knöchel Bleimanschetten, damit mein Körper, an einer Stange hängend, richtig gestreckt wird.

Viele Gespräche hatte ich im

Bazar.

Am meisten habe ich geantwortet: »Ich brauche nichts, ich bin eine alte Dame, ich bin mit dem Fahrrad von Deutschland nach China unterwegs, ich kann nichts mitnehmen.«Alle wollten mich beschenken. Eine Melone und Bananen hatte ich inzwischen gekauft. Stattdessen habe ich mich lange mit einem jungen Mann unterhalten, der in Istanbul studiert und schon einen Praktikumsplatz bei einem Automobilunternehmen in München hat. Nach seinem Studium möchte er dort auch gerne arbeiten, damit er zu einem späteren Zeitpunkt eine Filiale in Kasachstan führen kann. Das sind für einen jungen Mann sehr gute Aussichten. Ich habe ihm erzählt, dass viele Kasachen Deutschland wieder verlassen haben, weil sie in Almaty mehr verdienen. Nach der Auflösung der Sowjetunion war für viele Menschen Deutschland das Paradies, die Erwartungen an Deutschland wurden nicht immer erfüllt. Einen Usbeken habe ich bei meiner ersten Radreise nach China in Bukhara in der Karawanserei getroffen. Er hat in Deutschland Betriebswirtschaft studiert und lebt jetzt in Frankfurt. Seinen Urlaub verbringt er in Usbekistan. »Ich werde dann meinen Urlaub immer in Kasachstan verbringen bis ich hier etwas aufbauen kann.«Eine Frau habe ich noch im Bazar fotografiert, einmal mit Schürze, einmal ohne Schürze vor Zwiebeln.

Es war warm in Zharkent. Sitzen kann man nur im Schatten. Ein gemütliches Plätzchen suchte ich mir in dem kleinen Freizeitpark, wie es ihn in vielen Orten gibt mit Schiffsschaukeln, kleiner Eisenbahn, Kletterpyramide, Monsterburg, Rutschen und einem Trampolin. Die Eltern gingen dort mit ihren Kindern hin, die durch das Gelände tobten. Männer saßen auf den Hacken in einer Runde und tranken Wodka. Als die Flasche leer war, wurde sie in die Büsche geworfen, obwohl nur fünf Schritte entfernt ein Abfallkorb stand. Von einem Mann wurde ich angebettelt nach Geld, ich habe ihm meine Socken gezeigt, die hatten Löcher. So unternehme ich meine Aktivreisen in alten Klamotten, anziehen bis zum Gestank und wegwerfen. Jegliche Diskussion über Geld erübrigt sich sofort, wenn ich Löcher in meiner Bekleidung zeige. (In Westaustralien habe ich mal keine Unterkunft bekommen wegen meiner Verkleidung. Erst als ich sagte, dass ich meine alte Tante dabei hätte, meinte der Wirt, dass ich meine alte Tante zeigen sollte, danach gab es Unterkunft.)

Bei meiner ersten Radreise habe ich oft in dem Park gegessen, weil man mich in dem Restaurant des Hotels, in dem ich gewohnt habe, nicht bedienen wollte. Diesmal bin ich einmal zum Hotel gegangen. Die Eignerin hat jetzt die Haare kastanienbraun, der Mann, der in Stendal als Offizier stationiert war, fegt immer noch um das Haus herum. Es hat sich nicht viel verändert, aber die Frau war ein Drachen und schnauzte ihren Ehemann immer noch an, der Arme hat nichts zum Lachen.

Abends bin ich wieder in die Pizzeria: Salat und ein Bier. Eine Frau hat für mich spontan die Rechnung bezahlt, als sie vom Personal hörte, dass ich mit dem Fahrrad von Deutschland nach Zharkent geradelt bin. Später habe ich Wrestling im Fernsehen gesehen zwischen den zentralasiatischen Staaten und Russland. Wladimir Putin schaute zu. In Zentralasien hat er großes Ansehen. Natürlich war er auch bei der Party zu Ehren von

Nursultan Nasarbajew und Astana mit den anderen Staatspräsidenten aus Zentralasien zugegen.

Nur noch wenige Tage in Zharkent. Inzwischen kenne ich jede Straße, folglich bin ich Richtung Korgas gelaufen. Gerade als ich ein Eselsgespann fotografieren wollte, kam die Familie mit Kind und Kegel an. Alle musste ich immer wieder fotografieren. »Bitte, senden Sie uns die Bilder per Mail!« Gar keine Frage, habe ich erledigt.

Regen, Regen. Eigentlich wollte ich noch über den Bazar bummeln, aber schnell rannte ich in das Café am Markt. Es blitzte und donnerte. In Strömen floss das Wasser von den Dächern. Unter den offenen Dächern stand das Wasser. Man braucht Gummistiefel und keine Latschen. Alle rückten zusammen auf ein halbwegs trockenes Fleckchen. Der Eigner des Cafés setzte sich zu mir, ebenso seine Mitarbeiterinnen. Ich aß inzwischen einen Salat und Nudeln mit leckerer Gemüsesoße, dazu Cai. Wir sprachen über meine Reise. »Haben Sie kein Bild von sich?« – »Wenn es aufgehört hat mit dem Regen, laufe ich schnell ins Hotel und hole Karten.«

Tröpfeln. Ich raste zum Hotel, sprang über die Pfützen und zurück. Autogramme geben auf meinen Bildkarten. Umarmungen. Wieder wurde ich zum Speisen eingeladen. Nach Ende des Bazars schloss das Café, und ich wanderte ins Hotel, legte mich nach meiner Körperpflege ins Bett und schaute fern. Die Pappeln schwangen im Wind, immer wieder zauberten die Blätter das Konterfei von Reinhold Messner, ich musste lachen. An meinem letzten Abend in Zharkent so ein Erlebnis. Das hat was. In Erinnerungen an meine Feier 50-Jahre-Vinschgau schwelgte ich, eine Party mit vielen berühmten Personen bei Hansi Klöckner und Familie im Hotel Alpenfrieden in Langtaufers (Dr. Josef Noggler von der SVP, mein Skilehrer Bruno Ritsch mit Familie, mein Bergkamerad Leo Breitenberger mit Freund, mein Freund Karl Riedl mit Frau, Arnold Ortler von Ortler-Beton mit Frau, ehem. Präsident der Südtiroler Bergführer Erich Gutgsell mit Freundin, Reporterin von DER VINSCHGER u.a.). Schöne Erlebnisse hatte ich schon in meinem Leben, meistens habe ich gearbeitet und nebenher studiert. Arbeit und Lernen war mein Leben. Hätte ich das Vinschgau nicht gehabt, würde ich nicht mehr leben. Manchmal war ich reif für die Insel in Form von Bergen.

Was für ein Tag trotz Schittwetter?

Zum Trinken hatte ich kaum etwas dabei, weil ich unterwegs bei den Ständen, die ich 2008 besuchte, etwas kaufen wollte. Doch der Weg von Zharkent zur Grenze hatte sich erheblich verändert. Es gab keine Stände mehr, gern hätte ich gefragt, ob die Regen-Wind-Jacke von meinem Ellichen genützt hat. Außerdem hatte ich eine weitere Jacke im Gepäck. An der Straße zur Grenze gab es viele neue Hotels, ich hätte nicht so lange in Zharkent bleiben müssen. Der Wohlstand hat hier Einzug gehalten auf Grund der offenen Grenze zwischen China, Kasachstan und Kirgisien. Es war schon verrückt. Corhas in Kasachstan war ein großes Dorf geworden mit Hotels. Riesige Parkplätze. Gespannt war ich auf China. Durst ist schlimmer als Heimweh. Kurz vor der Grenze gab es ein Bistro und ein Getränk. Im Nu habe ich die kasachischen Formalitäten hinter mich gebracht. Busse auf der Transitstrecke zwischen Kasachstan und China für Leute, die nicht mit dem eigenen Fahrzeug bzw. Velo unterwegs waren.

So radelte ich ganz gemütlich durch einen breiten Korridor, der videoüberwacht und zaungesichert ist. Eine schöne Straße, glatt wie ein Kinderpopo, diese sieben Kilometer. Spuren zur Eingliederung mit einer Wartezone. Das Lichtsignal war rot. Folglich blieb ich stehen und habe in die Kamera gewinkt. »Go, go, go!«In die Pedalen treten und zur Zollhalle. Bevorzugt wurde ich behandelt. Eine Polizistin sah sich mein Visa an: »Wo ist der Ausreisestempel von Kasachstan?«– »In meinem anderen Pass.«– »Warum haben Sie zwei Pässe?«– »Aus organisatorischen Gründen. Gleichzeitig musste ich die Visa für Kasachstan und China beantragen, sonst hätte es radfahrtechnisch nicht gereicht. Schließlich komme ich von Deutschland. Ich musste meine Sachen zeigen und auf das Durchleuchtungsband legen. Ein Polizist half beim Aufsatteln und stempelte meinen Pass. Schon war ich in

CHINA.

Chinas Fläche ist ca. 27,2mal so groß und hat 17x mehr Menschen als Deutschland. China ist 9.706.961 qkm groß und hat etwa 1,4 Milliarden Menschen. Es leben etwa 140 Personen auf einen Quadratkilometer. Die Nord-Süd-Ausdehnung ist etwa 4.500 km, die Ost-West-Ausdehnung etwa 4.200 km.
Nach Russland und Canada ist China der drittgrößte Staat.
Die meisten Menschen leben in den Großstädten: Chongqing, Shanghai, Beijing, Chengdu, Baoding usw.

»Wohin wollen Sie?«– »Nach Peking zur Buchmesse.«– »Sprechen Sie chinesisch?«– »Nein. Das muss ich nicht. In jedem Ort spricht mindestens eine Person englisch. Zur Not habe ich ein deutsch-chinesisches Wörterbuch.«– »Eine gute Reise wünsche ich Ihnen.«– »Danke! Für Sie alles Gute.«Andere Grenzgänger habe ich noch beobachtet. Lebensmittel mussten sie abgeben, manche Reisenden hatte eine Tasche voller Dosen. Man gut, dass ich meinen Kaviar zuvor verputzt hatte.

Gleich hinter der Grenze viele Verkaufsstände mit sämtlichen Schnick-Schnack, den man nicht in seinem Haushalt haben muss, nur Staubfänger. Getränkestände gab es nicht. Radeln bis zum nächsten Hotel, in Korgas gibt es viele Hotels und die Bank of China. Viele neue Häuser. Nudeln mit Gemüse und ein Bier. Der Eigner dieses kleinen Lokals hat sogleich Löffel und Gabel hingelegt. Die kleine Tochter hat in chinesischer Schrift einen Glückwunsch in mein Tourenbuch geschrieben, aber lesen kann ich das nicht. Die Frauen, die die Straße mit blühenden Pflanzen verschönten, haben mich freudig begrüßt. Es hatte sich schon herumgesprochen, dass eine Frau aus Deutschland mit dem Fahrrad nach China gekommen ist. Ich habe mich über das Zusammenspiel von Hanchinesen und Uiguren unterhalten. »Hier in Korgas sind wenig Hanchinesen. Probleme gibt es keine. Wir leben zusammen und arbeiten zusammen, auch an der Grenze.«Ich bin durch Korgas gebummelt, musste allerdings schnell ins Hotel, weil es gewitterte und regnete. Im Fernsehen hörte ich am 23.7. erstmals eine Kurznachricht über das Erdbeben in China in der Provinz Gansu. Das Zentrum lag im Bereich 34,5°/104,2° (nördlicher Breitengrat/Längengrad), Bebenstärke 5,9.

Das letzte Brot und den letzten Pferdekäse aus Kasachstan habe ich gegessen, bei der Einreise hat man meine wenigen Bissen nicht gefunden. Von Korgas fuhr ich durch die Berge nach Urümqi. Es hat immer mal wieder geregnet. Die Straße war komplett neu ausgebaut. Was vorher eine enge Landstraße war, war jetzt eine breite Autobahn.

Macht nichts. Auf jeden Fall ist die Straße schön. Die tiefen Taleinschnitte sind überbrückt. Langsame Fahrzeuge rollen auf dem Standstreifen, die Fahrspur daneben ist auf 80 km/h ausgelegt und daneben für 100 km/h. Bis auf wenige Baustellen ist die Straße gut befahrbar. Die Berge sind manchmal untertunnelt, so dass man etwa in der gleichen Höhe fährt. Allerdings sind die Tunnel nicht ausgeleuchtet. Das Auf-und-Ab war 2008 schon gravierend zu bewältigen bis Santai am Sayram Hu, wo heute eine riesige Jurtensiedlung ist. Die Pferde laufen auf den Weiden und produzieren, ebenso wie am Altyn-Emel-Pass, Stutenmilch. Auch gibt es einige Kamele. Vom Santai geht es bergab. Am rechten Fahrbahnrand Sicherheitsrampen, falls Bremsen versagen, können Fahrzeuge in ein Kiesbett ausweichen. Muren erreichen die Straße nicht, weil man überall Wälle gelegt hat. Rechts und links neben der Straße hat man Ackerflächen geschaffen, auf denen Wein, Mais, Peperoni angepflanzt wird. Wasser hat man aus den Bergen. Die kleinen Blechhütten an der Straße, die 2008 noch Verkaufsstände waren, existieren nicht mehr. Neue Häuser sind entstanden und auch neue Bauernhöfe. Fast jedes Feld ist umrahmt mit Pappeln, so dass der Wind den Wüstensand nicht über die Straße treiben kann. Auf den Bergen des Boluokeno Shan liegt Schnee. Die Gipfel sind so um die 5500 m. Über den Bergen hingen Gewitterwolken, immer das gleiche Spiel mit der Angst. An den Straßen sind moderne Raststätten gelegt, die den Vergleich mit Raststätten in Europa nicht scheuen müssen. Die Städte sind gewachsen und kaum wieder zu erkennen. Der Wiedererkennungswert war gering. Irgendwann war ich in Urümqi und wohnte in dem gleichen Hotel wie bei meiner ersten Reise. Natürlich kannte man mich noch.

Mein Rad zerfällt langsam. Den Lenker musste ich mit Leukoplast reparieren, das Vorderrad justieren, Kette pflegen. Ausgiebige Körperpflege. Essen.

Ich habe mich mit einem Lehrer unterhalten über meine erste Radreise und über meine jetzige Veloreise und über die Straßen in China und anderswo. In Kasachstan sollte man sich einige Chinesen für den Straßenbau ausleihen, dann geht alles viel schneller. Vielleicht käme Kasachstan dann zu blühenden Landschaften bis 2050. Ein 60 km langer Ring auf Stelzen in Peking hat eine Bauzeit von einem Jahr gehabt, in Deutschland braucht man dafür mehrere Jahre mit Maschinenkraft. In China hat man Menschenkraft. »Reisen Sie durch die Taklamakan Shamo mit dem Fahrrad.«— »Nein, das ist nicht möglich, ich müsste verdursten. Nicht umsonst nennt man die Taklamakan die Wüste des Todes. Ich war schon am Bahnhof, ein fürchterliches Gewusel. Da komme ich mit meinem Gepäck und meinem Fahrrad nicht durch. Eine Auskunft bekommt man erst, wenn man eine Fahrkarte hat. Wie sollte ich eine Fahrkarte kaufen, wenn ich nicht weiß, wann ein Zug geht. Alles in chinesischer Schrift. Ich hatte da so meine Schwierigkeiten. Anschließend bin ich zum Busbahnhof, auch dort sprach niemand englisch. Aber mit viel Mühe, meiner Straßenkarte und einem Zettel habe ich mich verständlich machen können und eine Fahrkarte bekommen für einen

Bus.

Eine Sorge war ich los. Jetzt hieß es, zügig durch Urümqi schreiten und markante Stätten besichtigen. Zuerst wandere ich zur Pagode, 360 Stufen bergauf. Beim Hinweg hat ein Polizist, den ich nach dem Weg fragte, einen Bus gestoppt, der Busfahrer ließ mich an der Treppe ausstiegen. Ich habe über Urümqi geschaut, die Stadt liegt in einem Talkessel und ist von Bergen umgeben. Die Bergrunsen vom Tian Shan ziehen bis zur Gurbantonggute Shamo hinunter. Über das Land schauen, fotografieren und hinunter. Auf dem Weg in die Innenstadt haben mich drei Polizistinnen zum Melonenessen eingeladen in der kleinen Wachstation. Wir haben uns mit Händen und Füßen unterhalten, es sind immer die gleichen Fragen, die hin-und-her gehen. Da konnte ich sogar chinesisch antworten: »Deutschland, keine Kinder, keinen Ehemann, Lehrerin, 67 Jahre.«Meine Fragen erstreckten

sich auf Xi Jinping, Kommunikation zwischen Uiguren und Chinesen. Beim Präsidenten zeigte der Daumen hinauf, keine Problem zwischen Uiguren und Han-Chinesen. Zwei Polizistinnen waren uigurischer, eine chinesischer Abstammung.

Über den Bazar. Dort bekommt man alles: getrocknete Schildkröten und Schlangen, viele Teile von Paarhufern, Obst und Gemüse. Einige unbekannte Früchte habe ich gekauft und sogleich gegessen, hmhm. Auch geriebene Hölzer und Knochen gab es. Dazu Schlangenhaut und Echsen. Aus dem Staunen über die unterschiedlichen Waren kam ich nicht hinaus. Danach bin ich zum Museum, in dem die Kultur Uiguriens dargestellt wird und über wissenschaftliche Untersuchungen berichtet wurde. Besonders interessierten mich die Mumien, die man in einem ausgetrockneten Flussbett gefunden hat und mit dem Sand der Taklamakan Shamo zugedeckt waren. Dadurch waren die Mumien sehr gut erhalten und auch die Bekleidung war zu erkennen. (Anmerkung: Einige Zeit später habe ich im deutschen Fernsehen einen Film über Uigurien gesehen, auch über Mumienfunde und Begräbnisrituale.)

Zum Busbahnhof. Unterwegs habe ich noch Bananen, Brot und Eistee gekauft. Ich habe mich hingesetzt und gewartet. Leute haben mich angestarrt. Da saß ich mit meinem Fahrrad und wartete. Sogleich kam ein junger Mann und hielt sein Handy auf mein Gesicht, ich hielt meine Hand vor mein Gesicht. Doch er fotografierte weiter. Meine Bitte, doch mit dem Fotografieren aufzuhören, ignorierte er komplett. Dann habe ich ihn angeschrien: »Wenn Sie mich fotografieren wollen, dann fragen Sie wenigstens. So ist es einem Chinesen unwürdig und wenig höflich und primitiv.«Im Warteraum hörten alle meine Meckerei. Die Kontrolleurinnen solidarisierten sich mit Mann, sie öffneten die Sperre nicht für mich und mein Fahrrad. Die Sperre war etwa 10 cm zu eng. Alle Personen nach Hami wurden durchgelassen. Ich musste warten und warten. Mein Rad musste ich absatteln und jedes Teil extra über die Sperre heben. Man gut, dass ich meine Sachen auf verschiedene Taschen aufgeteilt hatte und mein Rad nur ca. 11 kg wog. So konnte ich alles leicht heben. Den Fotografen habe ich weiterhin beobachtet. Personen aus Kashi aus dem großen Wartebereich, mit denen ich mich unterhalten hatte, haben gewinkt. Der Bann war etwas gebrochen. Aber meine Karte wurde nicht abgestempelt. Viele Busse standen dort, die chinesischen Schriftzeichen konnte ich nicht einordnen. Also rief ich: »Hami, Hami!«Es war schon sehr aufregend. Endlich hatte ich den Bus. Der Fahrer schaute sich meine Karte an, gab sie zurück, dabei zerriss die Karte. Mein Gepäck wollte ich rechts in Fahrtrichtung einladen, doch ich durfte nicht, also zur linken Seite. Sachen einladen, Fahrrad einladen und durchschieben zur rechten Seite. Was für ein Blödsinn? Von der rechten Seite wäre alles viel einfacher gewesen. Dann gab es Probleme mit meinem kleinen Rucksack. Andere nahmen Taschen mit in den Bus, ich sollte meinen Rucksack abgeben. Nichts da. Mit Hinweis auf die anderen Personen habe ich meinen Rucksack mit in den Bus genommen. Eine weitere Schwierigkeit: Meine Fahrkarte war nicht abgestempelt. Also raus aus dem Bus, zur Kartenkontrolle, Karte abstempeln, wieder in den Bus. Schuhe ausziehen und in eine Plastiktüte. Platz 1 gehörte mir. Der Platz allerdings war begehrt bei einer etwas dicklichen Frau, die wesentlich jünger war als ich. Warum sollte ich nach Oben klettern? Viele Jüngere waren in dem Bus, die wollten auch nicht tauschen. Ich auch nicht. Folglich musste sie nach Oben klettern, mir egal. Weiter ging es mit dem Bus nach Hami, ein Sieben-Sterne-Bus, Delixi. Für jede Person gab es einen Platz zum Liegen, leider hat es etwas gezogen. Außerdem hatte ich wieder einen Floh. Die Abfahrt verspätete sich. Endlich um 20.30 Uhr fuhr der Bus los, 50 Minuten, und er war aus der Stadt. Viele Neubaugebiete und

Anbaugebiete für Wein. Viele, viele Windräder. Zwischendurch Grünzonen, die umgeben sind mit Pappeln und anderen Bäumen. Von Urümqi bis Hami ist die Wüste erheblich zurückgedrängt. Wo es Berge gibt, gibt es Wasser, das entsprechend umgeleitet wird, manchmal bis zur Straße, manchmal bis zur Zugtrasse. Vor fünf Jahren wurde das Motto herausgegeben: Begrünung der Wüste entlang der Straße oder Zugtrasse. Das hat prima geklappt. Ich war begeistert von der Begrünung der Wüste. In den fünf Jahren hat sich viel getan in Uigurien.

Gegen 8.00 Uhr sind wir in Hami angekommen, auch dort gibt es neue Stadtviertel. Die Stadt hat sich enorm vergrößert. »Wann fährt der nächste Bus nach Jiuquan?«– »Erst für den nächsten Tag ist ein Platz frei.«Taxi für mich, mein Gepäck, mein Fahrrad. 200 € für ca. 650 km. Vorderrad ausbauen, alles ins Auto. Der Taxifahrer, ein Uigure, fuhr zuerst zu seiner Frau, danach zum Einkaufen: Brot, Melone, Wasser und Sodawasser. Das Sodawasser schmeckte nach Vanille, das Fladenbrot war mit Zwiebeln. Gegen 10.30 Uhr der Start in Hami, gegen 17.30 Uhr die Ankunft in Jiuquan. Schnelle Verabschiedung.

Erneut Probleme. Sie akzeptierten meine Hotelbuchung nicht. Diskussion bis 19.30 Uhr. Meine Visakarte haben die Mädchen an der Rezeption kaputt gespielt. Außerdem wollten sie meinen Pass behalten. Nichts lief mehr. Zum Glück hatte ich eine weitere Visakarte. Diese jungen Dinger waren ähnlich wenig flexibel wie in Qapshagai. An der Rezeption eines Hotels sollte man über den Tellerrand schauen können. Für jede Frage, auch nach meinem Pass, wollten sie einen Übersetzer. Ich hatte die Faxen dicke, packte meine Sachen und zog ab, nachdem ich den Hotelvermittlungsservice angerufen hatte. Vor dem Hotel habe ich mein Rad justiert und bin in ein anderes Hotel gezogen. Inzwischen war es 21.00 Uhr. Das Zimmer war fein, Zähne putzen und liegen. Es macht mich einfach fertig, wenn nicht alles glatt läuft. Pillen gegen Bluthochdruck habe ich auch nicht mehr, autogenes Training und runter kommen.

Stundenlang habe ich gebraucht, um mein Fahrrad zu justieren. Am Vorderrad passte nichts. Taxi und weg zum westlichsten Teil der Chinesischen Mauer, die in der Ming-Dynastie erbaut wurde. Zur Kasse. »Zeigen Sie mir bitte Ihren Pass!«Eintritt als Rentnerin, da ich über 60 bin. 2008

konnte man überall hin, Menschen aus vielen Ländern waren dort. Jetzt waren nur Einheimische hier. Teile des westlichen Turms wurden ausgebessert, so dass man nicht alles besichtigen konnte. Sandsturm. Der Wind drückte mich an das Eingangstor, fast hätte er mich umgeblasen. Gut, dass mein roter Hut fixiert war. Hinein in den Turm, Gerüste standen an vielen Stellen. Macht nichts, ich hatte 2008 alles gesehen und Vieles fotografiert. Einen kleinen geführten Kamelritt konnte man zum Jiayuguan-Pass unternehmen. Der Sand blies heftig und prickelte im Gesicht. Treppen hinauf. Oben auf der Mauer konnte ich über das Land zur Wüste bzw. Qinlian Shan schauen. Die Berge waren höher als 5000 m und hatten in den Rinnen Schnee. Viele Chinesen haben mich fotografiert. Sie waren begeistert von meiner Reise mit dem Fahrrad von Deutschland nach China. Um mich herum entstand ein Pulk. Jede Person wollte mit mir gemeinsam auf ein Bild. Meinen Namen habe ich aufgeschrieben, so dass auch jeder Mensch lesen konnte, wer ich bin. Denn heute beginnen die Kinder in den Schulen zuerst mit lateinischen Buchstaben und erst ab der zweiten Klasse mit chinesischen Schriftzeichen. Die Kleinen übersetzten ständig, es war Ferienzeit. Zurück nach Jiuquan, den Gulou Tower ansehen, durch die Stadt bummeln, Obst und Getränke kaufen, essen. Morgen ist auch noch ein Tag.

Abends wurde ich zum letzten Male auf dieser Reise mit Hitler konfrontiert. Ich zeigte wieder einmal meinen Stinkefinger, Arschloch. Regen prasselte.

Endlich hatte ich den größten Teil der Wüste des Todes mit Bus und Taxi hinter mich gelassen. Glücklich konnte ich auf meinem Drahtesel reiten, was für eine Freude. Sehr gut bin ich aus der Stadt gekommen. Immer nach meinem Gefühl und der

Sonne.

Die Städte in China sind meistens größer als deutsche Städte. Jiuquan zählt etwa eine Million Menschen. Vor der Stadt Weinanbau. Über den Gipfeln schwarze Wolken. Das Wetter sah nicht gut aus. Trotzdem weiter, immer weiter. Zwei Radler kamen mir entgegen. Sie fütterten mich mit Melone. Meinen chinesischen Sprachschatz schöpfte ich vollkommen aus, kramte mein Wörterbuch hervor und lernte wieder ein paar neue Wörter. »Yingxiong, yingxiong!«Immer wieder hörte ich von Radreisenden ›You are my hero!‹. Insgesamt kamen mir bis zur Unterkunft am Abend 35 Personen auf ihren Tourenrädern oder Mountainbikes entgegen. Stoppen, erzählen, winken. War das schön, Menschen zu begegnen, mit denen ich mich identifizieren konnte. Die Wolken zogen immer schwärzer über den Qilian Shan. Mit all meiner Kraft trat ich in die Pedalen. Die sandige Erde war gerissen. Die Trockenheit forderte ihren Zoll, nur gelegentlich war in den Bachbetten noch Wasser zu sehen, Spuren im Sand von Paarhufern. Gelegentlich mal ein Busch. Sonst gab es hier nichts zu sehen. Der Wind wurde stärker, Wüstensand blies über die Straße. Strampeln, strampeln, strampeln. Weit ab hörte ich ein Grollen. Es war nicht das Grollen der Jagdflieger, die in Geschwadern dicht über meinem Kopf hinweg jagten und sicherlich zum Kosmodrom Jiuguan in der Inneren Mongolei flogen. Grollen, Blitze. Noch wenige Kilometer bis Qingshui. Sollte ich hier übernachten? Wind blies durch die Stadt. Blauer Himmel leuchtete Richtung Wüste. Das Gewitter schien verflogen zu sein. Die letzten 40 km nach Yuanshanzi würde ich noch packen. Plötzlich Wüstensturm, innerhalb von zwei Minuten. Schnell musste ich Schutz suchen. Am Rand von Qingshui fand ich Schutz an einem leicht überdachten Eingang eines Bauernhofes. Rad unterstellen, Regenjacke anziehen und abwarten. Eine dicke gelbe Wolke zog über die Wüste. Sicht gleich Null. Donner und Blitz. Die Bäume und Büsche standen schräg. Pappeln im Winkel von 60°. Wäre ich geradelt, es hätte mich glatt vom Velo geblasen. Hinter mir im Hof bellten die Hunde. Platzregen. Ich konnte nicht die Straßenseite gegenüber sehen. Blasen in den Pfützen. Immer noch kamen Menschen von den Feldern. Kaum konnten sie ihre Motorräder halten. Orkanartige Böen. Ich stand relativ geschützt. Lehmige Tropfen tröpfelten auf eine Satteltasche, sie ragte zu weit hinaus. Der Regen ließ etwas nach. Gerade vor dem zweiten großen Regen kam ein junger Mann: »Meine Mutter würde sich freuen, Ihnen Schutz zu geben. Kommen Sie bitte mit in unser Haus. Meine Mutter macht heißes Wasser.«Ich schob hinterher durch die engen Gassen, Lehmhäuser, von den Obstbäumen waren Früchte durch den Sturm auf die Straße geschleudert. Mein Fahrrad wurde in den Hof geschoben. Alle Menschen freuten sich, mir chinesische Prillecken und heißes Wasser anbieten zu dürfen, danach Melone. Ich habe meine Reisedaten gereicht. Der älteste Sohn geht zur Mittelschule, er erzählte mir, dass die Englischlehrerin aus Deutschland kommt. Die Nachbarschaft kam ebenfalls vorbei mit Kind und Kegel. Da so viele Kinder dort waren, unterhielten wir uns hauptsächlich über Lernen und Arbeiten. In den Ferien müssen die Kinder mit zum Acker, sonst in die Schule. »Hier auf den Dörfern hat jede Familie zwei Kinder. Wir haben einen Sohn und eine Tochter. Sie sind gut in der Schule und hoffen, mal zur Universität gehen zu dürfen. Wir sind sehr stolz.«Ich erzählte aus meiner Schullaufbahn und vermittelte, dass man viele fremde Länder sehen könne, wenn man eine gute Ausbildung hat. Durch mein Studium bin ich nicht reicher geworden, aber ich habe gelernt, das Mögliche aus meiner privilegierten Armut zu machen. Nach etwa 1 ½ Stunden war das Gewitter vorbei und ich radelte weiter. Für die Familie war es eine große Freude, mich zu treffen. Aber für mich war es eine noch größere Freude, dort sein zu dürfen.

Also weiter. Die Autobahn neben mir war durch einen Zaun getrennt. Vor mir Bruchstücke der Great Wall, im Hintergrund ein Höhenzug, den ich noch umfahren musste. Ach, ich war so stolz auf mich, es schon bis China geschafft zu haben. Meine Erinnerung war voll da. Ich wusste genau, wie weit es noch ist, wie meine Unterkunft 2008 aussah und der kleine Ort, in dem es den kleinen Ballack von etwa 2 Jahren gab, der Fußball spielte, wie der alte. Würde alles noch so aussehen wie damals? Ich schwelgte vor mich hin. Links am Ortsanfang die Stele. Niemand sammelte Gräser für eine Mahlzeit. Der kleine Laden, die Unterkunft, das Restaurant. Alles rechts der Straße. Mit jedem Blick wuchs freudige Aufgeregtheit. Nichts hatte sich verändert. Hoher Wiedererkennungswert. Ich hatte dasselbe Zimmer wie 2008, es sah genauso wüst aus wie 2008. Nichts hatte sich verändert. Menschen der anderen Räume begrüßten mich mit Freude und waren gerade beim Kochen. Vorher gab es für alle Melone als Vorspeise, für mich auch. Alle Anwesenden waren stolz, dass ich wieder hier übernachtete. Schnell zum Restaurant, scharf gebratenes Schweinefleisch, meine Hauptspeise in China. Damit konnte ich nichts verkehrt machen: Durchwachsener Speck, gekocht, in hauchdünne Scheibchen geschnitten und gebraten in Öl mit viel Gemüse und mit Chilischoten abgeschmeckt. Die Schärfe der Speise muss man mögen. Ich esse gern scharf. Im Restaurant waren die Tische belegt, macht nichts, ich setzte mich zu zwei schon stark angetrunkenen jungen Männern. Der kleine Ballack half in der Küche mit. Die Wirtin erkannte mich und stellte mich meinen Tischnachbarn vor. Allgemeines Lachen über meine Reise. Zum Essen und Trinken wurde ich eingeladen. Nach dem Essen haben mich meine Wirtsleute noch eingeladen. Die Gastgeber hatten in ihrem Wohnzimmer Kissen aus Australien mit Koalas. Die Unterhaltung ging über Australien und andere Kontinente. Mein Wörterbuch ging immer hin und her bis gegen 21.00 Uhr. Ins Bett ohne Flöhe, anders als in den Hotelbetten. Dieses war ein Holzgestell mit einer Bastmattenauflage. Zugedeckt habe ich mich mit meiner Regenjacke. Waschen war nicht nötig. Dieses Nachtasyl war nicht das feinste, aber ohne Getier. Ich habe mich so wohlgefühlt, dass ich zuerst vor freudigen Gedanken nicht einschlafen konnte. Es donnerte und blitzte.

Radeln, radeln. 10 Radfahrer und 2 Motorradfahrer kamen mir entgegen. Sie statteten mich mit allen wichtigen Lebensmitteln aus. Mit den Motorradfahrern rauchte ich eine Zigarette, sie waren erstaunt. »Manchmal rauche ich, manchmal trinke ich Alkohol und manchmal … Da war doch noch etwas, ich kann mich nicht mehr erinnern.«Gemeinsames Lachen, die Motorradfahrer waren begeistert, sie waren noch jung, darum erzählte ich ihnen: »Zuerst müssen sie lernen, lernen, lernen und zweitens herumreisen, dass macht den Geist nicht behäbig, sondern motiviert für neue Taten.«Die jungen Leute freuten sich riesig. Unsere Wege trennten sich, sie fuhren in die andere Richtung. Kurz vor Linze habe ich Aufnahmen gemacht, wie Leute die Autos und Motorräder im Fluss wuschen, der klar aus den Bergen kam.

Viele neue Häuser. Die Häuser in den Dörfern sind ausgestattet mit Solartechnik für Warmwasser. Alte Lehmhütten waren abgerissen. Wasser und Abwasseranlagen wurden gelegt. Ein neues China entsteht. Es roch nach Zitronengras. Die Zeit, in der Esel im Kreis über das Zitronengras geführt wurden, ist vorbei. Dreschmaschinen erledigten die

Arbeit.

Eine Schnellbahntrasse von Peking nach Ürümqi wird gebaut, 2016 soll die erste Bahnfahrt stattfinden. Unterwegs habe ich mich mit einigen Wanderarbeitern unterhalten. »Wir kommen aus Chongqing.«– »In Chongqing war ich auch schon einmal, bevor die Staumauer gebaut wurde. Ich wollte mir noch einmal den Yangtse ansehen, bevor er gestaut wird. Mit dem Schiff bin ich von Wuhan nach Chongqing gefahren. Die Reise hat mir sehr gut gefallen, wir sind mit einem kleinen Boot in die drei Schluchten gefahren, das Wasser klar bis auf den Grund. Der Yangtse selbst hat viele Strudel und war an vielen Stellen ein reißender Fluss. Er ist auch gelb, wie der Gelbe Fluss.«– »Da haben Sie aber schon viel gesehen.«– »Oh ja, ich reise jetzt zum zweiten Male mit dem Fahrrad durch China. Bis Lanzhou radele ich fast die gleiche Strecke, danach fahre ich über Xi›an nach Peking. Ansonsten war ich schon in Hongkong, Macao, Shanghai, Baotou, Hohhot. Mir gefallen die chinesischen Menschen, weil sie arbeitsam sind. Außerdem gefällt mir ›the beautiful China‹.«– »Uns gefällt China auch.«– »Haben Sie Probleme damit, dass Sie nicht zu Hause arbeiten?«– »Wir verdienen hier sehr gut. Außerdem fahren wir jedes zweite Wochenende nach Hause. Dann sehen wir unsere Familien. Nur hier können wir so viel verdienen, dass wir unseren Kindern eine gute Schulbildung geben können.«– »Das ist wohl wahr.«Wir plauderten noch etwas über Deutschland. Die Wanderarbeiter kannten sich gut aus über deutsch-chinesische Beziehungen.

In Zhangye habe ich übernachtet. Nachts bin ich aufgestanden, weil mich Bettläuse attackiert haben. Insektentod. Aber es war etwas zu spät. Flohleitern am ganzen Körper. Von dem Kleinvieh habe ich echt die Schnauze voll.

Aus der Stadt heraus habe ich einen Platten in einem Schlagloch gefahren, ein bequemes Plätzchen gesucht, wo ich das Hinterrad flicken konnte. Absatteln, Werkzeug herauskriegen, Mantel und Schlauch auspacken, Hinterrad herausnehmen, neuen Mantel und Schlauch aufziehen. Eine Familie kam vorbeigefahren, drehte um und kam zu mir. Gespräche über Radreparatur. »Ja, wenn man allein unterwegs ist, muss man das Rad schon selbst reparieren können.«– »Haben Sie denn alles mit?«– »Unterwegs bekommt man keine Ersatzteile. Ich habe alles bei mir.«– »Meine Tochter möchte auch gern Radreisen machen.«– »Das ist kein Problem. Man braucht keine Angst zu haben. Ich habe viele junge Leute gesehen, die mit ihren Rädern unterwegs waren, meistens nur Männer. Wenn man solch eine Reise macht, wie ich, muss man jeden Tag trainieren. Zu Hause mache ich jeden Tag eine Stunde Sport.«– »Das müssten wir auch machen.«Ich reparierte während des Gespräches mein Rad. Aufnahmen wurden gemacht. »Doch zuerst kommt Lernen.«– »Das sagen wir auch immer.«Verabschiedung. In entgegengesetzter Richtung fuhren wir davon. Es ging stetig bergauf. 10 Radler sind mir entgegengekommen, nur einer hat gegrüßt, obwohl es allgemein üblich ist, dass man winkt. In Sambao habe ich noch eine Aufnahme gemacht, dann ging es weiter bis Minle. Immer bergauf, das war anstrengend. Unterwegs haben Bauern gerade Mittag gemacht. Sie wollten mich zum Bier einladen. »Oh nein, dann kann ich nicht mehr fahren. Mein Kopf ist alkoholisiert wie ein Karussel.«In Minle habe ich in dem gleichen

Hotel geschlafen wie 2008. Der Eigner war Polizist. Ich wollte zum Essen gehen, doch der Polizist fuhr mich rasend schnell auf seinem Motorrad kreuz und quer durch den Ort. Ich habe mich ob dieser Raserei richtig gefürchtet – so ohne Helm. Neben mir aßen die Leute einen chinesischen Feuertopf, ich hatte Nudeln mit Stäbchen. Das ging gar nicht. Zum Glück hatte ich mein Reisebesteck dabei und konnte die Nudeln aufdrehen. Alle haben gelacht. Nach dem Essen wurde wieder zum Hotel gebrettert mit Blaulicht. Froh war ich am Ziel.

Der nächste Tag war wieder hügelig. Bergauf musste ich manchmal schieben. Als ich mir in einem kleinen Ort etwas zum Trinken gekauft habe, hatte ich sogleich alle Nachbarn um mich versammelt. Ich musste alle foto-grafieren. Auch wollte mich jeder mit seinem Handy fotografieren. Schnell war mehr als eine Stunde vergangen. Weiter ging es durch die Berge bis zu einem Rapsfeld. Busse standen herum. Stege waren in die Rapsfelder gelegt und die Menschen fotografierten ›the beautiful China‹. Der Himmel blau, wie meistens in China. Man konnte auf die Berge schauen, in manchen Rapsfeldern waren chinesische Zeichen gemäht. Die Leute fragten, ob ich die schönen Blumen gesehen habe. Für mich waren die Rapsfelder nichts Besonderes. Im Frühling sieht man sie in Deutschland überall. Ich mag den Duft und das leuchtende Gelb. Aber hier kamen die Leute weither, um die Felder zu sehen. Nach den Rapsfeldern ging es nur bergauf. Ich musste auf einen Pass von 3685 m schieben, er ist so hoch wie der Palon della Mare im Ortlergebiet, auf dem ich schon gestanden habe. Sechs Stunden bergauf. Zuerst kamen mir 12 Radfahrer entgegen, dann drei und auf dem Pass noch einer. Unterwegs sagte mir jemand, bis zum Pass wären es nur noch 2 km, aber es waren noch vier oder fünf. Das Bewusstsein auf die Passhöhe hat mir Flügel verliehen, das Schieben machte mir nichts mehr aus. Und auf den Almmatten grasten Yaks und Schafe. Gelegentlich knatterte ein Motorrad zu den Tieren oder ein Reiter bewegte sich dorthin.

Unterwegs kam mir eine Familie entgegen. Sie wollten unbedingt fremde Münzen sehen. Ich habe Münzen aus Kasachstan, der Ukraine und den Euro gezeigt, dazu auch noch einen Dollarscheine. Sie waren begeistert, luden mich sogleich zum Essen ein. Doch ich wollte weiter. Von meinem Kleingeld habe ich viele Münzen verschenkt. Dem Mädchen, das studierte, habe ich einen 5-€-Schein geschenkt. Es war so stolz. Mit vielen Umarmungen habe ich mich verabschiedet.

Bei der Abfahrt vom Pass habe ich sehr gefroren, obwohl ich meine Regenjacke anhatte und Handschuhe. Eiskalt kam ich beim ersten Hotel an. »Haben Sie ein Zimmer für mich frei?«– »Von wo kommen Sie?«– »Aus Deutschland.«– »Für Deutsche haben wir keinen Platz, wir sind Muslime.«Also weiter. Ich übernachtete dann in einer Bruchbude für 150 Huan, kein Wasser, aber Fernseher. Bis zum Toll Gate waren es 67 km. Gut ging es hinunter, aber dann wieder einen Pass hoch. Unterhalb des Passes war ein tibetanischer Mönch. Der Pass war 3767 m. Kein Wunder, dass ich bei beiden Pässen so schnauben musste. Wieder vier Stunden bergauf. Als ich oben war, habe ich mich gefragt, ist der Pass so hoch wie der Zebru, der Cevedale oder der Monte Vioz. Meine Gedanken kreisten ziemlich lange um das Vinschgau. Der Pass ist so hoch wie der Cevedale, auf dem ich viele Male gestanden habe. Auf dem Pass hielten gerade Mönche ihre Gebetszeremonie ab. Sie verbrannten auf dem kleinen Tempel Reis und Mehl, gingen auf den Berg und warfen Reis in die Luft, dann ballerten sie los. Sterne zischten in die Luft. Die Mönche sangen ihre Mantra. Ich hatte aus einer Bluse schon Gebetsfahnen geschnitten und hängte eine Fahne auf. Vom Pass hinab bin ich nur noch geradelt und geradelt. Es hat richtig Freude gemacht, obwohl ich einige Male anhalten musste, um mich etwas zu erwärmen. Bergab bis Qinshizu. Schluss mit lustig. Ich habe einen Platten gefahren am Hinterrad. Oben in den Bergen standen Gewitterwolken. Hinterrad ausbauen, Mantel ab, Schlauch raus. Aus dem einige Tage vorher aufgezogenen Mantel schaute ein Draht heraus. Kneifzange, Draht herausziehen, mit Leukoplast abkleben, Mantel auflegen, Schlauch aufziehen, Hinterrad richten, Luft aufpumpen. Hoffentlich hält das. Ich hatte nur noch einen Ersatzmantel in meinem Gepäck, es waren noch etwa 5000 km bis Peking. Während der Radreparatur standen viele Leute um mich herum und freuten sich, dass ich einen Platten hatte. Letztendlich habe ich gemeckert, dass man sich nicht über das Unglück eines anderen Menschen freut. Uff, das hat gesessen. Verschämt schauten die Leute zu Boden. Ich war wütend. Nichts wie weg. Zum nächsten Unglück flog mir auch noch eine Biene in mein T-Shirt und hat mich unterhalb des Busens gestochen. Obwohl ich den Stachel sogleich herausgezogen habe, habe ich unter meinem linken Busen in kürzester Zeit noch einen Busen gehabt. Gern esse ich

Bienenstich.

So einen brauchte ich allerdings nicht. Was sollte ich tun? Inzwischen war es 18.00 Uhr. So konnte ich nicht radeln. Ich brauchte unbedingt ein Auto, das mich in die nächste Stadt mitnahm. Neben einer Imkerin mit ihrem kleinen Hund stoppte ich. Sie verkaufte Honig. Viele ließen an dem Verkaufsstand Flaschen stehen, für die die Imkerin Pfand bekam. Jedem Fahrzeug habe ich zugewinkt, bis endlich ein Geologieprofessor mit seiner Familie (Bruder, Ehefrau, Sohn) aus Xining hielt. Sie packten das Auto um, mit Mühe passten mein Gepäck und mein Fahrrad hinein. Der Geologe hatte fünf Jahre im United Kingdom gearbeitet und auch einige Zeit in Marburg. Der Sohn ist in Marburg geboren, die Frau arbeitet in Lanzhou. 2014 will die Familie ihrem Sohn zeigen, wo er geboren ist, und durch Deutschland reisen. Ich erzählte, dass meine Fächer während des Lehramtsstudiums ›Mathematik, Sport, Geografie‹ waren. Später habe ich noch Erziehungswissenschaft, Sozialpädagogik, Psychologie, Kriminologie studiert, dazu Psychomotorik. Den Pass hoch. Ich hätte mindestens fünf Stunden schieben müssen. So hatte ich viel Zeit gespart und interessante Gespräche über Geografie geführt und, dass die Menschen ihre nähere Umgebung nicht kennen. Auf dem Pass war eine Jurtensiedlung. Der Weg hinauf war sehr steil, der Weg hinab auch. »Wir zeigen unserem Sohn oft das schöne China. Unser Sohn ist sehr schlau, so dass wir nicht am Wochenende mit ihm lernen müssen. Er hat großes Interesse an Mathematik und Geografie. An einem Bach haben wir Steine gesucht, die wir zu Hause untersuchen.«Unterhalb des Passes war ein großes Naturreservat, das eingezäunt war. Es hatte die Form einer großen Talsperre, Teile nutzt man für Wasserkraft. In den Dörfern gab es Solartechnik. Alles wurde dem Sohn erklärt. »Wichtig ist Lernen, Lernen, Lernen.«— »Das sagen wir unserem Sohn auch immer.«— »Hätte ich neben der Arbeit nicht studiert, ich wäre heute auf Hilfe vom Staat angewiesen. Wie gefällt Ihnen Ihr Präsident?«— »Gut er macht viel für sein Land. Er baut das Land auf zu einer grünen Oase. Aber es dauert sehr lange, bis hier alles so sauber ist wie in Deutschland. Wie gefällt Ihnen die Bundeskanzlerin? Wir haben Sie mal in Berlin kennengelernt. Sie ist eine taffe Frau.«— »Ich komme aus der unteren Unterschicht, meine Mutter war zuerst Landarbeiterin und später Fabrikarbeiterin. Da wählt man eher linksorientierte Parteien. Bundeskanzlerin Dr. Angela Merkel ist überall anerkannt. Wir haben keine intelligentere Frau. Für meinen Begriff ist sie zu sehr um das Kapital bemüht, sie weiß nicht, wie es sich von staatlicher Hilfe leben lässt.«— »Mein Sohn und mein Mann wollen auch so radeln, wie Sie. Was haben Sie für ein Fahrrad? Wir wollen aus Deutschland Fahrräder mitbringen.«— »Aber es gibt hier in China doch sehr gute Fahrräder zu kaufen. Ich habe viele junge Menschen gesehen, die nach Tibet geradelt sind. Alle hatten feine Räder. Außerdem gibt es in jedem Jahr in Shanghai eine große Fahrradmesse. Schauen Sie mal im Internet nach. In Tibet findet zur Zeit ein sehr großes Fest statt. Aus diesem Grunde radelten viele junge Männer nach Lhasa. Meistens waren es junge Studenten.«— »Jeden Sommer sind Reisen für Studenten ausgeschrieben.

Sie lernen so China kennen. Meistens übernachten sie in Schulen.«– »Ja, in den Orten werden die Radler schon mit einem Megaphon von der Polizei empfangen. Solche Aktionen finde ich sehr schön. Bei meiner letzten Radreise war ich einen Tag mit einem Studenten unterwegs. Inzwischen arbeitet er schon.«– »Deshalb möchte unser Sohn Radfahren trainieren.«– »Schön. Sie werden in China sicherlich ein geeignetes Rad finden, vielleicht ein Mountainbike.«In Datong sind wir lange Zeit herumgefahren, um eine Unterkunft zu bekommen. Schließlich landeten wir in einem einfachen Gästehaus, direkt neben dem Krankenhaus.

Mein Bienenstich wurde größer und größer. Nach der Körperpflege bin ich ins Krankenhaus. Es dauerte, bis ich jemanden gefunden habe, der mich verstanden hat. »Mifeng, mifeng.«Dazu das Zeichen eines Piks. Dann ging alles ganz problemlos. In die Notaufnahme. Der Bienenstich und die vielen Flohstiche, die wieder herauskamen, wurden desinfiziert. Jetzt war ich orange gesprenkelt. Vermutlich hat mein Körper auf Grund des Bienenstichs die vielen Flohstiche nicht mehr abwehren können. Die Notaufnahme war ein großer Raum mit sechs Betten und vielen Stühlen. Männlein und Weiblein gemischt. Heißes Wasser. Verpflegung wurde von den Angehörigen mitgebracht. Ich wurde gut verpflegt von Menschen, die bei ihren Kranken blieben. Ein Tropf, ein Tropf, ein Königreich für einen Tropf. Vier Stunden saß ich auf dem Bett, bis die Flüssigkeit durchgelaufen war. Sechs Pillen für die Tage danach. Die junge Ärztin sprach englisch. »You are my hero, you are my hero! Ich hoffe, ich bin in Ihrem Alter auch noch so sportlich wie Sie.«– »Ich mache jeden Tag Sport.«– »Ich werde immer an Sie denken und mich bemühen, auch jeden Tag Sport zu machen.«– »Es fällt mir nicht jeden Tag leicht. Aber wenn ich mich aufgerafft habe, bin ich ganz stolz, dass ich mich überwunden habe.«– »Ich werde mir das zum Vorbild nehmen.«– »Danke.«Nachdem ich versorgt war, eine kurze Umarmung. Schon war ich auf dem Weg zum Hotel, wo sich gerade die Familie verabschieden wollte. Schnell ein Austausch der Visitenkarten. Auf Wiedersehen im Sommer.

Ich war richtig krank und habe drei Stunden nach dem Krankenhausaufenthalt nur gelegen. Als ich halbwegs fit war, bin ich mit dem Taxi zum Ganying Tempel gefahren. Mehr als 700 Stufen ging es hinauf zum Lao Ye Mountain und über die Ganying Tempelanlage. Drohend standen schwarze Wolken über den Bergen. Streckenweise sind die Stufen recht schmal und steil. Ein 4,5 m stehender goldener Buddha, der über Datong blickt. Oben habe ich einen Tee getrunken, der durch viele Früchte und Blumen parfümiert war. Ein köstliches Getränk. Wind kam auf. Schwarze Wolken. Festhalten beim Abwärtssteigen und genießen. Leider konnte ich nicht bis zum Gipfel hinauf, plötzlicher Sturm und Gewitter bremsten die letzten Meter aus, so war ich nur etwa auf 2.900 m. Als ich am Eingangstor war, sperrte man die Anlage. Jede Person wurde einzeln herausgelassen.

Das Treiben der Stadt musste ich mir noch ansehen. Auf dem klitzekleinen Bazar habe ich mir eine dicke Pellkartoffel gekauft und gleich verspeist. Das war ein Genuss. Ich saß, wie in meiner Kindheit auf einem Haussstein, und aß eine Kartoffel. Die Leute amüsierten sich über mich, lächeln hilft. Danach bin ich ins Gästehaus, habe mir zwei Bier gekauft und aus meinem Fenster zum Krankenhaus geschaut.

Noch 30 km bis Xining. Nur nicht anstrengen. Gemütlich radeln und an den Bienenstich denken. Jetzt bin ich nur mehr mit Mundschutz geradelt. Keine Biene soll in meinen Mund fliegen. Der Bienenstich war schon ein Schock für mich.

Ich wollte einen Bekannten besuchen, der im Zentrum für tibetanische Medizin arbeitet, selbst ist er Tibetaner. Zum Zentrum gehören eine Forschungsstation, in der alte Schriften über Medizin entziffert werden und ein Krankenhaus. In diesem Bereich bin ich gebummelt und habe Personen getroffen, die aus Deutschland, der Schweiz, Südamerika kommen und Deutsch gesprochen haben. Sie machten gerade Entspannungsübungen und saßen im Lotussitz. Dazu gab es einen südlichen Blumenduft, den ich tief eingeatmet habe. Nach den Übungen hatte ich lange Gespräche über meine Reise und über meinen tibetanischen Bekannten. Er arbeitet jetzt leider nicht mehr in dem Zentrum, sondern in einer Business School in Lanzhou. Der Blütenduft überzog das gesamte medizinische Zentrum, tiefes Einatmen. Die Personen des Krankenhauses wirkten dynamisch und athletisch, nicht nach Burn-out und Überarbeitung, eher nach der Suche auf Selbstfindung des Ichs. Kein Verstecken in psychiatrischen Kliniken, sondern Bewegung, Entspannung, Blütentherapie, Seminare und alles in englischer Sprache. Eine ganztägige Ganzheitstherapie. Abwarten und Teetrinken. Das tibetanische Zentrum wäre für Personen jeglichen Schulaufsichtsamtes bestens geeignet, um die Füße auf den Boden der Tatsachen zu bringen.

Xining hat sich sehr verändert in den letzten fünf Jahren. 2011/2012 wurde der Crabapple Park geschaffen, ein Treffpunkt für viele Menschen. Ich habe einige Zeit in dem Park pausiert und mich mit vielen Menschen unterhalten. Übersetzt haben zwei kleine Jungen, die in der Schule Englisch lernen. Freude war auf allen Seiten, gegenseitiges Fotografieren.

Irgendwann war ich auf der Suche nach dem kleinen Bazar von 2008, aber es gab ihn nicht mehr. 2008 konnte man dort Hühnerfüße, Rinderfüße und viele andere Sachen kaufen. Damals habe ich dort viele chinesische Köstlichkeiten gegessen, die es nur in China gibt und in keinem Restaurant in Deutschland. Aber in der kleinen Gaststätte neben meinem Hotel habe ich zweimal Köstlichkeiten gegessen, vegetarisch gekocht nach meinen Wünschen.

Weit bin ich nicht gekommen. Regen, Regen, Baustelle an Baustelle. Vom Baudreck sind die Straßen rutschig. China ist eine einzige Baustelle. Neue Wohnviertel entstehen auf der Straße nach Lanzhou. Ein riesiger Felsblock ist auf einen Berg gelegt, der 2008 dort noch nicht gelegen hat, ein Meisterwerk des Transports und Symbol für Arbeit und Fleiß von Steinmetzwerkstätten. Neben dem Gelben Fluss wird auch an der neuen Zugtrasse zwischen Peking und Urümqi gearbeitet. Zelte von Wanderarbeitern. Von Xining bis Pingan gibt es nur eine Baustelle und die ist ca. 30 km lang. 15 Radfahrer kamen entgegen und wollten nach Lhasa zur 60-Jahr-Feier. Auf den Feldern nahebei Korngarben aufgestellt, wie sie in meiner Kindheit auf dem Feldern standen, als es noch keine Mähdrescher gab. Allerdings wird hier auf den kleinen Nutzungsstreifen das Korn mit einer Handsichel abgeschnitten. Jeder verfügbare Quadratmeter wird für die Anpflanzung von Getreide oder Gemüse genutzt.

Der Himmel leuchtete nicht erfreulich, sondern es war diesig. Ich wusste nicht, ob es an der Luftfeuchtigkeit oder an dem Dreck von den Baustellen lag. Auf jeden Fall mit meiner Atemmaske bin ich gerast wie eine Wilde, es leuchtete ein

Gelber Fluss.

Yellow river, yellow river oder Huang He ist der zweitlängste Fluss Asiens mit 5464 km, ist ein reißender Fluss, dessen Wasser lehmgefärbt ist. Manchmal musste ich auch schieben. Plötzlich kam ein anderer Radfahrer angestrampelt. Einige Zeit radelten wir gemeinsam, saßen auf der Straßenbegrenzungsmauer über dem Gelben Fluss und sprachen über das heutige und gestrige China. Die kleinen Siedlungen gab es nicht mehr, inzwischen waren dort schöne kleine Häuser entstanden mit Solartechnik. Im engen Tal schlängeln sich Straße, Autobahn, Zugtrasse und Baustelle der Schnellzugtrasse von Peking nach Urümqi. Von Xining nach Lanzhou gibt es viele neue Häuser. Die Städte haben sich so ausgeweitet, dass es kaum noch Ackerland gibt. Meinen Radpartner habe ich irgendwo an einer Toll Gate unterwegs verloren. Ich habe gewartet und gewartet. Aber diese jungen Burschen können schnell fahren, aber nicht kontinuierlich Stunde für Stunde durchradeln. In Minhe wollte ich schauen, ob es die kleine Gaststätte von 2008 noch gab, wo ich selbstgefertigte Nudeln von mehr als zwei Armlängen aß mit meinem Reisebesteck. Ich hatte es nicht geschafft, die Nudeln mit Stäbchen zu essen. Die Leute hatten mir lächelnd zugeschaut. Doch was war aus diesem beschaulichen Ort geworden. Die Pagode gab es noch. Ansonsten war es ein Hexenkessel geworden. Auto an Auto. Der Ort glich einem riesigen Bazar. Muslime über Muslime. Han-Chinesen habe ich nicht getroffen. Ein Moslem, dessen Vorderfüße amputiert waren, kniete auf dem Fußweg und zählte sein erbetteltes Geld. Es war eine Hand voller Scheine. Jedes Mal, wenn einer dem Mann einen Schein in seine Taqiya legte, verbeugte er sich. Ansonsten bettelte er alle Vorbeigehenden mit zusammengelegten Händen an. Fast jeder Mann trug eine Taqiya, fast jede Frau trug ein schwarzes Kopftuch. Der Islamismus zeigte sich seit 2008. Wurde ich 2008 nur selten mit islamischer Religion konfrontiert, so wurden in der Provinz Ganzu viele Moscheen gebaut.

Schon Kinder trugen als Symbol der Religionszugehörigkeit die entsprechende Kopfbedeckung. Islamische Familien hatten mehr als zwei Kinder, und ich habe mich gefragt, wer für die Überzahl bezahlt oder gibt es in der Provinz Ganzu Sonderrechte.

Ein Motorradfahrer hat mich überholt, sofort gewendet. Wir haben am Straßenrand sehr lange pausiert, zwei Radfahrer kamen noch hinzu. Sie wollten einige Tage am Qinghai Hu Urlaub machen, bevor sie zurück nach Xi‹an fahren. Abends habe ich in einem Lokal gegessen, wo es alle traditionellen chinesischen Speisen gab: Würmer, Schildkröten, Schlangen usw. Ich habe mich für eine vegetarische Speise entschieden. Gern hätte ich mal Würmer gekostet, doch es aß niemand Würmer. So konnte ich nicht um einen Wurm bitten. Das junge Hotelpersonal übte Tanzschritte ein, derweil ich aß. Ich fand das sehr ansprechend, zumal ich sehr oft gesehen habe, wie das Personal vor einem oder in einem Lokal in Reih und Glied stand und eingeschworen wurde auf die Arbeit und auf den Staat. Es glich einem Appell auf dem Kasernenhof. Alle sprachen dem Vorsager laut nach. Ein ungewohnter Arbeitsbeginn.

Mein Fahrrad war durch den Straßendreck so lehmbespritzt, zufällig sah ich, wie jemand sein Auto säuberte. Folglich ließ ich mein Fahrrad abspritzen. Die Tochter studiert englisch, sie möchte Lehrerin werden. Da hat sie gute Chancen, weil viele Lehrerinnen aus dem Ausland kommen. Während mein Rad abgespritzt wurde, habe ich einige Kekse gegessen. Die Eltern sind Landwirte und haben ein gutes Einkommen, so dass sie ihre Kinder bequem studieren lassen können. Die Mutter ging zum Spritzen der Bäume. Nach langen Gesprächen über Lernen bin ich gegen 10.00 Uhr abgefahren. Beim Hochschieben eines Berges habe ich zufällig zwei Motorradfahrer bei einem kleinen Tempel gesehen. Sie haben mich zum Essen von Keksen eingeladen. Den kleinen Tempel habe ich noch fotografiert, weiter ging es bis etwa 40 km vor Lanzhou. Die Straße wurde schlecht und schlechter und erinnerte mich doch sehr an die Straßen von Kasachstan. Zwischendurch konnte ich immer mal wieder ein kleines Stück radeln. In Lanzhou führte mich ein Radfahrer zu einem Hotel. Die Visakarte funktionierte im Hotel nicht, so dass ich zur Bank of China musste. Ein Hotelangestellter hat mich hingebracht. Schon 40 km vor Lanzhou war die Luft zum Schneiden. Ich war froh, eine Gesichtsmaske zu haben. Vor fünf Jahren war es noch nicht so.

Mit dem Taxi bin ich zur Post gefahren, gelegentlich muss man auch mal Karten schreiben. Die Post lag in einem islamischen Viertel. Wieder das gleiche Bild wie in Minhe. Auch hier ging es zu wie auf einem türkischen Bazar. Es gab Kartoffelchips, Schaschlik, Brot, Früchte. Frauen und Männer mit typisch islamischer Kopfbedeckung priesen ihre Waren an. Gewühle und Geschupse.

Ich war froh, als ich wieder ein Taxi hatte, das mich an den Gelben Fluss brachte. Hinauf zur weißen Pagode bin ich sehr schnell gestiegen. Wieder habe ich eine Gebetsfahne angebracht. Ein Großvater mit Enkel beobachtete mich dabei. Der kleine Junge war 8 Jahre, wie er mir erzählte. Der Großvater bat, mich fotografieren zu dürfen, mit und ohne Enkel. Ich habe dem Enkelsohn meine Karte gegeben, damit er weiß, von welcher Person er Bilder gemacht hat. Der Großvater bedankte sich überschwänglich. Ich habe mich gefreut. Langsam bin ich die 532 Stufen hinabgestiegen, habe fotografiert. Danach habe ich noch eine kleine Bootsfahrt auf dem Fluss gemacht zur »Großen Mama des Gelben Flusses« und zu den Wasserrädern. Allerdings sieht man vom Boot nicht sehr viel. Ich bin danach den Fluss abgegangen und habe die Große Mama aus der Nähe betrachtet, ebenfalls die Wasserräder. Gern wollte ich noch meine drei jungen Bekannten besuchen, aber das Friendship-Hotel gab es nicht mehr, so konnte ich meine jungen Bekannten nicht finden. Auch die Business School habe ich nicht gefunden; denn es gab mehrere. Am Fluss habe ich noch einen leckeren Tee getrunken und auf den Fluss geschaut. Der Gelbe Fluss floss schnell dahin. Auf Flößen ließen sich Leute auf dem Wasser treiben, zurück ging es mit dem Motor. Auf jeden Fall war der Tag in Lanzhou interessant.

Mit dem Taxi ist es anders als bei uns. Man winkt einem Autofahrer zu und wartet auf ein Stoppen. Aber ich hatte erhebliche Mühe, ein Taxi zu bekommen, weil mein Hotel weitab war. Dort wollten viele Taxifahrer nicht hinfahren.

Meine Abreise von Lanzhou gestaltete sich ruhig; denn ich wollte noch am Huang He bummeln und schauen. In den Parkanlagen entlang des Flusses trieben viele Menschen Sport mit und ohne Musik. Säbeltanz, Gymnastik mit Fächern, Tanzen nach unterschiedlicher Musik (Rock, Pop, Walzer usw.). Ein Chinese meinte, dass ich mein Fahrrad abstellen sollte, um ein Tänzchen zu wagen. Gern hätte ich getanzt morgens am Gelben Fluss, doch leider. Das unbeaufsichtigte Abstellen meines Fahrrades wäre Anleitung zum einfachen Diebstahl gewesen. So musste ich mit neidischen Blicken weiterziehen zur nächsten Attraktion. Eine Gruppe sang und spielte Musik in einem kleinen Pavillon. So bin ich lange in meine Richtung geschoben, bis ich meinte, abbiegen zu müssen. An einer großen Ampel habe ich einen Polizisten gefragt nach Xi‹an. Mein Gespür für meinen Weg war richtig, ich musste abbiegen. Ich musste immer mal wieder fragen, weil ich die Hinweisschilder nicht lesen konnte. Eine Straße kam mir doch sehr komisch vor, obwohl sie breit war, aber die Sonne stand nicht dort, wo sie hätte stehen sollen. Eine Taxifahrerin wies mir den richtigen Weg. Dann war alles sehr einfach. Während ich bergan schob, überholten mich zwei junge Radler. Sie waren stieselig und grüßten nicht, sondern schauten mich mitleidig an. Bergab war für mich kein Problem, ich überholte sie wieder. Bergauf-bergab. Das Spiel zwischen den beiden Radlern und mir wiederholte sich einige Male. Macht nichts. Am Ende war ich schneller.

Wieder einmal hatte ich Probleme mit meinen Bremsen und der Balance des Rades. Das Vorderrad wackelte wie Espenlaub. Zum Glück kamen zwei junge Radler, die sofort mein Fahrrad reparierten mit der Bemerkung »You are my hero!«. Die jungen Radler wollten, das ich mit ihnen gemeinsam nach Xi‹an radele, aber ich habe mich bald mit der Bemerkung verabschiedet: »Ich bin doch eine alte Frau, sie haben vielmehr Kraft als ich.«Eine kurze Umarmung und jeder fuhr seines Weges. Die Straße war schlecht bis Dingxi, sie hat im Laufe der Jahre sehr gelitten. Das Erdbeben mit den starken Regenfällen hatte zum Teil die Seiten der Autobahn abgetragen, ebenso der Straßen. An vielen Stellen wurde ausgebessert. Mit dem Rad konnte ich gut durchschieben, ansonsten halfen mir die Straßenarbeiter, mein Rad samt Gepäck durch die Baustelle zu tragen. Streckenweise warfen die Leute ihren Müll und Abfall einfach auf die andere Straßenseite. Eine alte Frau schmiss ihren Abfallbeutel mit viel Schwung auf das Grundstück nebenan. Streckenweise ist kein Umweltbewusstsein vorhanden.

Der Fahrer eines 4WD setzte sein Auto plötzlich rückwärts und bretterte in mich hinein. Rechtzeitig habe ich laut geschrien, so dass es nicht zu einem gravierenden Crash gekommen ist. Andere Fahrzeuge hatten den schwarzen 4WD vorher angehupt, weil der Fahrer sein Auto in verkehrsgefährdender Weise bewegte. Gebremst fuhr ich in das Auto. Mein Rad hatte nichts abbekommen. Ich habe meine Wade aufgeschlagen und ein blaues Knie. Zum Glück habe ich eine große Beule in das Auto gefahren, Pech gehabt für schlechtes rasantes Autofahren. Von Dingxi nach Longxi durch die Berge musste ich lange Zeit schieben, so dass ich nach Longxi im Dunkeln hinabfahren musste. Trotz Rettungsweste und Reflektoren an den Satteltaschen war mir schon mulmig, weil noch viele Gefährte unterwegs waren.

In Logxi sprach ich ein junges Paar nach einer Unterkunft an. Sie führten mich zum Hotel. Auf dem Zentralplatz war, wie in China üblich, eine riesige Karaokeparty. Junge und Alte sangen und tanzten. Als ich dort auch hingehen wollte, hat es mal wieder gewittert. Seit Almaty hat es jeden Tag geregnet. Obwohl das Wetter nicht freundlich aussah, begegnete ich 20 Radler. Interessante Gespräche.

Bald hinter Longxi musste ich den Berg drei Stunden hochschieben. Ein Autofahrer, der mir entgegenkam, schenkte mir zwei Flaschen Wasser.

Beim Hinabfahren nach Gangu fuhr ich ungebremst über eine Bodenwelle. Die Halterung für eine Fronttasche flog weg. Mit einer Schraube und Kabelbinder habe ich die Halterung fixiert. Man gut, dass ich für alle Eventualitäten Material hatte. Fronttasche befestigen und mit Karacho nach Gangu. Im ersten Hotel wollte man mich nicht haben, weil ich kein Chinesisch spreche. Doch letztendlich bin ich mit Hilfe eines jungen Arztes aus Tianshui nach langem Suchen in dem ersten Hotel untergekommen. Als Ausgleich für die unbequeme Hotelsuche musste ich am nächsten Tag wieder vier Stunden bergauf schieben, dann hinab nach Tianshui und weiter ohne Pause nach Baoji. Niemand konnte mir die Streckenlänge nach Xian sagen. Jeder machte eine andere Km-Angabe. Irgendwann kam ein junger Polizist, der mir die Streckenlänge nennen konnte. So war es klar, das nächste Hotel ist meines. Im Nachbarhaus wollte ich essen, doch mit der Verständigung gab es gravierende Schwierigkeiten. Es gab ausschließlich chinesischen Feuertopf. Ich wollte mir die entsprechenden Speisen dazu aussuchen. Der Gastronomin war alles nicht recht. Sie telefonierte. Vier junge Leute sollten mir helfen. Auch diese verstanden nicht, dass ich mir aus diversen Fleisch, Fisch und Gemüsesorten meine Fonduezutaten selbst auswählen wollte. »Wir können gar nicht verstehen, wie Sie mit Ihren geringen chinesischen Sprachkenntnissen nach Beijing kommen wollen?«– »Das lassen Sie man meine Sorge sein, schließlich ist es nicht meine erste Radreise von Deutschland nach Beijing. Sie müssen mir das erst einmal nachmachen. Ich brauche keine Übersetzer, die mich noch für dumm halten. Mit meinem Wörterbuch bin ich bisher gut durch China gekommen. Ich möchte nur wissen, welche Zutaten der Feuertopf enthält.«Danach ging ich in ein anderes Lokal, verständigte mich prima mit dem muslimischen Wirt über meine Reisen durch China, aß Nudeln und trank ein Bier. Gemütlich war es in dem Lokal. Die Speisen wurden auf einem Holzofen zubereitet. Es war ein Küchenofen, wo man die Metallringe herausnehmen kann, so dass die Speisen schneller kochen. Es war zwar warm an diesem Abend, aber der Küchenofen erinnerte mich sehr an mein Leben in jüngerer Zeit.

Das Ausmaß des Erdbebens konnte man hier sehen, zusammengestürzte

Brücken.

Die Leitplanken sind aufgewickelt wie Bindfäden. Straßenteile sind weggebrochen und Muren bedeckten die Straßen. Die Straßen sind streckenweise nur einspurig befahrbar. Dazu ist die Strecke kurvenreich. Vor keiner Überraschung war man sicher. Steinschlaggefahr auf der gesamten Strecke. Ein riesiger Steinbrocken lag auf der Straße, so dass Arbeiter mit schwerem Gerät vor Ort waren. Zuerst wurde mein Rad mit Gepäck über die Mure gebracht. Manchmal gab es Unterführungen, wo ich jeweils meine orange Schutzweste getragen habe. Links der Straße floss der Wei He, rechts der Straße ragten felsige Hügel gen Himmel. Der nächste Regen wischt noch Felsen vom Berg. Wieder kilometerlange Tunnel. Sicherheitsweste. Ich fürchtete mich beim Durchfahren der Tunnel. Hoffentlich finde ich ein Auto, das mich durch die dunklen Tunnel fährt. Irgendwo ein kleiner Ort. Für 300 Huan wurde ich durch die Tunnel gefahren. Es war nicht weit, Straßen waren manchmal nur einspurig, dann wieder Tunnel. Ich war froh, in einem Auto zu sitzen. Für eine kurze Strecke haben wir über eine Stunde benötigt. Nur mit Herzrasen wäre ich durchgekommen. 300 Huan waren der Einsatz für mein Leben. In China sind die Straßenunterführungen nicht ausgeleuchtet. Obwohl, in China sind die Straßen normalerweise gut zu fahren. Aber hier in dem Erdbebengebiet hatten die Straßen auch Macken: Muren, Straßenschäden, zerstörte Brücken, aufgezwirbelte Leitplanken und lockere Steine in den Bergen.

Jeden Abend sah ich im Fernsehen, falls mein Zimmer eines hatte, Berichte über die Rettungsmaßnahmen. Das Epizentrum war im Bereich 34,5° nB und 104,2° öB. Erst 20 Tage später radelte ich am Rande des Erdbebenzentrums vorbei. Das Militär, die Rettungskräfte und Ärzte haben sehr gute Arbeit geleistet. Sogleich wurden Zeltstädte aufgebaut, die Straßen notdürftig befahrbar gemacht, Suchmannschaften eingesetzt, um möglichst viele Überlebende zu finden. Präsident Xi Jinping sprach den Überlebenden Mut zu und den Einsatzkräften Durchhaltevermögen. In einem Zelt pellte er einem Jungen eine Kartoffel ab, doch der Junge war vom Beben so geschockt, dass er nur mit dem Kopf schüttelte und weiterhin auf dem Schoß von Xi Jinping saß. Für kleine Hilfsmaßnahmen gab es ein Zeltlazarett, nur die Schwerkranken wurden nach Lanzhou gebracht. Chinesen wurden aufgerufen zu spenden. Krankenhauspersonal, Leute in Fabriken, Polizeikasernen, Büros usw. steckten anonym Briefumschläge in Sammelboxen. Die Gegend um das Epizentrum ist landwirtschaftliches Nutzgebiet. Flächen mit Obstbäumen, Mais und andere Nutzpflanzen auf kleinen Terrassenflächen. Durch den Regen und durch das Beben sind die Hänge gebrochen und über Häuser gerollt. Aufbauarbeiten kosten Geld. Die Spendenbereitschaft ist groß bei Naturkatastrophen von Chinesen für Chinesen.

Das letzte Straßenstück nach Xian war flach. Im Hotel an der Stadtmauer, dem Huashan Mountain International Hotel, bekam ich eine kleine Wohnung mit Wohnzimmer, Schlafzimmer, Bad. Mein Fahrrad und ich. Wunderschön. Allerdings hätte ich lieber ein kleines Zimmer. Um 17.00 Uhr bin ich gestartet zur Begehung der Stadtmauer. Allerdings habe ich nicht gewusst, wie lang sie ist, ungefähr 14,5 km. Ich habe fotografiert im Jahr der Schlange. Warm war es, nach jeweils etwa 5 km eine Flasche Wasser. Inzwischen war es dunkel geworden. Eine Gruppe machte auf der Stadtmauer für einen Lauf Reklame. Unterwegs hörte ich, dass die Tore geschlossen werden. Also Beine in die Hand nehmen. Endlich der Drum Tower in der Nähe meines Hotels. Nicht viele Menschen bummelten noch auf der Mauer. Der Drum Tower wurde angestrahlt. Schnell eine Aufnahme und die Stufen hinab. Zwei Polizisten standen am Tor und ließen mich durch die Sperre. Ausgehungert und durstig bin ich im Hotel angekommen, schließlich hatte ich unterwegs wenig gegessen und getrunken. Es war ein langer Tag. Der nächste Tag war nicht weniger lang, es wartete die

Terrakotta-Armee.

Taxi und zur Terra-kotta-Armee, zum Mausoleum und zu den Hot Spring Quellen. Für die Ter-rakotta-Armee und das Mausoleum hatte ich einen Guide, der englisch sprach. Er hat mir alles erklärt. Voller Stolz spazierte ich durch die große Halle von Lintong, wo die Terrakotta-Armee steht. 1974 wurde diese unterirdische Anlage entdeckt, als man während einer Trockenperiode nach Wasser grub. Nur ein kleiner Teil der ca. 7000 Figuren sind bisher geborgen. Sie sind die Leibwache des ›Ersten Kaisers von China‹ Qin Shihuang Di, der auch nach seinem Tod bewacht werden wollte. Die bisher ungeöffnete Grabkammer von Qin Shihuang Di ist etwa 1225 m entfernt auf einem Hügel und wurde erst 1961 entdeckt.

Einige dieser Terrakotta-Figuren waren 1981 im Roemer-Pelizaeus-Museum in Hildesheim zu sehen. Schon damals haben mich diese Kunstwerke interessiert. Jetzt wanderte ich durch die Halle und genoss das Anschauen der Tonfiguren. Jede Figur war anders gestaltet, und zwar in Größe und Figur und Bekleidung entsprach sie dem jeweiligen Kämpfer in Originalgröße. Bei manchen Figuren fehlte der Kopf. Die Farben waren vergangen, aber inzwischen hat man eine Möglichkeit gefunden, die Farben zu erhalten. Erst wenn die bisherigen gehobenen Figuren restauriert sind, werden weiter Grabungen vorgenommen. Die Restauration der Tonplastiken wird noch sehr lange dauern. Auf jeden Fall hat man auf Grund der Funde viele Kenntnisse über das Leben 200 Jahre vuZ erfahren.

So gibt es Tonfiguren von Generälen, höheren Offizieren, Kavalleristen, Streitwagenlenker, Angehörige der Reitergruppe, Infanteristen verschiedener Waffengattungen, Angehörige der Bogenschützengruppen, unbewaffnete Elitesoldaten (vgl. Kunstschätze aus China; 1980). Durch die Realisierung der tönernen Armee hat der Erste Kaiser der Qin-Dynastie seinen Ewigkeitsanspruch realisiert.

Der erste deutsche Politiker, der die Terrakotta-Armee besuchte, war Herbert Wehner. Danach fuhren viele bekannte Menschen nach der großen Halle von Lintong – ich auch.

Der Ewigkeitsanspruch ist vererbt auf den Bauern, der die Terrakotta-Armee entdeckte und seine Bücher signiert. Gern hätte ich ein Buch mitgenommen, doch leider, ich war auf einer Fahrradreise und hatte genug Gepäck. Aber mit Hilfe meines Guides hatte ich ein sehr langes Gespräch mit dem Bauern, Fotos wurden gemacht, Visitenkarten ausgetauscht, Hände geschüttelt. Die Unterhaltung war sehr lustig: »Sie müssen sehr reich sein. Wollen Sie mich heiraten oder adoptieren.« Gemeinsames Lachen. Bald bummelte ich durch die kleinen Verkaufsläden. Generäle und Soldaten gab es in jeder Größe zu kaufen, dazu Streitwagen und andere chinesische Kultgegenstände. Viel Gedränge im Museum und an den Verkaufsständen.

Nachdem ich noch das Mausoleum gesehen habe, ging es zurück zur Hot Spring Quelle. Zügig spazierte ich durch die Badehäuser und Gartenanlagen, dann zurück nach Xian. Hier war ich im Bell Tower. Probleme für mich in der Unterführungen den Weg zu finden. Irgendwann jedoch war im Tower, auf Grund meines Alters kein Eintritt. Ich blickte über die Stadt und beobachtete den Autoverkehr. Um den Bell Tower war ein

Verkehrsgewühle.

Man gut, dass ich Fußgängerin war. Ein Polizeibus fuhr in den Kreisel, Autos quietschten, der Bus nahm vielen die Vorfahrt. In China gilt, zuerst kommen die Busse, danach LKW nach Größe geordnet, dann Autos, schließlich Zweiräder nach Größe geordnet, Schlusslicht bildet das Fußvolk. Zurück zum Hotel, essen und trinken. Die Speisen im Hotel waren zu klein für eine Radlerin.

Das war mal wieder ein Tag. Die Straße nach Lingtong war leicht zu finden. Busse quetschten sich an mich heran. Fein- und Armfreiheit hatte ich da nicht, ich stand eingekeilt zwischen zwei Bussen auf der Geradeausbahn. Bewegungsmöglichkeit gleich Null. Still sagte ich zu mir: »Meine liebe Rosi, es gibt nur zwei Möglichkeiten, entweder du bist eine Selbstmörderin oder du hast jetzt Nerven wie Drahtseile.«Ich entschied mich für die zweite Möglichkeit. Die Ampel zeigte Rot. Beide Busse wollten links abbiegen, ich wollte geradeaus. Die Ampel zeigte grün. Ich schrie laut: »Arschloch, mach Platz!«Der Busfahrer rechts verstand das sofort. Er blieb stehen. Ich radelte durch die enge Busgasse geradeaus. Uff, geschafft. Aber das Fahren in Chinas Städten ist gewöhnungsbedürftig. Man gut, dass ich Durchhaltevermögen und starke Nerven habe. Dazu die Hitze. Jeden Abend war ich nass geradelt.

Weiter ging es über die Autostraße nach Lingtong. An einer Toll Gate musste ich runter von der Autostraße. Die Polizei geleitete mich zu einer Parallelstraße, alles war gut. An vielen kleinen Läden kam ich vorbei, auch an einem Fahrradladen. Etwa zwei Kilometer nach diesem Laden hatte ich einen Platten. Kontrolle von Mantel. Ich zog einen neuen Schlauch auf, radelte ein kleines Stückchen. Wieder einen Platten. Kontrolle des Mantels. Jetzt war er gebrochen, also zurück zum Fahrradladen. Der Eigner kontrollierte den Schlauch. Er war in Ordnung. Aber ich musste einen neuen Mantel haben. Einen passenden Mantel gab es nicht. Ich hatte vom Brocken schon sieben Mäntel verbraucht, jetzt brauchte ich den achten. Aber an einem neuen Fahrrad gab es einen Mantel passender Größe. Der Eigner baute den Mantel ab, zog ihn auf, justierte die Räder. Freundlichst verabschiedeten wir uns: der Eigner, seine Frau und seine Tochter. Inzwischen verstand ich einige Brocken mehr in der chinesischen Sprache, so dass die Kommunikation klappte. Der Tag war so schnell vergangen für diese wenigen Kilometer. Ich radelte bis zur Abzweigung der G310 und weiter bis zu einem kleinen Hotel auf dem Weg nach Zhengzhou. Nachts krabbelte eine Kakerlake auf meinem Hemd. Schnell habe ich sie auf den Boden geschmissen und tot getreten. Aber mit der Nachtruhe war es vorbei. Wo eine Kakerlake ist, ist auch eine andere. Dabei hatte ich mich so gefreut, dass ich seit Xining kein Viehzeug mehr am Körper hatte. Der Tropf und die Pillen hatten ganze Arbeit geleistet und die Tierchen vertrieben. Jetzt Kakerlaken. Mir grauste. Würde ich wieder auf Flöhe treffen?

Am Vormittag konnte ich einen Blick auf den Mount Huashan werfen, er gilt als heiler Berg mit seinem 1997 m. Der Huashan ist ein Granitfelsen und schwer zu erwandern. Bei Schönwetter soll dieser westlichste heilige Berg eine herrliche Aussicht bieten. Von der Granitflanke habe ich einige Aufnahmen gemacht. Bis gegen 12.30 Uhr radelte ich allein durch die Gegend, plötzlich wurde ich von einem jungen Mann begleitet für etwa zwei Stunden. »Ich habe genügend Zeit, um Sie zu begleiten. Nach Zhengzhou sollten Sie nicht radeln, viele Diebe sind in großen Städten.«– »Ich habe keine Angst. In vielen großen Städten war ich schon. Wie Sie sehen, geht es mir gut.«Meinen Tritt radelte ich weiter. »In Ihrem Alter sollten Sie jede halbe Stunde eine Pause machen, essen und trinken. So kommen Sie nicht durch.«– »Lieber Mann, was meinen Sie, wie weit ich mit meinem Rad bisher in meinem Leben gekommen bin. Ich radele auf meine Art.«– »Die ist komplett ungesund.«– »Ich esse morgens und abends, zwischendurch trinke ich. Manchmal esse ich auch eine Kleinigkeit. Ansonsten radele ich. Zum Beißen brauch ich nichts. Radeln Sie erst einmal so viel wie ich.«Der junge Mann mäkelte permanent an mir herum, folglich machte ich keine Trinkpause, sondern zog durch, bis der Herr sich verabschiedete zum Speisen. »See you later!«Flux war ich weg und froh, dass ich ein freier Vogel bin. So einen Mann kann man doch nicht gebrauchen. Bei der Hotelsuche war man mir behilflich. Feuertopf hatte ich als Abendessen, zusammengestellt nach meiner Wahl. Feuertopf ist ein Fondue mit viel Gemüse und für mich mit Wassertieren. Die Speise war so scharf, dass mir stetig die Tränen kullerten. Außerdem hatte ich Probleme mit dem Hineinschlürfen von langen gebrutzelten Pflanzen (z. B.: Große Spinatblätter, Chinakohlblätter usw.). Mühe hatte ich mit dem Essen, permanent besprenkelte ich mich mit Feuertopf. Das T-Shirt habe ich im Hotel entsorgt. So dreckig mochte ich nicht radeln, obwohl es war sauberer Dreck.

Von Tongguan nach Luoyang waren mehr als 150 km. Radeln, radeln, schieben, radeln. Vier Radler waren in der Gegenrichtung unterwegs und ein Radler in meiner Richtung, der mich immer mal wieder überholte. Er hatte ein klappriges Rad, aber kein Gepäck. Radfahren ist nicht mehr aktuell in China. 2008 waren die Radwege voller Velos, die Räder wurden von Motorrollern abgelöst mit Ausnahme von Sportlern, die ebenfalls Langstrecke fahren. Auf den Radwegen parkten jetzt Fahrzeuge aller Art (LKW, Autos, Kleinbusse).

Die feinste Übernachtung hatte ich in Luoyang auf meiner Reise, eine Sweet für nicht einmal 50 €, die Räume waren ausgestattet in schwarz-silber-weißen Polstermöbeln, ebenso die Liege. Das Hotel war wirklich schön, gern wäre ich noch geblieben. Weit war der Weg nach Peking. Trödeln konnte ich nicht.

Schnell bin ich aus Luoyang herausgekommen. Doch vorher hat mich noch ein Militärfutzi vertrieben, als ich eine Statue von Mao fotografieren wollte. »Verschwinden Sie!«– »Wenn ich eine Aufnahme von Mao machen will, dann mache ich eine Aufnahme von Mao.«– »Sie sind hier nicht in Deutschland.«– »Das weiß ich. In Deutschland gibt es keine Mao-Statuen. So unfreundlich wie in diesem Jahr, waren die Polizisten 2008 nicht.«Auf dem Weg nach Zhengzhou wollte ich die Shaolin Monastery und den White Horse Tempel besuchen. Den First Buddha Temple in China habe ich verpasst, ebenso die Richtung Shaolin. Probleme hatte ich, den White Horse Tempel zu sehen. Der Mann an der Kasse und ein Polizist wollten mich nicht hineinlassen. Der Kassierer hat mich auch noch angelogen, als ich fragte, ob er Englisch spricht. Er verneinte. Meine Schimpferei in englischer Sprache verstand er. Vor der Tempelanlage konnte ich mein Rad nicht stehen lassen, das wäre Verleitung zum einfachen Diebstahl. Nach langem Suchen fand ich jemanden der Motorräder für geringes Geld beaufsichtigte in einem umzäunten Vorgarten, ebenso mein Rad. Die Tempelanlage ist Symbol der indisch-chinesischen Kooperation. Weiter trampeln bis Zhengzhou. Es war spät geworden. An einer Polizeistelle vorbei. »Wo gibt es ein Hotel?«Ein Polizist, der fließend englisch sprach, zeigte mir den Weg. Er war sehr freundlich. »Sie sind aber eine mutige Frau, allein von Deutschland nach China.«Die Luft war angereichert mit dem Dunst der Verbrennungsöfen und Kohlestaub. Ich berichtete von den Unterschieden zwischen 2008 und 2013. »China hat sich sehr verändert. Überall neue

Häuser, keine Fahrräder, dafür Motorroller und Autos.«– »Bis Gong-Yi ist es nicht mehr weit, nur noch den Berg hoch und hinabfahren. Unsere Fahrzeuge sind unterwegs, sonst ließe ich Sie zum Hotel bringen.«Über eine Stunde schob ich bergan, jetzt hatte ich aber die Faxen dicke. Mir blieb keine andere Möglichkeit, ich musste in Gong-Yi übernachten. Spät bin ich im Hotel angekommen. Nach dem Essen wollte ich mir das Gespiele auf der Hauptstraße ansehen. Ich saß auf einer Treppenstufe und beobachtete. Fahrzeuge ohne Licht fuhren auf der Straße. Personen verbrannten Zeitungen. Dabei stank es übel nach Schwerindustrie. Gern hätte ich etwas gesagt. Plötzlich kamen zwei Polizisten aus dem Haus und wollten mich vertreiben. »Ich wohne hier im Hotel und gedenke nicht, das Grundstück zu verlassen.«Ein Polizist packte an meinen Oberarm: »Verschwinden Sie!«Ich schüttelte die Hand ab und ging ins Hotel. Die Wasserversorgung in dem Zimmer funktionierte nicht, folglich Umzug in ein anderes Zimmer.

Irgendwo unterwegs standen Schulkinder zum militärischen Drill bereit. Morgenappell, so gegen 9.30 Uhr. Still gestanden, Hände an die Seitennähte, Hacken zusammen, Fußspitzen zu einem Kräftedreieck nach Außen gedreht. Wenn die Schulkinder richtig standen, mussten sie einzeln ein Verslein aufsagen. Ich hatte Ähnliches in Hotels und Restaurants erlebt. Allerdings ging das schneller vorbei. Die Sonne schien auf die Köpfe. Ein Polizist ging die Reihen ab. Es war warm. Die Schulkinder standen wie angewachsen, kein Luftzug konnte sie bewegen. Eine Weile habe ich mir den Drill angesehen. Ich war froh, dass ich so einen starren Appell in der Schule nicht erlebt hatte. Zwar mussten wir uns während der Volksschulzeit jeweils vor dem Unterricht zu zweit aufreihen. Sogleich am ersten Tag tanzte ich aus der Reihe und stellte mich zu meinem Bruder. Sofort wurde ich vom Lehrer des Platzes verwiesen und musste in die letzte Reihe, das fand ich nicht gut. Der Morgendrill hier war mehrere Nummern härter, er erinnerte mich sehr an Militärappell. Zum Glück habe ich so eine Strenge in meiner Familie nicht gelernt. Zwang kann ich nicht ertragen, das Leben bringt schon genug Unannehmlichkeiten in der

Zivilisation.

Unter den Brücken spielt das Leben in Zhengzhou. Dort gibt es Trödel, es wird geträumt und getanzt. Die Dunstglocke stand den ganzen Tag über dem Land. Die Luft war zum Schneiden dick in der Provinz Henan. Sehen konnte ich streckenweise keine 500 m. Ich war nur noch dreckig. Trotz Brille und Mundschutz war mein Gesicht wie in einer Kohlegrube, Glück-auf. Dreck lag auf den Straßen. Ich hatte das ›beautiful China‹ verlassen und war im ›rotten China‹ angekommen. Der Dunst der Zivilisation hat die Sonne ausgeblendet, man sieht sie nicht mehr. Schmutz an den Straßenrändern. Die G107 war streckenweise ähnlich marode wie Straßen in Kasachstan. Kinder kamen: »What is your name, please?«– »My name is Rosy.«– »Picture, picture!«Natürlich durften mich alle Kinder fotografieren. Ich schaute zum Himmel. Eine schwarze Wolke zog über uns, ähnlich einer Dampflokomotive. Ich blickte zu den Kindern und dachte: »Wenn ihr nicht anständig lernt, kommt ihr nie mehr aus diesem Dreck hinaus.«Tränen rannen über mein dreckiges Gesicht. »Warum weinst Du denn?«Die Wahrheit konnte ich nicht sagen. »Ich freue mich riesig, dass ihr mich alle mit euren Handys fotografiert.«Nur hinaus aus dem Ort. Auf einem Begrenzungsstein versuchte ich, meine negativen Gefühle bezüglich der Erdverschmutzung in den Griff zu kriegen. *Nach dieser Erde wäre da keine …*

Wie wird dieser wunderschöne Planet durch Menschen zerstört und vergewaltigt, alles nur für Profit von westlichen und östlichen Oligarchen. Mir war zum Kotzen. Als unsere Stahlindustrie kaputt ging, hat man alte Hochöfen und Stahlwerke nach China verfrachtet. Jetzt haben die den Dreck. Die Erdzerstörung ist überall. Himmelsschlüssel habe ich im Garten, aber den passenden für den Erhalt unseres wunderschönen Planeten hat man bisher nicht gefunden – weder bei der Klimakonferenz, weder bei der Atommüll-entsorgung, weder bei der Verdreckung der Erde: Asse next door!. Trotz-dem war ich beim Blick zum Himmel und zum Müll an der Straße froh, in Deutschland zu wohnen. Hier zwischen Elm und Asse mit dem Brocken nahebei lebe ich in der schönsten Gegend der Erde (mit Ausnahme von Tasmanien, der größten australischen Insel). Hier gibt es keine Erdbeben, keine Tsunamis, keine Vulkanausbrüche, keine Muren, keine Lawinen, keine Überschwemmungen, keine Wirbelstürme. Die Überschwemmun-gen in der Nähe sind hausgemacht. Hier ist der Brocken, der jährlich etwa von 1,3 Millionen Menschen besucht wird. Er ist mein Trainingsberg und der Berg der Berge, ein Kultberg.

Ausfahrten aus einer Stadt sind immer schwierig, ein junger Polizist half mir: »Go nord!«Wenn ich doch die Sonne gesehen hätte. In Zhengzhou hatte ich mit drei Motorrollerfahrern Auseinandersetzungen. Sie rammten meine Satteltaschen. Schimpftiraden ergossen sich. Ich war als Siegerin hervorgegangen, die Rollerfahrer machten breiträumig Platz. Auf der Brü-cke über den Gelben Fluss kamen mir 12 Radler entgegen, die sich sehr über meine Reiseleistung gefreut haben. Sofort organisierten sie für mich Reiseverpflegung und Getränke. Ein Rollerfahrer schob mich bis in seinen Ort an. Ich musste nicht treten, sondern kam zügig weiter bis Wei Hui. Der Rollerfahrer hat vermutlich am nächsten Tag einen Muskelkater in seinem rechten Bein gehabt, denn er hatte es an meinem Gepäckträger angelehnt. So ging es ziemlich 80 km. Das war ein schneller Tag, ich kam ziemlich weit. Der Dreck stand in den Straßen, der Dunst über der Land-schaft. Abends sah ich aus wie ein Schornsteinfeger, aber ich war nur eine Radfahrerin auf dem Weg vom Brocken nach Beijing. Mein Wunsch nach Schönheit auf dem Velo war bei dieser Luftverschmutzung komplett in den Hintergrund getreten. Jeden Tag sah ich erneut nach Schornsteinfeger aus. Die Sicht war katastrophal. Hinweis Schilder auf Berge von wenigen Kilometern Entfernung. Sehen konnte ich sie nicht. Sicht maximal 500 m.

Flöhe hatte ich inzwischen auch wieder. Nur die Straße war eben, so dass ich täglich mehr als 150 km machte. Irgendwann war ich in Shijiazhuang.

Wieder waren zwei Radfahrer in der Gegenrichtung unterwegs. Kurz vor Baoding habe ich übernachtet in einem kleinen Zimmerchen. Geduscht habe ich mich nicht, es hatte keinen Wert in dieser dreckigen Umgebung, ich hätte eh die schmutzigen und klebrigen Sachen anziehen müssen. Nachts habe ich schlecht geschlafen. Es war kalt, ich hatte keine Lust meine Windjacke zu suchen. Flöhe attackierten mich, Mücken summten um mich herum, Hunde bellten permanent, irgendwann wurde ein LKW repariert, immer wieder heulte der Motor auf. Spielt keine Rolle. Es ist nicht mehr weit bis Peking.

Fünf junge Radler überholten mich, sie wollten auch nach Beijing. Mitleidig schauten sich mich an. »Wartet ab, auf Langstrecke kriege ich euch!«, dachte ich. Irgendwo muss ich sie überholt haben; denn sie überholten mich erneut. Diesmal schauten sie anerkennend. Ich kaufte Bananen, Äpfel, Wasser, Eistee und weiter. Von den Radfahrern habe ich vorerst nichts gesehen. Plötzlich sprintete einer der Radler zu mir: »Wait a minute, wait a minute!«Sofort stoppte ich. Es dauerte etwa 10 Minuten, bis die Gruppe da war. Fotos wurden gemacht. »You must be very fit!«Jetzt radelten wir gemeinsam bis nach der Abzweigung nach Langfang. Ich fuhr vor und die Gruppe hinterher. »Rosi, machts du keine Pausen.«– »Nein, ich stoppe nur kurz, um zu trinken oder eine Banane zu essen, danach geht‹s weiter.«– »Wir haben unterwegs Pausen gemacht.«– »Das kann ich mir vorstellen, sonst wäret ihr nicht hinter mir. Ich bin eine alte Dame und nicht in der Lage zu sprinten. Bei mir macht es die Langstrecke.«– »Wir bewundern dich. Wie alt bist du?«– »Ihr könnt bequem meine Enkelkinder sein. Ansonsten bin ich gefühlte 40 Jahre.«– »Und wie alt bist du wirklich?«– »Liu shi qi!«Die jungen Leute hielten die Daumen hoch. »Was willst du in Peking machen?«– »Ich möchte zum Platz des Himmlischen Friedens, zum Seidenmarkt einkaufen, durch die Verbotene Stadt bummeln und, falls noch Zeit bleibt, zur Großen Mauer. In Australien gibt es auch eine Great Wall of China.«– »Australien kennst du auch?«– »Australien kenne ich sehr gut. Die Great Wall of China ist in den südlichen Flinders Ranges und liegt auf dem Weg von Wilpena nach Blinman. Auch in South Australia habe ich auf der Großen Mauer gestanden. Sie ist eine etwa 1000 m lange Felswand, ich bin auf ihr vom Anfang bis zum Ende lang gegangen. Damals fühlte ich mich sehr an China erinnert. In Australien hat man oft geographische Namen nach anderen Menschen oder Orten genannt.«– »Du hast schon viel gesehen.«– »Auf dem amerikanischen Kontinent war ich noch nicht.«– »Wir möchten auch so weit reisen.«– »Dann müsst ihr lernen, lernen, lernen. Nur weil ich in höherem Alter noch studiert habe, kann ich mir solche Extravaganzen halbwegs leis-

ten. Es ist schon 18.00 Uhr, ich suche mir jetzt ein Hotel.«– »Komm doch mit bis zum Platz des Himmlischen Friedens!«– »I am an old lady. Jetzt suche ich mir ein Hotel. Morgen ist auch noch ein Tag.«

Umarmungen. »Bye-bye! See you later.«

Im ersten Hotel wollte man mich nicht haben, weil ich kein Chinesisch spreche, im nächsten wurde ich wohlig aufgenommen. Leckere Speisen. Ich las in der Mao-Bibel, die ich als spannende Lektüre mitgenommen hatte. Natürlich kannten die Bedienungen dieses kleine Büchlein auch und freuten sich, dass ich Mao lese. Ich erzählte, dass Mao in etwa gesagt habe ›Jeder Mensch kehre zuerst vor seiner eigenen Haustür, danach helfe man anderen beim Kehren‹. Mit der Reinlichkeit auf der Erde ist es schlecht bestellt. Luftverschmutzung, Abfall, Atommüll, Kriege, Zerstörung, Dreckwasser. Profit ist nicht alles. Herzliche Umarmungen mit dem Personal bei meiner Verabschiedung. Ich hatte es geschafft, ich war am Stadtrand von Peking. Daumen hoch – für mich und meine Entdeckungsgene, die von meinen Großeltern mütterlicherseits und meinen Urgroßeltern omaseits weitergegeben wurden. Mein Bruder und ich sind nichtehelich.

Auf der G107 radelte ich Richtung

Platz des Himmlischen Friedens.

Manchmal war die G107 nicht fahrbar, ich schob dann durch den Matsch. Froh war ich, wenn ich wieder festen Boden unter den Füßen hatte. Ich stand vor einem Monument, um es zu fotografieren. Seitlich versetzt stand ein schwarzer 4WD, der Motor lief. Der Fahrer unterhielt sich vor dem Monument mit einem anderen Mann. Ich wartete. Der Fahrer setzte sich in sein Auto, setzte zurück und fuhr mich über den Haufen. Ich schrie und beschimpfte den Fahrer: »Du altes Arschloch, you are very crazy, you bloody dog.«Der Autofahrer fuhr vor. Ich schimpfte weiter, kontrollierte mein Rad. Alles in Ordnung. Ich fotografierte und setzte meine Radreise fort. Wenige Kilometer noch. Jetzt war ich am Platz des Himmlischen Friedens. Polizei überall, ebenso Absperrungen. Den Fußgängerüberweg durfte ich nicht benutzen, sondern ich musste ein großen Karree radeln, um zum Bildnis von Mao zu kommen. Die Polizisten waren nicht sehr freundlich. Ein junger Mann machte einige Aufnahmen von mir. Ich war vom Brocken, wo am 30.4. Hexen und Teufel tanzen, am Platz des Himmlischen Friedens angekommen, zwar mit Unterbrechung in der Ukraine. Der Himmel strahlte blau. Blau ist meine Lieblingsfarbe.

Dann zog ich ab, um ein Taxi zu suchen, das mich zum Hotel bringen sollte. Nichts da. Die Polizei kam, ich bat um Hilfe. »Wenn das Hotel in der Nähe des Flughafens ist, der Busbahnhof ist nicht weit, dort können Sie einsteigen.«Den Weg zum Busbahnhof erklärten sie mir. Fahrkarte kaufen für mich und mein Fahrrad. Die anderen Fahrgäste waren freundlich. Inzwischen dunkelte es. Am Flughafen war ich, in der Nähe irgendwo das Hotel. Niemand konnte mir helfen. Suche des Hotels. Ich radelte auf der Autobahn vom Flughafen in die Stadt. Autos schossen an mir vorbei. Sicherheitsweste anziehen. Es war dunkel. Autos rasten. Ich musste etwas unternehmen. Autos stoppen. Ein Taxifahrer hielt. Ich fragte, ob er zum Hotel vorfahren könnte. Ich raste hinterher. Taxi mit Warnblick voraus. Das Hotel war in der Nähe. Dem Taxifahrer war ich sehr dankbar.

Als ich am nächsten Morgen aufwachte, hatte ich eine dicke Wange. Facialislähmung oder was? Ich schluckte einige entzündungshemmende Pillen. In Deutschland wurde festgestellt, es war eine vereiterte Zahnwurzel. Unterwegs seit Russland glaubte ich, ich hätte so etwas wie Maul- und Klauenseuche. Denn im Mund hatte ich eine Blase, aus der regelmäßig Flüssigkeit kam. Man gut, dass ich das mit dem Zahn unterwegs nicht gewusst habe. Schon auf meiner ersten Radreise wurde ich regelmäßig gefragt, ob meine Zähne echt sind. Halten, was es zu halten gibt, ist in meinem Alter wichtig. Für Ersatzteile habe ich Zeit bis 80.

Einige Tage der Entspannung. Zur Botschaft, dort sollte ein Paket für mich sein. Aber die Angestellten haben es zurückgesandt. Sehr schade! Anschließend bin ich zum Seidenmarkt. Schwarzen Anzug aus Cashmere-Wolle mit Seidenfutter im Man-Style nach Maß bestellt. In China ist das kein Problem. Am nächsten Tag Anprobe. Abholen nach einem weiteren Tag. Mitbringsel, ein schwarzes Top, Socken. Das wars. David Beckham, der Fußballer, hatte sich bei dem gleichen Stand seinerzeit einen Seidenanzug nähen lassen, wie Tina von Tommy Tailor berichtete. Tina hat mich sehr freundlich beraten und wünschte, im Buch genannt zu werden.

Zur Buchmesse Promotion machen. Saudi-Arabien war Gastland. Frauen stellten eifrig diverse traditionelle Frauenbekleidung aus. Männer wollten zum Islam überzeugen. Nicht mein Ding. Jegliche Bevormundung lehne ich ab. Mich ängstigt jeglicher Fanatismus und Irrglaube. Ein verklärter Blick nützt mit nichts. Ich brauch Bewegungsfreiheit. Töten, auch aus

Staatsräson, lehne ich ab. Kein Mensch hat das Recht einen anderen zu töten.

Ich versuchte zu googlen. Kein Glück, sowie ich bei irgendeinem Verlag war, schaltete sich der PC aus. Einzig Brocken-Bennos Startseite konnte ich aufrufen.

Bummeln durch die Verbotene Stadt. In die Gebäude konnte man nicht mehr hinein, einzig durch die Türen konnte man einen kurzen Blick werfen. Ich war froh, alles schon vorher gesehen zu haben. Die innere Schönheit der Paläste war wundervoll, 2002. Gedränge von anderen Personen. Es war warm. Ein Getränk musste her. Oh je. Wo war mein Pass? »Meine liebe Rosi, nur die Ruhe macht es!«sagte ich zu mir. Also, ich bummelte weiter durch die Verbotene Stadt und dachte, die Geschichte mit dem verlorenen Pass kann ich später erledigen. Am späten Nachmittag ging ich durch das Ausgangstor. Aufsuchen eines Polizisten, der mich zum Eingangstor verwies. Dort stand ein Polizeifahrzeug. »Ich habe meinen Pass verloren, morgen ist mein Abreisetag.«– »Gehen Sie zur Deutschen Botschaft!«– »Da ist heute niemand. Der neue Botschafter wird eingewiesen. Außerdem ist Wochenende.«– »Was haben Sie heute gemacht?«– »Ich bin im Taxi zur Verbotenen Stadt gefahren und in ihr spaziert.«– »Wissen Sie, mit welchem Taxi Sie gefahren sind?«Mein Zahlengedächtnis half. Wenn ich in ein Taxi gestiegen bin, habe ich mir jeweils die Registriernummer gemerkt, die vorn am Armaturenbrett klebte. Anruf des Taxifahrers. Dort war mein Pass nicht. »Wann haben Sie bemerkt, dass Ihr Pass fehlt?«– »Als ich ein Getränk kaufte.«– »Schauen Sie noch einmal zur Kasse.«Da hatte ich meinen Pass wieder. Er muss mir aus meiner Bauchtasche gefallen sein.

Karten schreiben, zur Post bringen. Sachen packen. Mit dem Hotelbus zum Flughafen. Zuerst habe ich den Immigrationsoffizier aufgesucht. Eigentlich muss ich heute schon Peking verlassen, aber mein Flug geht erst morgen. Ich verbringe die Nacht hier auf dem Flughafen. »Machen Sie sich keine Sorgen! Wir machen keine Schwierigkeiten. Guten Heimflug.«Wir sprachen noch über meine bisherigen Reisen durch China. Mein Rad wurde in Folie eingewickelt. Es war schön, über China zu fliegen. Sehen konnte ich unter mir die Innere Mongolei, die Taklamakan, den Tien Shan und den K2. Es war spannend bis Dubai.

Außerdem dachte ich an meinen Großvater, der von 1902 – 1904 in China und Japan war, und an meine vorherigen Reisen in China: Hongkong, Macao, Yangtse-Kreuzfahrt, Innere Mongolei. China gefällt mir, ebenso Zentralasien. Es ist nicht alles so, wie man es hier darstellt.

Von Dubai nach Hamburg war der Horror. Eigentlich war Tag. Alle Luken waren geschlossen. Die jungen Leute schauten einen Film nach dem anderen. Kein Blick auf diesen schönen Planeten. Kein Blick auf die Landschaft. Vollkommen platt kam ich in Hamburg an. Mein Gepäck kam zuerst vom Band. Gerade war ich vor dem Flughafen, schon kam Fritz von der Werbeagentur Elm Art mit seinem Utility und fuhr mich nach Haus.

Trotz Erfolg war diese Reise jeden Tag mit einer neuen Schwierigkeit angereichert. War meine erste Radreise von Deutschland über Tschechien, Österreich, Slowakei, Ungarn, Serbien, Bulgarien, Türkei, Georgien, Aserbaidschan, Turkmenistan, Usbekistan, Kirgistan, Kasachstan nach China das Highlight meines Lebens, so war diese Veloreise vom Brocken über Polen, Ukraine, Russland, Kasachstan nach Beijing die Härte. Nach China werde ich von Deutschland nie mehr radeln, aber fliegen. Die Erfahrungen, die ich auf meinen Radreisen gemacht habe, sind immerwährend. Jedem Menschen kann ich solche Erfahrungen empfehlen. Angst muss man – auch als Frau allein – nicht haben, nur Kraft, Ausdauer und Durchhaltevermögen; dann ist man für viele Menschen Vorbild. In China hört man von Menschen jeder Altersgruppe: »Du bist meine Heldin!«

Meine Reise ist eigenfinanziert, sie hat so viel gekostet, wie ich jährlich an staatlicher Rente habe. Gesponsert wurde ich von der Firma Hübner mit einer Packung Arthro plus, verbilligten Papierunterhöschen der Firma Groß GmbH. Noch nicht einmal Schläuche oder Medikamente habe ich geschenkt bekommen – ein Armutszeugnis der Wirtschaft, die Millionen für Fußballer und andere Sportler ausgibt.

Das Finanzamt kennt Ausgaben für meine Reisen nicht an. Ohne Reisen keine Bücher. Den Umgang der GroKo mit den sogenannten »kleinen«Leuten finde ich Scheiße. Sozialpolitisch gefällt mir Deutschland von frühen Kindesbeinen an nicht, ich musste immer Lernen und Arbeiten, zu viele Restriktionen diverser Institutionen pflasterten meinen Weg. Doch außer Australia und New Zealand kenne ich keinen Staat, wo ich gern leben möchte, also die Alternative. Wäre ich nicht meinen Bildungsweg gegangen, ich lebte von Hartz IV. Nur mein kreatives Gedankengut hält mich aufrecht und die Freude auf weitere Aktivitäten.

Es soll nicht so viele Frauen geben, die allein zweimal auf anderen Wegen von Deutschland nach China reisen – Männer auch nicht.

Danke sage ich den vielen Menschen, die mich unterwegs mit freundlichen Worten motiviert, mit Hilfeleistungen und kleinen Geschenken unterstützt haben. Mein Dank gilt auch Hildegard und Edeltraud, die mir in Deutschland den Rücken frei gehalten haben. Ich danke den Angehörigen der diplomatischen Dienste für die Unterstützungen.

Nur auf Grund vieler Freundlichkeiten von anderen und meinem Willen, gepaart mit meinen Eigenheiten, bin ich durchgekommen

VOM BROCKEN NACH BEIJING.

Mein Leben ist hart.

Weitere Aktivitäten des Geistes, der Seele, des Körpers in einer vorfindbaren Umwelt sind geplant.

LITERATURLISTE:

BRINKER, H., & GOEPPER, R.: Katalog: Kunstschätze aus China, 5000 v. Chr. bis 900 n. Chr., Neuere archäologische Funde aus der Volksrepublik China; Zürich 1980

DITTMANN, R.: Brocken-Benno erzählt: Geschichte und Geschichten rund um den Brocken; Erfurt 2008

EICHENDORFF, J. Freiherr v.: Das Hallesche Tagebuch. Das Studentenleben in Halle Anfang des 19. Jahrhunderts; Halle 2007

EYSENCK, H.-J.: Neurosen; 1973

MASLOW, A.: Motivation und Persönlichkeit; 1981

POLISHCHUK, M., & PETUKHOV, S.: Fukushima next door; in Kyiv Weekly v. 8. – 14. 4. 2011, S. 13

RUDYA, A.: A Journey back to Prybyat; in: KyivPost vom 22. 4. 2011, S. 11

SÖCHTIG, R.: Jogging – Weg zum Selbst; Hannover 1983
– Mit den Augen einer Frau; Halle 2009
 – Den Ortler im Blick; Halle 2010

WER WEISS WAS: Ausdehnungen in Deutschland, Polen, Ukraine, Russland, China

WIKIPEDIA: Deutschland, Polen, Ukraine, Tartaren, Russland, Kasachstan, China

Alle Bilder stammen aus meinem Archiv.

Roswitha Söchtig, geb. 1946, hat bisher selbstorganisierte Abenteuerreisen in Afrika, Asien, Australien und Europa unternommen. Mit im Reisegepäck ist jeweils der rote Hut, ihr Markenzeichen, und auf vielen Kontinenten wohlbekannt..

Das Beste in ihrem Leben war die Radreise allein von Deutschland südlich des Schwarzen Meeres und über die Seidenstraße nach China. Die Veloreise nördlich des Schwarzen Meeres allein von Deutschland über Polen, Ukraine, Russland, Kasachstan nach China war die Härte – trotz schöner Erlebnisse.

Von Anbeginn war die Reise gekennzeichnet durch sozial-, umwelt- und verkehrspolitische Themenkreise. Die Reise hat insgesamt 135 Tage gedauert bei ca. 14000 km und 1 € je km gekostet. Nur auf Grund stetiger emotionaler Unterstützung von anderen Menschen konnte sie dem Motto »BB«folgen.

Natürlich sind wieder andere Herausforderungen im Kopf – mit dem Geist, der Seele und dem Körper in einer vorfindbaren Umwelt.

Es war schön, von Jung und Alt auf dieser Radreise zu hören: »Rosi, Du bist meine Heldin.«In Deutschland höre ich meistens: »Ganz normal kannst Du nicht sein.«

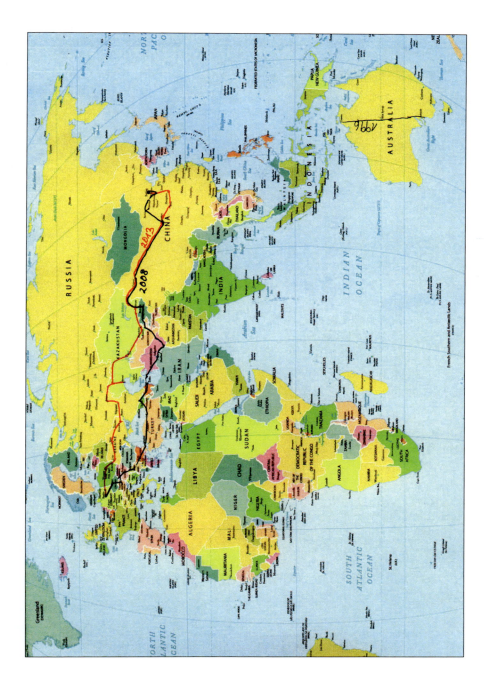